新商科
MBA新形态特色教材

经济法教程

黎江虹◎主　编
沈　斌◎副主编

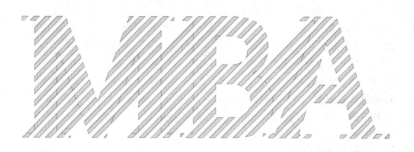

清华大学出版社
北　京

内 容 简 介

经济法是社会主义市场经济体制下，调整国家在适度干预经济和管理市场过程中发生的经济关系的法律规范的总称。在内容体系上，本书并未拘泥于法学专业经济法学的经典学科体系，而是根据工商管理硕士的实际需要，采用"大经济法"的概念，以"企业经营管理中的法律环境和法律问题"为主线，相继涉及了经济法导论、物权法、知识产权法、合同法、公司法、破产法、保险法、证券法、银行法、税收法、竞争法、产品质量法、消费者权益保护法、劳动合同与社会保险法、仲裁与民事诉讼法。在内容风格上偏重知识的实践性，力求生动活泼、简单易懂。

本书可作为 MBA（工商管理硕士）等研究生及本科生教材，也可为企业管理者提供参考。

本书封面贴有清华大学出版社防伪标签，无标签者不得销售。
版权所有，侵权必究。举报：010-62782989，beiqinquan@tup.tsinghua.edu.cn。

图书在版编目（CIP）数据

经济法教程/黎江虹主编．—北京：清华大学出版社，2022.6
新商科·MBA 新形态特色教材
ISBN 978-7-302-60924-7

Ⅰ．①经… Ⅱ．①黎… Ⅲ．①经济法－中国－教材 Ⅳ．①D922.29

中国版本图书馆 CIP 数据核字（2022）第 085701 号

责任编辑：张　伟
封面设计：汉风唐韵
责任校对：宋玉莲
责任印制：杨　艳

出版发行：清华大学出版社
　　网　　址：http://www.tup.com.cn，http://www.wqbook.com
　　地　　址：北京清华大学学研大厦 A 座　　邮　编：100084
　　社 总 机：010-83470000　　邮　购：010-62786544
　　投稿与读者服务：010-62776969，c-service@tup.tsinghua.edu.cn
　　质量反馈：010-62772015，zhiliang@tup.tsinghua.edu.cn
　　课件下载：http://www.tup.com.cn，010-83470332
印　刷　者：北京富博印刷有限公司
装　订　者：北京市密云县京文制本装订厂
经　　　销：全国新华书店
开　　　本：185mm×260mm　　印　张：17.25　　字　数：399 千字
版　　　次：2022 年 6 月第 1 版　　印　次：2022 年 6 月第 1 次印刷
定　　　价：59.00 元

产品编号：094102-01

前言

"十三五"规划提出,要全面推进法治中国建设,完善以宪法为核心的中国特色社会主义法律体系。要加快重点领域立法,坚持立改废释并举,完善社会主义市场经济和社会治理法律制度,加快形成完备的法律规范体系。一方面,市场经济是法治经济,熟悉和掌握市场经济法律法规,对于充分利用市场规则,迎接市场经济发展带来的机遇与挑战具有重大意义。另一方面,法治是最好的营商环境,创建法治化的营商环境既要做到科学立法、公正司法,也要做到严格执法、全民守法。优化营商环境势必需要全社会共同的努力,其中企业家就是关键少数,只有抓住这些关键少数,才能以最快的速度、最高的效率构建良好的经济生态。同时企业家也承担了一定的社会责任,在履行社会义务的过程中也势必需要首先规范好自己的经营行为,养成遇事找法、办事依法、解决问题靠法的行为习惯,在法律范围内通过正当有序的竞争而获利。鉴此,本书主要以企业家为使用对象,并为适应工商管理硕士经济法教学需要而组织编写。考虑到工商管理硕士与法学科班学生的差异,及其学习市场经济法律知识的客观需要,本书没有囿于学科分类意义上的严格性,而是在阐述经济法基本理论和基本知识的基础上,着重介绍了与市场经营主体及市场经营活动关系最为密切的民法、商法和经济法等方面的基本法律规定,使读者对我国市场经济法律体系的总体构架和重要内容有比较全面的了解,即本书采用"大经济法"的概念,对企业经营管理中的法律环境和法律问题进行较为全面的分析和介绍。

全书内容包括经济法导论、物权法、知识产权法、合同法、公司法、破产法、保险法、证券法、银行法、税收法、竞争法、产品质量法、消费者权益保护法、劳动合同与社会保险法、仲裁与民事诉讼法等,涉及20余部实体法以及诉讼法等程序法。在体例设置上,除第一章外,每章前均有案例导读,有助于引发读者的学习兴趣。同时,除第一章外,每章都有根据相关知识点设置的随堂练习和案例讨论,章末设有本章课后习题和即测即练,有助于增加知识内容的趣味性,丰富课堂形式,并帮助使用者巩固知识内容。在编写过程中,我们注重吸收最新立法成果及理论成果,如近年制定或修订的《中华人民共和国民法典》《中华人民共和国证券法》《中华人民共和国个人所得税法》《中华人民共和国反不正当竞争法》《中华人民共和国消费者权益保护法》等在相关章节均有较为系统的阐述。此外，本书最后附有参考文献，有助于读者较为全面地把握相关领域的研究成果和前沿、热点问题，充分体现本书理论性与实用性相结合的特点。

本书由中南财经政法大学黎江虹教授和华中师范大学沈斌老师共同完成。其中，黎江虹负责全书篇章结构的拟定，并负责第一、二、三章的具体编写，沈斌负责第四章至第十五章的具体编写，并负责全书的校对工作。

黎江虹

2021 年 11 月 18 日

| 第一章 | 经济法导论 | 1 |

   第一节　市场经济与经济法律制度 …………………………… 1
   第二节　经济法律制度的基本框架 …………………………… 4
   第三节　经济法律制度的历史跃迁 …………………………… 5

第二章　物权法律制度 …………………………………………… 11

   第一节　物权法概述 …………………………………………… 11
   第二节　所有权 ………………………………………………… 13
   第三节　用益物权 ……………………………………………… 17
   第四节　担保物权 ……………………………………………… 20
   本章课后习题 …………………………………………………… 26
   即测即练 ………………………………………………………… 26

第三章　知识产权法律制度 ……………………………………… 27

   第一节　知识产权法概述 ……………………………………… 27
   第二节　专利法 ………………………………………………… 29
   第三节　商标法 ………………………………………………… 34
   第四节　著作权法 ……………………………………………… 40
   本章课后习题 …………………………………………………… 45
   即测即练 ………………………………………………………… 46

第四章　合同法律制度 …………………………………………… 47

   第一节　合同法概述 …………………………………………… 47
   第二节　合同的订立 …………………………………………… 49
   第三节　合同的效力 …………………………………………… 53
   第四节　合同的履行 …………………………………………… 56
   第五节　合同的变更和转让 …………………………………… 59
   第六节　合同的终止 …………………………………………… 60

第七节　违约责任 …………………………………………………………… 63
　　第八节　典型合同 …………………………………………………………… 65
　　本章课后习题 ………………………………………………………………… 76
　　即测即练 ……………………………………………………………………… 76

第五章　公司法律制度 …………………………………………………………… 77

　　第一节　公司法概述 ………………………………………………………… 77
　　第二节　有限责任公司的设立和组织机构 ………………………………… 79
　　第三节　股份有限公司的设立和组织机构 ………………………………… 87
　　第四节　公司董事、监事、高级管理人员的资格和义务 ………………… 92
　　第五节　公司合并、分立、增资、减资、解散和清算 …………………… 94
　　本章课后习题 ………………………………………………………………… 97
　　即测即练 ……………………………………………………………………… 97

第六章　破产法律制度 …………………………………………………………… 98

　　第一节　破产法概述 ………………………………………………………… 98
　　第二节　破产申请的提出和受理 …………………………………………… 99
　　第三节　债权人会议和债权人委员会 ……………………………………… 105
　　第四节　重整与和解 ………………………………………………………… 107
　　第五节　破产清算 …………………………………………………………… 110
　　本章课后习题 ………………………………………………………………… 113
　　即测即练 ……………………………………………………………………… 114

第七章　保险法律制度 …………………………………………………………… 115

　　第一节　保险法概述 ………………………………………………………… 115
　　第二节　保险合同制度 ……………………………………………………… 119
　　第三节　保险业法律制度 …………………………………………………… 126
　　本章课后习题 ………………………………………………………………… 127
　　即测即练 ……………………………………………………………………… 128

第八章　证券法律制度 …………………………………………………………… 129

　　第一节　证券法概述 ………………………………………………………… 129
　　第二节　证券发行制度 ……………………………………………………… 130
　　第三节　证券交易制度 ……………………………………………………… 133
　　第四节　信息披露制度 ……………………………………………………… 138
　　第五节　投资者保护 ………………………………………………………… 140
　　第六节　主要证券机构 ……………………………………………………… 142
　　本章课后习题 ………………………………………………………………… 145

即测即练 ································· 146

第九章　银行法律制度 ································· 147

　　第一节　银行法概述 ································· 147
　　第二节　中央银行法 ································· 148
　　第三节　商业银行法 ································· 154
　　第四节　银行业监督管理法 ································· 160
　　本章课后习题 ································· 162
　　即测即练 ································· 162

第十章　税收法律制度 ································· 163

　　第一节　税法总则 ································· 163
　　第二节　实体税法 ································· 164
　　第三节　税收程序法 ································· 177
　　本章课后习题 ································· 180
　　即测即练 ································· 180

第十一章　竞争法律制度 ································· 181

　　第一节　反不正当竞争法律制度 ································· 181
　　第二节　反垄断法律制度 ································· 186
　　本章课后习题 ································· 193
　　即测即练 ································· 193

第十二章　产品质量法律制度 ································· 194

　　第一节　产品质量法概述 ································· 194
　　第二节　产品质量监督管理制度 ································· 195
　　第三节　产品质量义务 ································· 198
　　第四节　产品质量民事责任 ································· 200
　　第五节　产品质量的行政责任和刑事责任 ································· 203
　　本章课后习题 ································· 205
　　即测即练 ································· 205

第十三章　消费者权益保护法律制度 ································· 206

　　第一节　消费者权益保护法概述 ································· 206
　　第二节　消费者的权利 ································· 207
　　第三节　经营者的义务 ································· 210
　　第四节　消费者组织 ································· 213
　　第五节　消费者权益争议的解决 ································· 214

第六节　侵犯消费者权益的法律责任 ……………………………… 215
本章课后习题 ……………………………………………………… 217
即测即练 …………………………………………………………… 218

第十四章　劳动合同与社会保险法律制度 …………………………… 219

第一节　劳动合同法律制度 ………………………………………… 219
第二节　社会保险法律制度 ………………………………………… 231
本章课后习题 ……………………………………………………… 239
即测即练 …………………………………………………………… 240

第十五章　仲裁与民事诉讼法律制度 ………………………………… 241

第一节　仲裁法 …………………………………………………… 241
第二节　民事诉讼法 ……………………………………………… 249
本章课后习题 ……………………………………………………… 266
即测即练 …………………………………………………………… 266
参考文献 …………………………………………………………… 267

第一章 经济法导论

第一节 市场经济与经济法律制度

一、市场经济及其运行机制

市场经济是指市场在资源配置中起决定性作用的经济制度模式。资源是指人力、物力和财力,包括劳动、资本、技术、自然资源、数据等;相对于人类需求来说,具有稀缺性。人类从事社会生产的过程,就是利用和配置资源的过程。通过市场抑或通过计划都可以实现资源的配置和利用。但经济实践证明,在现代社会,一个国家通过市场配置资源是最为有效的。

市场是指商品交换关系的总和,会随着社会经济的发展而不断扩大、完善。它包括有形市场和无形市场,消费资料市场、生产资料市场等一般商品市场,也包括金融市场、劳动力市场、技术市场、房地产市场、产权交易市场、信息市场等生产要素市场。因而,市场经济体现了资源的商品化交换。但市场经济不是简单的商品经济,从经济发展史讲,它是社会生产力发展到一定历史阶段的产物,是社会化的商品经济。当商品经济发展到社会化大生产阶段,客观上要求市场在资源配置中起决定性作用时,市场经济才得以产生。市场经济经历了从近代自由市场经济到现代市场经济的发展过程。

市场经济作为一种经济运行方式,具有以下基本特征:①平等性,即市场主体之间的关系是平等的。这种平等性既意味着当事人没有社会地位的差别,也意味着在交换中要遵循等价交换原则,即价值规律。②竞争性,即市场主体之间存在着广泛的竞争。竞争是商品交换得以进行的前提,能促进资源优化配置的实现,是市场经济有效运行的必要条件。③契约性,即市场主体之间实现商品交换是通过缔结合同、履行合同而完成的,没有契约性也就没有商品交换。④开放性,即市场不是封闭的,全国是一个统一的大市场,并和世界市场相互连接。开放性是社会分工和生产专业化广泛发展的要求。⑤法制性,即市场经济运行有健全的法制基础。健全的法制是协调和处理矛盾、体现公正平等的依据和准则,维护公平竞争的保证。越高度发展的市场经济,越需要法律制度的健全完善。

在市场经济条件下,商品生产者和经营者根据价格、供求、竞争等市场信号与自身的生产经营条件,自主决定扩大或减少某种商品的生产和需求,市场自发地调节着资源在社会范围内的分配,实现市场经济的正常运行。这一点已经为经济学理论和市场经济实践充分认同。

但是,强调市场机制调节经济的基础作用,并非意味着市场这只"无形之手"是唯一的、万能的,任何夸大市场作用或将市场作用绝对化的观点、学说都是不可取的。尤其是当社会经济发展到了现代市场经济阶段,更是如此。市场机制不能解决所有经济问题,存在着"市场失灵"场域,这主要表现在:①市场机制无法克服市场主体行为的外部效应问题;②市场机制无法有效实现公共产品的供给和公共资源的利用;③市场机制无法解决垄断行为和自然垄断现象;④市场机制无法解决信息的不充分和不均衡现象;⑤市场机制无法克服分配不公现象,建立有效的社会保障制度;⑥市场机制无法解决经济的周期性波动,实现宏观经济的协调发展;⑦市场机制不能应付社会突发事件。

同样,削弱市场作用以至排斥市场作用的看法和做法也不可取。20 世纪 30 年代以后,西方市场经济发达国家基于市场失灵,开始推崇凯恩斯主义,主张国家(政府)对经济生活实行干预和调节,忽视了市场的作用,结果导致政府干预过度,市场作用受到削弱。在后来经济"滞胀"危机面前,凯恩斯国家(政府)干预主义也显得无能为力。与此同时,第二次世界大战后新生的社会主义国家普遍推行计划经济体制而由政府全面管理经济的做法则导致国民经济缺乏活力乃至崩溃,因而它们开始进行市场取向的经济改革。这些使得人们认识到政府干预的缺陷,即"政府失灵"。"政府失灵"主要表现在:①政府居于市场之外,没有随时受到市场惩罚的压力,这导致政府调控市场的行为缺乏效率和责任心;②政府难以完全掌握市场信息,不能保证对经济现象作出符合客观经济规律的正确认识,并科学决策;③政府官员的权力寻租行为,会导致决策的非理性化和执行的非法性、欠公正性;④官僚化和政策效应递减,导致效率低下。

因此,市场经济的良性运行需要发挥市场机制的基础调节作用,也需要发挥国家(政府)作用,对经济生活进行适度的干预与调控。这就产生了市场与政府的关系如何处理的问题。事实上,正如有的学者所说:"以市场经济为基础的现代各国经济被称为'混合经济',在市场与政府互相作用之下进行经济活动。"[①]在经济活动中,必须始终坚持市场对资源配置的决定性作用,并更好地发挥政府的作用。政府应成为市场经济运行的必要因素和"有形之手"。市场与政府存在着互补的关系。从一定意义上可以说,凡是市场机制无法解决的,就需要政府干预;凡是市场机制能够解决的,就无须政府干预。

二、我国社会主义市场经济

市场经济作为资源配置和经济运行的方式,不存在姓"资"姓"社"的问题。《中华人民共和国宪法》(以下简称《宪法》)规定:"国家实行社会主义市场经济。"这只是表明,我国实行的是社会主义条件下的市场经济。

我国社会主义市场经济体制的建立和发展经历了一个曲折渐进的过程。新中国成立后的前 30 年,我国长期实行的是计划经济体制,1978 年中共十一届三中全会确立改革开放的历史性决策,1984 年十二届三中全会通过《中共中央关于经济体制改革的决定》,提出建立"有计划的商品经济",1992 年党的十四大正式提出中国经济体制改革的目标模式是"社会主义市场经济",1993 年十四届三中全会通过《中共中央关于建立社会主义市场经济体制若干问题的决定》,勾画出了社会主义市场经济体制的基本框架。此后 10 年,中

---

① 青木昌彦,等.市场的作用国家的作用[M].林家杉,译.北京:中国发展出版社,2002:83.

国经济改革坚持了市场取向,这主要体现在两个方面:一是市场机制逐步成为资源配置的基础方式;二是企业逐步成为对市场信号作出反应和在市场竞争中获得利润的微观主体。2001年,我国成功地加入世界贸易组织。2003年,十六届三中全会通过《中共中央关于完善社会主义市场经济体制若干问题的决定》,指出了完善社会主义市场经济体制的目标和任务,成为我国深化改革、迈向完全的市场经济的一个纲领性文件。2013年,十八届三中全会通过《中共中央关于全面深化改革若干重大问题的决定》,将处理好政府与市场关系作为经济体制改革的核心议题和全面深化改革的重要内容,并提出"使市场在资源配置中起决定性作用和更好发挥政府作用"。进而,党的十九大提出"市场机制有效""宏观调控有度"的现代经济体制建设目标。此后,"市场在资源配置中起决定性作用和更好发挥政府作用"被纳入习近平新时代中国特色社会主义经济思想。

而必须承认的是,中国目前的市场经济体制还是一种不完全的市场经济体制,这突出表现在政府的过多干预和向国企的政策倾斜。严格来说,中国目前的市场经济体制还没有完全达到市场经济的法治、平等、竞争等要求。欧美一些主要国家在进行国际贸易反倾销调查中,用它们的市场经济标准来衡量,不承认中国的市场经济地位。概括这些发达国家的市场经济标准可以得出,完善的市场经济体制具有五个共同特点,即独立的企业制度、有效的市场竞争、规范的政府职能、良好的社会信用和健全的法治基础。不过,同时也应当看到,自加入世界贸易组织以来,尤其是党的十八大以来,我国各种生产要素市场化程度显著提高,贸易环境更加公平,金融业更加开放,越来越多的国家开始承认中国的市场经济国家地位。

我国社会主义市场经济是现代市场经济,既要发挥市场的作用,也要发挥政府的作用,注重市场与政府关系的互动、互补。从现实情况看,我国市场经济具有以下特征:①它是公有制经济成分占主体基础上的市场经济;②它是发展中大国的市场经济;③它是由计划经济转型而来的市场经济;④它是压缩发展阶段的市场经济;⑤它是民主和法治条件尚不完备的市场经济。

三、市场经济的法制需求

市场经济就是法治经济,法制是其内在的客观要求。

正如马克思所言:"商品不能自己到市场去,不能自己去交换。因此,我们必须找寻它的监护人,商品所有者……为了使这些物作为商品彼此发生关系,商品监护人必须作为有自己意志体现在这些物中的人彼此发生关系,因此,一方只有符合另一方的意志,就是说每一方只有通过双方共同一致的意志行为,才能让渡自己的商品,占有别人的商品。可见,他们必须彼此承认对方是私有者。"[①]这段话揭示出商品交换的三个必备条件:①主体,即商品所有者;②所有权或其他财产权,即商品所有者对其商品享有的财产权;③合同,即双方共同一致的意志行为,而主体、所有权和合同无不闪烁着法律的光芒。再者,现代市场经济中许多复杂的市场关系,如票据关系、证券关系、期货交易、融资租赁、产权交易、电子商务等,本身就是法律的创造物。可以说,在高端市场领域,没有法律制度的支

---

① 马克思.资本论:第1卷[M].北京:人民出版社,1995:102.

撑，就不可能产生相关的市场关系。

不仅如此，为保证市场经济的运行，一方面要克服市场缺陷，发挥政府的作用；另一方面也要避免政府缺陷，彰显市场作用。这两方面都需要法律制度加以确认并提供保障。其中，内容上包括市场竞争秩序维护、市场交易监管、公共产品提供、国有资产经营和国有资源开发利用、消费者权益保护、商品质量和安全生产监管、宏观经济环境控制、社会保障、经济纠纷解决等，这些都须通过专门法律法规加以规范，确立市场作用与政府作用的原则和边界。并且，政府干预还需要相应的公法制度为公权力的行使和各种政府经济行为提供一般性的规范，以免政府干预的扩张削弱了市场作用。

应当指出，市场经济对法制的需求是全方位的，包括一国的法律体系乃至整个法制系统。这里只不过概括性地提到了与市场经济密切相关的一些法律制度，主要涉及民法、商法、经济法、社会法和诉讼法等部门法的内容。本书主要围绕这些法律制度予以阐述，并将它们概称为"经济法律制度"。

第二节 经济法律制度的基本框架

"经济法律""经济法律制度"并非规范的法学概念，它们在我国的政治文献中常常被使用，但所指也不确切。本书使用这样的术语，意在与法学界越来越确定的"经济法"概念相区别，以满足非法学专业，尤其是MBA学生"经济法"课程学习的需要。基于第一节对市场经济及其法制需求的阐述，这里对于"经济法律制度"可做这样的表述：经济法律制度是指市场经济条件下与社会经济活动密切相关的法律制度和法律规范的总和。

自我国锁定市场经济的改革目标之后，建立社会主义市场经济法律体系便引起了人们广泛的关注和讨论。1993年，乔石同志在第八届全国人民代表大会常务委员会第二次会议上的讲话中提出努力建立社会主义市场经济法律体系，该体系框架中必须有规范市场主体的法律，调整市场主体关系、维护公平竞争的法律，改善和加强宏观调控、促进经济协调发展的法律，建立和健全社会保障制度的法律等四个方面的内容。1994年，全国人民代表大会发布了名为《社会主义市场经济法律体系基本框架》的立法规划图，该规划图一共包括：五大门类，即民商法、经济法、行政法、社会保障法、经济刑法；四个领域，即市场主体法、市场秩序法、宏观调控法、社会保障法；十二个方面，即市场主体组织法、市场主体行为法、市场管理和监督法、市场体系法、宏观调控手段法、产业振兴发展法、宏观调控主体法、行政程序法、工资制度法、失业养老保险制度法、劳动保障法、惩治经济犯罪法。此外，也有学者认为，市场经济法律体系必须包括规范市场主体行为的法律（如公司法、商业银行法等）、规范市场基本关系的法律（如合同法、信托法等）以及规范市场竞争秩序的法律（如反不正当竞争法、反垄断法等）三个方面。

可见，大家对于经济法律制度的外延并没有一个统一的认识。一般而言，它主要包括以下方面：①市场主体法律制度，主要表现为各类企业法律制度，也涉及民事主体（如公民个人、合伙人、法人等）制度；②财产权法律制度，主要涉及物权法律制度和知识产权法律制度；③市场交易法律制度，主要表现为合同法律制度，另在一些特定市场领域适用特定制度，如证券市场；④竞争法律制度，主要涉及反不正当竞争制度和反垄断制度；⑤消费者权益保护法律制度；⑥商品质量法律制度；⑦税收法律制度；⑧银行法律制度,涉及中央银行制度、商业银行制度、银行业监管制度等；⑨非银行金融法律制度,涉及证券、保险、票据等金融商事制度和金融监管制度；⑩劳动与社会保障法律制度；⑪经济纠纷解决法律制度。

简言之,经济法律制度范围广泛,内容涉及：民法领域的物权、知识产权、合同等制度,商法领域的公司、破产、证券、保险等商事制度,经济法领域的银行、税收、竞争、产品质量、消费者权益保护等制度,社会法领域的劳动、社会保险等制度,诉讼法领域的仲裁、民事诉讼等制度。

第三节　经济法律制度的历史跃迁

经济法律制度在我国具有多种载体形式。根据《中华人民共和国立法法》的规定和学理认识,其通常有以下形式：①宪法规范；②法律,即全国人民代表大会及其常务委员会依法定程序制定的规范性文件；③行政法规,即国务院根据宪法和法律制定的规范性文件；④地方性法规,即省、自治区、直辖市以及设区的市的人民代表大会及其常务委员会根据本行政区域的具体情况和实际需要,在不与上位法相抵触的前提下制定的规范性文件；⑤自治条例和单行条例,即民族自治地方的人民代表大会依照当地民族的政治、经济和文化的特点制定的规范性文件；⑥规章,包括国务院各部委和具有行政管理职能的直属机构单独或联合制定的部门规章,以及省、自治区、直辖市和较大的市的人民政府制定的地方政府规章；⑦立法解释、司法解释和其他有权解释。

考察我国经济法律制度的变迁,自改革开放以来,特别是1992年党的十四大确立社会主义市场经济体制的改革目标模式以后,经济立法的步伐明显加快,一系列有关市场经济的新法顺利出台,同时一些不符合市场经济发展要求的法律也得到了及时的修改,目前已初步建立起与市场经济相适应的经济法律体系。

一、关于《宪法》的修订

现行《宪法》颁布于1982年12月4日,当时对我国的基本经济制度、财产权制度等进行了规定。作为根本大法和建立社会主义市场经济法律体系的基础与依据,《宪法》首先对经济体制改革的现实作出了积极的反应,这集中表现在1988年、1993年、1999年、2004年和2018年的五个宪法修正案中。1988年宪法修正案规定："国家允许私营经济在法律规定的范围内存在和发展。私营经济是社会主义公有制经济的补充。国家保护私营经济的合法的权利和利益,对私营经济实行引导、监督和管理。"同时还规定："土地的使用权可以依照法律的规定转让。"1993年宪法修正案将"国家实行社会主义市场经济""国家加强经济立法"明确写入《宪法》。1999年宪法修正案把"中华人民共和国实行依法治国,建设社会主义法治国家"的法治目标写入《宪法》。2004年宪法修正案规定："国家保护个体经济、私营经济等非公有制经济的合法的权利和利益。国家鼓励、支持和引导非公有制经济的发展,并对非公有制经济依法实行监督和管理。""国家为了公共利益的需要,可以依照法律规定对土地实行征收或者征用并给予补偿。""公民的合法的私有财产不受侵犯。""国家依照法律规定保护公民的私有财产权和继承权。""国家为了公共利益的需要,可以依照法律规定对公民的私有财产实行征收或者征用并给予补偿。""国家建立健全同经济发展水平相适应的社会保障制度。""国家尊重和保障人权。"2018年宪法修正案规定:"贯彻新发展理念。"《宪法》的这些修改使得有关规范的内容进一步适应市场经济的客观实际,为社会的全面发展与进步提供了有力的法律保障,也为相关具体经济法律制度的制定、修改提供了依据。

二、关于财产权法律制度

在物权法律制度方面,我国综合借鉴《中华人民共和国民法通则》(以下简称《民法通则》)、《中华人民共和国土地管理法》(以下简称《土地管理法》)、《中华人民共和国城市房地产管理法》(以下简称《城市房地产管理法》)、《中华人民共和国担保法》及《中华人民共和国农村土地承包法》等立法内容,在2007年制定了《中华人民共和国物权法》(以下简称《物权法》),规定了物权法的调整范围、基本原则、物权变动、物权保护等基本制度以及所有权、用益物权、担保物权、占有等具体物权制度。在此基础上,我国2020年颁布的《中华人民共和国民法典》(以下简称《民法典》)设置第二编"物权编"专门规定物权法律制度。

在知识产权法律制度方面,我国先后制定了《中华人民共和国商标法》(以下简称《商标法》)、《中华人民共和国专利法》(以下简称《专利法》)、《中华人民共和国著作权法》(以下简称《著作权法》)、《中华人民共和国知识产权海关保护条例》、《计算机软件保护条例》、《实施国际著作权条约的规定》及《植物新品种保护条例》等法律、法规,并适时作出修正。

三、关于市场主体法律制度

市场主体即市场上经济活动的参加者,包括作为个体的公民个人和作为经济组织体的企业。公民个人在参加市场经济活动时,可以表现为多种身份,如商品或生产要素的所有者、经营者、消费者、投资者、劳动者等。企业是基本的市场主体,充当商品的生产者、经营者、投资者等。

对市场主体的立法,最早的是有关外商投资企业的法律,1979年、1986年、1988年先后出台了《中华人民共和国中外合资经营企业法》《中华人民共和国外资企业法》《中华人民共和国中外合作经营企业法》,确立起外商投资企业法律制度。2020年1月1日,《中华人民共和国外商投资法》正式颁布实施后,上述三部法律同时废止。

1986年颁布的《民法通则》规定了民事主体制度,主要确立了自然人、法人两类民事主体。自然人指公民个人、个体工商户、农村承包经营户适用自然人的规定。法人指具有民事权利能力和民事行为能力,依法独立享有民事权利和承担民事责任的组织,包括企业法人、国家机关法人、事业单位法人和社会团体法人等。2020年颁布的《民法典》在吸收上述立法内容的基础上,进一步将民事主体分为自然人、法人和非法人组织,并将法人分为营利法人、非营利法人和特别法人。

为适应市场经济发展的要求,建立现代企业制度,我国分别于1993年、1997年、1999年颁布了《中华人民共和国公司法》(以下简称《公司法》)、《中华人民共和国合伙企业法》(以下简称《合伙企业法》)、《中华人民共和国个人独资企业法》(以下简称《个人独资企业法》)三部法律。其中,《公司法》作为发展社会主义市场经济的重要法律,规定了有限责任公司和股份有限公司的设立条件、组织机构、公司股份与债券的发行与转让、解散与清算、外国公司分支机构以及违反《公司法》的法律责任等内容。它在经过1999年、2004年两次修正后于2005年进行了重大修订,此后又于2013年、2018年进行了两次小的修正。其修改的主要内容有:一是下调公司注册资本最低限额,扩大股东出资财产的范围,降低公司设立门槛,鼓励公民、法人投资创业;二是充实职工民主管理和保护职工权益的规定;三是修改公司股东大会、股东会、董事会、监事会和经理的职责等规定,强化内部监督与制约,进一步完善了公司法人治理结构;四是从知情权、投票权和退出机制等方面,加强对中小股东权益的保护。《合伙企业法》(2006年修订)从两种类型来定义合伙企业,包括普通合伙企业和有限合伙企业,并分别作出规定。《个人独资企业法》规定了个人独资企业的设立、投资人及事务管理、解散与清算、法律责任等内容。这三部法律的颁布实施,标志着中国开始按照市场经济的要求,构建市场主体结构。这样,我国企业法律形态形成公司、合伙、独资三者并存的格局,并以公司制企业为主。这有利于实现市场主体之间真正的平等,有利于保障交易安全和公平竞争秩序,因而符合市场经济运行的需要。

此外,企业立法中还涉及退出机制。1986年《中华人民共和国企业破产法(试行)》和1991年《中华人民共和国民事诉讼法》(以下简称《民事诉讼法》)对此作出相应规定,但存在很大局限。2006年,我国制定了统一的《中华人民共和国企业破产法》(以下简称《企业破产法》),该法共分12章136条,规定了总则、申请和受理、管理人、债务人财产、破产费用和共益债务、债权申报、债权人会议、重整、和解、破产清算、法律责任等内容,这部立法的颁布实施具有重要意义。

四、关于市场交易法律制度

一般认为,市场交易法律制度主要为合同法律制度。在我国,最初是《中华人民共和国经济合同法》《中华人民共和国技术合同法》和《中华人民共和国涉外经济合同法》三法并存,1999年制定的《中华人民共和国合同法》(以下简称《合同法》),废止了以上三部法律,实现了合同法的统一。《合同法》分总则、分则、附则三编,共23章428条,规定了合同的订立、效力、履行、变更和解除、终止、违约责任以及15种典型合同类型等内容,为促进商品流通、化解交易纠纷提供了基本准则。在此基础上,我国2020年颁布的《民法典》设置第三编"合同编"专门规定合同法律制度,并根据实践发展将典型合同的类型扩充至19种。

在一些特殊领域,如房地产、证券、保险、拍卖、期货、典当、产权交易、电子商务等,当事人的交易规则具有专业性、特殊性,各国立法常常将当事人的交易规则和政府的监管规则在一部法律文件中一并加以规定。我国亦是如此,当前已制定了《城市房地产管理法》、《中华人民共和国建筑法》、《中华人民共和国招标投标法》、《中华人民共和国证券法》(以下简称《证券法》)、《中华人民共和国保险法》(以下简称《保险法》)、《中华人民共和国拍卖法》和《中华人民共和国电子商务法》等。

五、关于金融法律制度

1995年是我国的金融立法年,这一年制定出台了《中华人民共和国中国人民银行法》

(以下简称《中国人民银行法》)、《中华人民共和国商业银行法》(以下简称《商业银行法》)、《保险法》、《中华人民共和国票据法》,之后相继出台《中华人民共和国外汇管理条例》(以下简称《外汇管理条例》)(1996)、《证券法》(1998)、《中华人民共和国信托法》(2001)等。2003年出台《中华人民共和国银行业监督管理法》(以下简称《银行业监督管理法》)、《中华人民共和国证券投资基金法》,修改《中国人民银行法》和《商业银行法》。《中国人民银行法》确定中国人民银行的职能主要是制定和执行货币政策,对金融市场实行宏观调控。同时,立法也要求中国人民银行与其他金融监督管理机构之间建立金融监督管理协调机制和信息共享机制。《商业银行法》规定了商业银行的业务范围、经营原则、设立和组织机构、对存款人的保护、贷款和其他业务规则、财务会计、监督管理、接管和终止、法律责任等内容。2005年修改《证券法》,主要是完善证券发行和交易制度,开辟证券市场发展的新空间,针对上市公司控股股东和证券公司侵害中小股东利益的行为,加大对中小投资者权益的保护,强化证券监管措施和手段,加大对违法行为的处罚力度。《保险法》经过2002年修正、2009年修订、2014年修正和2015年修正后,规定了总则、保险合同、保险公司、保险经营规则、保险代理人和保险经纪人、保险业监督管理等内容。

六、关于税收法律制度

十八届三中全会以后,税收立法进程明显加快,目前已经有十几部税收法律。

1992年《中华人民共和国税收征收管理法》(以下简称《税收征收管理法》)经1995年修正、2001年修订、2013年修正、2015年修正,成为税收征管的基本法。它规定了税务管理、税款征收、税务检查、法律责任等内容,肯定了纳税人的权利。1980年《中华人民共和国个人所得税法》(以下简称《个人所得税法》)经过1993年、1999年、2005年、2007年6月、2007年12月、2011年、2018年七次修正,将工资所得减除费用标准由800元先后提高到1 600元、2 000元、3 500元、5 000元,不断减轻中低收入阶层的税负,同时,对劳务所得施行综合所得税制,增加了专项附加扣除制度,实施年终汇算清缴,这些修改适应了城镇居民收入变化和基本生活支出增长的新情况,更加符合税收负担的实质公平。在企业所得税方面,我国曾长期实行内外两套税制,分别适用《中华人民共和国外商投资企业和外国企业所得税法》与《中华人民共和国企业所得税暂行条例》,在"简税制、宽税基、低税率、严征管"的税制改革精神指导下,2007年通过《中华人民共和国企业所得税法》(以下简称《企业所得税法》),并公布了《中华人民共和国企业所得税法实施条例》(以下简称《企业所得税法实施条例》),将两套税制合并,规定了总则、应纳税所得额、应纳税额、税收优惠、源泉扣缴、特别纳税调整、征收管理等内容,为我国各种企业创造了一个成熟规范、公平竞争的税收法制环境。2017年,我国营业税改增值税全面完成,营业税退出历史舞台。此外,耕地占用税、契税、车船税、资源税、船舶吨税、印花税、烟叶税、车辆购置税、城市维护建设税、环境保护税的立法工作也已经完成,税收法定主义在不断实现。

七、关于市场规制法律制度

市场管理法律制度主要包括竞争法律制度、产品质量法律制度、消费者权益保护法律制度等。另外,市场准入监管法律制度以及一些特殊市场的监管法律制度,也属于市场管理法律制度的内容。

1993年我国先后出台的《中华人民共和国产品质量法》(以下简称《产品质量法》)、《中华人民共和国反不正当竞争法》(以下简称《反不正当竞争法》)、《中华人民共和国消费者权益保护法》(以下简称《消费者权益保护法》),被称为"市场三法"。它们从不同方面规范和约束了市场主体的市场行为,对于加强市场管理、保障市场秩序具有重要作用。其中,《反不正当竞争法》规定了11种不正当竞争行为及其法律责任,在经过2017年的修订后,该法将垄断行为剔除,同时增设了"互联网不正当竞争行为",共计规定了7种不正当竞争行为;《产品质量法》经过2000年、2009年和2018年三次修正,规定了产品质量监督、企业产品质量的责任和义务、损害赔偿、罚则等内容;《消费者权益保护法》规定了消费者的权利、经营者的义务、国家对消费者的保护、争议解决、经营者法律责任等内容,2013年修正后,该法进一步强化了经营者义务,增加了规范网络购物等新型消费方式和建立消费公益诉讼制度的规定;2007年制定的《中华人民共和国反垄断法》(以下简称《反垄断法》)规定了协议垄断、滥用市场支配地位、经营者集中、行政垄断等行为以及反垄断法的规制措施和法律责任等内容,它将原由《反不正当竞争法》调整的有关垄断行为纳入自身的调整范围。至此,我国形成了较完整的市场管理法律制度体系。

同时,我国还制定了《中华人民共和国标准化法》(以下简称《标准化法》)、《中华人民共和国计量法》(以下简称《计量法》)、《中华人民共和国广告法》、《中华人民共和国食品安全法》(以下简称《食品安全法》)、《中华人民共和国药品管理法》(以下简称《药品管理法》)、《中华人民共和国价格法》及《国务院关于禁止在市场经济活动中实行地区封锁的规定》等法律、法规。另外,一些特殊行业或市场领域的法律法规,如《商业银行法》《证券法》《保险法》《中华人民共和国邮政法》《中华人民共和国铁路法》《中华人民共和国烟草专卖法》《中华人民共和国民用航空法》《中华人民共和国电力法》《中华人民共和国电信条例》《外汇管理条例》等,也含有大量具有市场管理性质的规范。

八、关于劳动与社会保障法律制度

在规范劳动和社会保障立法方面,先后制定了《中华人民共和国劳动法》、《中华人民共和国工会法》、《中华人民共和国劳动合同法》(以下简称《劳动合同法》)、《中华人民共和国劳动合同法实施条例》(以下简称《劳动合同法实施条例》)、《中华人民共和国劳动争议调解仲裁法》(以下简称《劳动争议调解仲裁法》)、《中华人民共和国社会保险法》(以下简称《社会保险法》)等。与此同时,国务院及原劳动和社会保障部为了推进国有企业改革,规范劳动用工制度,建立社会保障体系,颁布了大量有关劳动和社会保障的行政法规或规章。

九、关于经济纠纷解决法律制度

在经济纠纷解决立法方面,经济纠纷解决主要适用仲裁制度和民事诉讼制度。1994年8月31日,第八届全国人民代表大会常务委员会通过了《中华人民共和国仲裁法》(以下简称《仲裁法》),于1995年9月1日起施行。该法的制定和实施,对于规范仲裁机构和仲裁程序,完善仲裁制度,保证公正及时地仲裁民事经济纠纷,保护当事人的合法权益,促进社会主义市场经济的健康发展,有着十分重要的意义。2017年9月1日,第十二届全国人民代表大会常务委员会第二十九次会议决定对《仲裁法》中有关仲裁员资格条件的部分条文进行修改。1991年4月9日第七届全国人民代表大会第四次会议通过了《民事诉讼法》。此后,随着经济社会的发展和实践问题的暴露,该法分别于2007年、2012年和2017年、2021年进行了四次修正。通过仲裁制度和民事诉讼制度的相互配合与相互补充,我国社会主义市场经济中的纠纷基本可以借由法律途径得到良好的解决。

第二章 物权法律制度

【案例导读】

　　陈某系张某丈夫,陈某从胡某处购买某县某镇某街11号一间半住房后,在该房前未经批准占用公用土地搭建面积为50平方米的木结构房屋一间,并于9年后改建为石棉瓦房。再过9年,某县进行街道整治,经某县城市建设指挥部批复后再经某县人民政府批准,将该地段作为建设县城公园之用。随后,某县城市建设指挥部在拆迁该地段时,对陈某从胡某处所购一间半住房,按有关规定做了安置。对在房前违章搭建的石棉瓦平房,作出由陈某自行拆除的决定。后某县某街居委会因需要临时占用该石棉瓦平房办公,遂与陈某协商购买该违章建筑残值(拆除材料值),价值690元,由城市建设指挥部付款后陈某出具领条一张。在领取该款半年后,陈某和张某隐瞒真实情况,向某县规划委员会申请办理扩建房屋的产权证,同年某县规划委员由于审查不严,予以批准。陈某夫妇为占有该违章搭建房,双方协议离婚,在财产分割协议中约定,"某街11号未拆除的50平方米石棉瓦房屋属张某所有",并经某县公证处公证。事后,张某强行搬进某街居委会正在使用的石棉瓦房。同时张某持规划部门的批复和公证书向某县房地产管理局办理该石棉瓦房的产权证。房地产管理局审查不严,向张某颁发了某权字第××××号房屋所有权证。次年,张某将领取的石棉瓦房残值款690元强行退给某街居委会。某县规划委员会查明真相后,作出了撤销对违章建筑石棉瓦房产权申请批复的决定。随后某县公证处作出了撤销公证书的决定,某县房地产管理局也作出了关于缴销某权字第××××号房屋所有权证的决定。

第一节　物权法概述

一、物权与物权法

　　物权是指合法权利人依法对特定的物享有直接支配和排他的权利,此处的物包括动产和不动产。物权包括所有权、用益物权和担保物权三种。物权法即是调整因物的归属和利用而产生的法律关系的法律规范的总称。我国于2007年出台了《物权法》,对物权法律制度作出了系统规定。2021年《民法典》正式实施后,《民法典》的"物权编"取代了原《物权法》的相关规定,成为我国物权法律制度最主要的法律渊源。

二、物权法的基本原则

1. 物权平等保护原则

　　物权平等保护原则是指物权主体在法律地位上平等,其享有的所有权和其他物权在受到侵害时,应当受到物权法的平等保护。《民法典》第 207 条规定:"国家、集体、私人的物权和其他权利人的物权受法律平等保护,任何组织或者个人不得侵犯。"从而确立了物权平等保护原则。

在我国,物权平等保护原则的重点是解决所有权类型的平等问题,要求国家所有权、集体所有权和私人所有权平等地受法律保护,各类主体合法取得的财产所有权和其他物权平等地受法律保护。具体来说,一是物权主体平等;二是在物权发生冲突时针对各个主体都应当适用平等的规则解决其纠纷;三是在物权受到侵害后,各个物权主体都应当受到平等保护。

2. 物权法定原则

物权法定原则,也称物权法定主义,是指物权的种类和内容由法律规定,当事人不得依照合意创设。具体来说,物权法定原则的内容涵盖四个方面:①物权的种类法定,当事人不得随意创设。根据物权法定主义,当事人设定的物权必须符合现行法律的明确规定。如果法律无明文规定某类物权,只可解释为法律禁止当事人创设此种物权,如设定不移转占有的动产质权、约定租赁权为用益性质的他物权等,都因缺乏法律依据,违反了物权种类法定的强制性规定而无效。②物权的内容法定,禁止当事人创设与物权法定内容相悖的物权。当事人不得逾越法律规定的物权内容的界限,改变法律明文规定的物权内容。比如,当事人不能约定永久性地限制所有权人对其所有物的处分权,亦即取消所有权中的处分权能。③物权的效力法定,当事人不能协议变更。物权的效力是指法律赋予物权的强制性作用力,是合法行为发生物权法上效果的保障力。物权为绝对权、对世权,物权具有的排他、优先及追及效力,都应当由法律明确规定,不容当事人通过协议随意改变。④物权的公示方式法定,当事人不得随意确定。关于物权变动的公示方法,世界各国普遍规定,动产公示以交付为原则,以登记为例外;不动产均以登记为公示方法。法律对物权变动时的公示方式均有明确规定,非以法定方式予以公示,物权的变动或者无效,或者不得对抗第三人,当事人不得协商不经公示的所有权转移。

3. 一物一权原则

一物一权原则是指一个物之上只能设立一个所有权而不能同时设立两个以上的所有权。同时,在一个物上不能同时设立两个或者两个以上在性质上相互排斥的定限物权。本质来说,一物一权是物权的绝对效力或者排他效力的表现,是对物权排他性的形象表述。

4. 物权变动公示公信原则

物权的设立、变更、转让和消灭通称物权变动,物权变动必须依据一定的方法向社会公示以取得公信力,即使公示方法表现出来的物权存在瑕疵,也应当承认其具有真实的法律效果,善意第三人因为信赖此种公示而作出的法律行为受法律保护。物权的公示方法依照物的不同而有所不同,具体来说则包括以下几种。

(1) 不动产物权的设立、变更、转让和消灭,经依法登记,发生效力;未经登记,不发生效力,但法律另有规定的除外。但依法属于国家所有的自然资源,所有权可以不登记。

(2) 动产物权的设立和转让,自交付时发生效力,但法律另有规定的除外。船舶、航空器和机动车等物权的设立、变更、转让和消灭,虽然同样是自交付时发生效力,但未经登记的,不得对抗善意第三人。

(3) 其他规定。因人民法院、仲裁机构的法律文书或者人民政府的征收决定等,导致物权设立、变更、转让或者消灭的,自法律文书或者征收决定等生效时发生效力。因继承取得物权的,自继承开始时发生效力。因合法建造、拆除房屋等事实行为设立或者消灭物权的,自事实行为成就时发生效力。

【随堂练习】

某公司依法取得某块土地建设用地使用权并办理报建审批手续后,开始了房屋建设并已经完成了外装修。对此,下列哪一选项是正确的?(　　)

A. 某公司因为享有建设用地使用权而取得了房屋所有权
B. 某公司因为事实行为而取得了房屋所有权
C. 某公司因为法律行为而取得了房屋所有权
D. 某公司尚未进行房屋登记,因此未取得房屋所有权

答案:B

【案例讨论】

甲房地产公司与乙公司就买卖房屋达成协议,双方签订了房屋购买合同,乙公司购买甲房地产公司面积为3 000平方米的写字楼,总价款为3 000万元。买方乙公司交付了价款。同时卖方甲房地产公司也依合同约定完成交付,将该楼盘移转给乙公司占有,并着手办理产权过户手续。在此期间,经交付已实际占有该房屋的乙公司因业务调整的需要,又将该房屋以每平方米11 000元的价格转让给第三人丙公司,双方订立了房屋买卖合同。丙公司在购买时到房地产登记部门查阅登记,登记部门告知该房产过户手续已经领导批准,正在办理中。后由于甲房地产公司了解到该楼盘所处地区将由政府规划开发为商业区,该处楼盘房价也将大幅升值,遂要求解除与乙公司之间的合同,并请求该房产的占有人丙公司返还房屋。

问题:该房产的所有权归谁所有?

第二节　所　有　权

一、一般原理

所有权是指所有人对自己的不动产或者动产依法享有的占有、使用、收益和处分的权利。占有是指对物事实上的管领和控制,使用是指依照物的用途和性能加以利用,收益主要是指取得物所产生的孳息,处分则是指对物进行处分,如出售、毁损等。由于所有权是对物进行完全支配的最为完全的物权,所以又被称为"完全物权"。所有权人有权在自己的不动产或者动产上设立用益物权和担保物权。用益物权人、担保物权人行使权利,不得损害所有权人的权益。正因如此,用益物权、担保物权又被称为"限制物权",其通常并不享有完全的占有、使用、收益、处分四项权能。比如,作为用益物权的土地承包经营权在处分上就受到诸多限制,而所有权则通常没有这种限制。

二、所有权的分类

1. 动产所有权与不动产所有权

这是依据所有权客体性质的不同所做的分类,动产所有权是以动产为标的物的所有权;不动产所有权则是以不动产为标的物的所有权,土地、土地上的建筑物或其他附着物都是不动产。

2. 国家所有权、集体所有权与私人所有权

这是依据所有权主体性质的不同所做的分类,《民法典》"物权编"对不同所有制的所有权规定了不同的客体范围,详见表2-1。

表2-1 依据主体性质的不同对所有权的分类

类　型	内　涵	客　体　范　围
国家所有权	法律规定属于国家所有的财产,属于国家所有,即全民所有。国有财产由国务院代表国家行使所有权;法律另有规定的,依照其规定	(1)矿藏、水流、海域;(2)无居民海岛;(3)城市的土地及法律规定属于国家所有的农村和城市郊区的土地;(4)森林、山岭、草原、荒地、滩涂等自然资源,但法律规定属于集体所有的除外;(5)法律规定属于国家所有的野生动植物资源;(6)无线电频谱资源;(7)法律规定属于国家所有的文物;(8)国防资产;(9)铁路、公路、电力设施、电信设施和油气管道等基础设施,依照法律规定为国家所有的
集体所有权	集体经济组织依法对集体财产享有的所有权	(1)法律规定属于集体所有的土地和森林、山岭、草原、荒地、滩涂;(2)集体所有的建筑物、生产设施、农田水利设施;(3)集体所有的教育、科学、文化、卫生、体育等设施;(4)集体所有的其他不动产和动产
私人所有权	自然人、法人或非国家、集体组织的其他组织对财产享有的所有权	私人合法的收入、房屋、生活用品、生产工具、原材料等不动产和动产

3. 单独所有的所有权与共有的所有权

这是依据单个所有权的主体数量所做的分类,所有人仅为一人的所有权为单独所有的所有权,而所有人为两人以上的所有权则为共有的所有权。共有包括按份共有和共同共有。按份共有人对共有的不动产或者动产按照其份额享有所有权,共同共有人对共有的不动产或者动产共同享有所有权。《民法典》"物权编"对共有物的处分规定了一系列规则,详见表2-2。

表2-2 共有物的处分规则

项　目	处　分　规　则
共有物的管理和修缮	共有人按照约定管理共有的不动产或者动产;没有约定或者约定不明确的,各共有人都有管理的权利和义务。 处分共有的不动产或者动产以及对共有的不动产或者动产作重大修缮、变更性质或者用途的,应当经占份额2/3以上的按份共有人或者全体共同共有人同意,但共有人之间另有约定的除外。 对共有物的管理费用以及其他负担,有约定的,按照约定;没有约定或者约定不明确的,按份共有人按照其份额负担,共同共有人共同负担

续表

项 目	处 分 规 则
共有物的分割和转让	共有人约定不得分割共有的不动产或者动产,以维持共有关系的,应当按照约定,但共有人有重大理由需要分割的,可以请求分割;没有约定或者约定不明确的,按份共有人可以随时请求分割,共同共有人在共有的基础丧失或者有重大理由需要分割时可以请求分割。因分割造成其他共有人损害的,应当给予赔偿。 共有人可以协商确定分割方式。达不成协议,共有的不动产或者动产可以分割且不会因分割减损价值的,应当对实物予以分割;难以分割或者因分割会减损价值的,应当对折价或者拍卖、变卖取得的价款予以分割。共有人分割所得的不动产或者动产有瑕疵的,其他共有人应当分担损失。 按份共有人可以转让其享有的共有的不动产或者动产份额。其他共有人在同等条件下享有优先购买的权利
共有物之债的承担	因共有的不动产或者动产产生的债权债务,在对外关系上,共有人享有连带债权、承担连带债务,但法律另有规定或者第三人知道共有人不具有连带债权债务关系的除外;在共有人内部关系上,除共有人另有约定外,按份共有人按照份额享有债权、承担债务,共同共有人共同享有债权、承担债务。偿还债务超过自己应当承担份额的按份共有人,有权向其他共有人追偿
共有性质与份额的推定	共有人对共有的不动产或者动产没有约定为按份共有或者共同共有,或者约定不明确的,除共有人具有家庭关系等外,视为按份共有。 按份共有人对共有的不动产或者动产享有的份额,没有约定或者约定不明确的,按照出资额确定;不能确定出资额的,视为等额享有

三、不动产所有权的特殊规则

1. 建筑物区分所有权

建筑物区分所有权是指在属于不同所有人的建筑物中,业主对建筑物内的住宅、经营性用房等专有部分享有所有权,对专有部分以外的共有部分享有共有和共同管理的权利。一方面,业主对其建筑物专有部分享有占有、使用、收益和处分的权利,但业主行使权利不得危及建筑物的安全,不得损害其他业主的合法权益;另一方面,业主对建筑物专有部分以外的共有部分,享有权利,承担义务,不得以放弃权利为由不履行义务。业主转让建筑物内的住宅、经营性用房,其对共有部分享有的共有和共同管理的权利一并转让。

建筑区划内的道路,属于业主共有,但属于城镇公共道路的除外。建筑区划内的绿地,属于业主共有,但属于城镇公共绿地或者明示属于个人的除外。建筑区划内的其他公共场所、公用设施和物业服务用房,属于业主共有。建筑区划内,规划用于停放汽车的车位、车库的归属,由当事人通过出售、附赠或者出租等方式约定。占用业主共有的道路或者其他场地用于停放汽车的车位,属于业主共有。

建筑物及其附属设施的维修资金,属于业主共有。经业主共同决定,可以用于电梯、屋顶、外墙、无障碍设施等共有部分的维修、更新和改造。建筑物及其附属设施的维修资金的筹集、使用情况应当公布。建筑物及其附属设施的费用分摊、收益分配等事项,有约定的,按照约定;没有约定或者约定不明确的,按照业主专有部分面积所占比例确定。业主既可以自行管理建筑物及其附属设施,也可以委托物业服务企业或者其他管理人管理。对建设单位聘请的物业服务企业或者其他管理人,业主有权依法更换。

2. 相邻关系

物权法上的相邻关系是指相邻不动产的所有人、使用人之间,在行使不动产的所有权或使用权时,相互之间给予便利或接受限制而发生的法律关系。《民法典》为这种相邻关系的处理提供了一个"十六字原则",即"有利生产、方便生活、团结互助、公平合理"。

相邻关系的具体处理规则为:①不动产权利人应当为相邻权利人用水、排水提供必要的便利。对自然流水的利用,应当在不动产的相邻权利人之间合理分配。对自然流水的排放,应当尊重自然流向。②不动产权利人对相邻权利人因通行等必须利用其土地的,应当提供必要的便利。③不动产权利人因建造、修缮建筑物以及铺设电线、电缆、水管、暖气和燃气管线等必须利用相邻土地、建筑物的,该土地、建筑物的权利人应当提供必要的便利。④建造建筑物,不得违反国家有关工程建设标准,不得妨碍相邻建筑物的通风、采光和日照。⑤不动产权利人不得违反国家规定弃置固体废物,排放大气污染物、水污染物、土壤污染物、噪声、光辐射、电磁辐射等有害物质。⑥不动产权利人挖掘土地、建造建筑物、铺设管线以及安装设备等,不得危及相邻不动产的安全。⑦不动产权利人因用水、排水、通行、铺设管线等利用相邻不动产的,应当尽量避免对相邻的不动产权利人造成损害。

四、所有权的取得

所有权的取得是指主体根据一定法律事实获得某物的所有权,从而在该特定主体与其他人之间发生以该物为客体的所有权法律关系。所有权的取得分为原始取得和继受取得。

所有权的原始取得,是指所有人最初地、不依靠他人的所有权的存在而取得所有权。例如,农民收获自己合法种植的农作物。由于原始取得是第一次取得所有权,因此也叫作"最初取得"。它有以下五种主要的方式。

1. 先占

先占是指以所有的意思占有无主的动产而取得其所有权的法律事实。关于占有的法律性质,通常认为是事实行为。先占的构成要件包括:须为无主物;须为动产;须以所有的意思占有无主物。所谓以所有的意思,指将占有的动产归于自己管领、支配的意识。

2. 拾得遗失物

拾得遗失物指发现他人遗失物而予以占有的一种法律事实。我国采取罗马法不取得所有权主义,因而不论经过多长时间,不论拾得人采取何种行为,均不得取得遗失物的所有权。遗失物应归还原主,失主不明的收归国家所有。从这种意义上说,拾得遗失物,只是国家取得动产所有权的一种方式而已。

3. 发现埋藏物

《民法典》第318条规定,"遗失物自发布招领公告之日起一年内无人认领的,归国家所有。"同时,第319条规定,"拾得漂流物、发现埋藏物或者隐藏物的,参照适用拾得遗失物的有关规定。法律另有规定的,依照其规定。"所以,在我国,发现埋藏物只是国家取得动产所有权的一种形式。

4. 善意取得

善意取得指无权处分他人动产的让与人,不法将该动产让与买受人后,如果买受人在取得该动产时出于善意,即取得该动产所有权,原动产所有人不得要求受让人返还。善意取得制度需具备以下要件:①标的物须为可以流通的动产。善意取得的财产必须是可以依法流通的财产。②让与人为无权处分的动产占有人。这是善意取得制度发生的前提。这里所谓的占有,不以对物直接占有为必要,只要让与人对动产有现实的管领力即可。同时让与人须无权处分该占有物,否则也不能发生善意取得。③受让人须通过交换而取得动产。受让人取得该动产必须通过买卖、互易、债务清偿、出资等具有交易性质的行为而实现。如果通过继承、遗赠而取得财产占有,则不发生善意取得的效力。④受让人取得财产时的主观方面须为善意。受让人善意,是指不知让与人没有让与该动产的权利。

5. 添附

添附是指民事主体把不同所有人的财产或劳动成果相结合,从而形成一种新形态的财产。如果要恢复原状,在事实上不可能或者经济上不合理,则法律规定由一人取得添附物的所有权或者共有合成物。因此,添附为动产所有权取得的原因。

添附有附合、混合、加工三种类型。附合分为动产附合与不动产附合。动产附合指不同所有人的动产互相结合,非经毁损不能分离或者分离的费用太高时,发生的动产所有权变动的法律事实。混合指不同所有人的动产互相合成为一物,不能识别或者识别费用太高,从而发生所有权的变动的法律事实。加工指就他人动产加以制作或改造,做成新物,从而发生物权变动的法律事实。

所有权的继受取得是指所有人通过法律行为或法律事件,从原所有人处取得所有权,包括因买卖、赠与、互易、继承遗产、受遗赠等取得所有权。

【随堂练习】

段某为避免进出家门绕远路,与他人协商通过他人土地直接到达自己的住宅,其所享有的通行权属于(　　)。

A. 相邻权　　　　B. 地役权　　　　C. 地上权　　　　D. 土地使用权

答案:B

第三节　用　益　物　权

用益物权是指权利人对他人所有的不动产或者动产,以物的使用、收益为目的而设立的物权。《民法典》中确认的典型用益物权有土地承包经营权、建设用地使用权、宅基地使用权、居住权和地役权。除此之外,依法取得的海域使用权、探矿权、采矿权、取水权和使用水域、滩涂从事养殖、捕捞的权利也属于用益物权,受法律保护。

一、土地承包经营权

我国在农村集体经济组织实行家庭承包经营为基础、统分结合的双层经营体制。农民集体所有和国家所有由农民集体使用的耕地、林地、草地以及其他用于农业的土地,依法实行土地承包经营制度。土地承包经营权人依法对其承包经营的耕地、林地、草地等享有占有、使用和收益的权利,有权从事种植业、林业、畜牧业等农业生产。

1. 土地承包经营权的设立与期限

土地承包经营权自土地承包经营权合同生效时设立。土地承包经营权有期限限制,耕地的承包期为30年,草地的承包期为30～50年,林地的承包期为30～70年。承包期限届满,由土地承包经营权人依照农村土地承包的法律规定继续承包。

2. 土地承包经营权人的权利和义务

根据《民法典》的规定,土地承包经营权人依照如下规定享受权利、履行义务:

(1) 土地承包经营权自土地承包经营权合同生效时设立。登记机构应当向土地承包经营权人发放土地承包经营权证、林权证等证书,并登记造册,确认土地承包经营权。

(2) 土地承包经营权人依照法律规定,有权将土地承包经营权互换、转让。未经依法批准,不得将承包地用于非农建设。土地承包经营权互换、转让的,当事人可以向登记机构申请登记;未经登记,不得对抗善意第三人。

(3) 承包期内发包人不得调整承包地。因自然灾害严重毁损承包地等特殊情形,需要适当调整承包的耕地和草地的,应当依照农村土地承包的法律规定办理。承包期内发包人不得收回承包地。法律另有规定的,依照其规定。承包地被征收的,土地承包经营权人有权依据法律规定获得相应补偿。

(4) 土地承包经营权人可以自主决定依法采取出租、入股或者其他方式向他人流转土地经营权。土地经营权人有权在合同约定的期限内占有农村土地,自主开展农业生产经营并取得收益。

(5) 流转期限为5年以上的土地经营权,自流转合同生效时设立。当事人可以向登记机构申请土地经营权登记;未经登记,不得对抗善意第三人。通过招标、拍卖、公开协商等方式承包农村土地,经依法登记取得权属证书的,可以依法采取出租、入股、抵押或者其他方式流转土地经营权。

二、建设用地使用权

建设用地使用权是土地使用人依法对国家所有的土地享有的占有、使用和收益的权利。建设用地使用权可以在土地的地表、地上或者地下分别设立。

1. 建设用地使用权的设立

设立建设用地使用权,可以采取出让或者划拨等方式。工业、商业、旅游、娱乐和商品住宅等经营性用地以及同一土地有两个以上意向用地者的,应当采取招标、拍卖等公开竞价的方式出让。严格限制以划拨方式设立建设用地使用权。通过招标、拍卖、协议等出让方式设立建设用地使用权的,当事人应当采取书面形式订立建设用地使用权出让合同。设立建设用地使用权的,应当向登记机构申请建设用地使用权登记。建设用地使用权自登记时设立。登记机构应当向建设用地使用权人发放权属证书。

2. 建设用地使用权人的权利和义务

建设用地使用权人负有不得改变土地用途(需要改变用途的应当经有关行政主管部门批准)和按照合同约定支付出让金等费用的义务,享有将建设用地使用权转让、互换、出

资、赠与或者抵押的权利,但法律另有规定的除外。建设用地使用权人的这种处分权利受到如下规则的限制:

第一,使用期限由当事人约定,但不得超过建设用地使用权的剩余期限。

第二,建设用地使用权转让、互换、出资或者赠与的,应当向登记机构申请变更登记。

第三,建设用地使用权处分时采用"房地一体主义",即建设用地使用权转让、互换、出资或者赠与的,附着于该土地上的建筑物、构筑物及其附属设施应当一并处分。

三、宅基地使用权

宅基地使用权是农村集体经济组织的成员依法对集体所有的土地享有占有和使用,以及利用该土地建造住宅及其附属设施的权利。宅基地使用权的取得、行使和转让,适用《土地管理法》等法律和国家有关规定。宅基地因自然灾害等原因灭失的,宅基地使用权消灭。对失去宅基地的村民,应当重新分配宅基地。已经登记的宅基地使用权转让或者消灭的,应当及时办理变更登记或者注销登记。

四、居住权

居住权是指居住权人按照合同约定,对他人的住宅占有、使用,以满足生活居住需要的用益物权。设立居住权,当事人应当采用书面形式订立居住权合同,或者由所有权人以遗嘱方式设立。居住权合同一般包括下列条款:当事人的姓名或者名称和住所;住宅的位置;居住的条件和要求;居住权期限;解决争议的方法。

居住权无偿设立,但是当事人另有约定的除外。设立居住权的,应当向登记机构申请居住权登记。居住权自登记时设立。居住权不得转让、继承。设立居住权的住宅不得出租,但是当事人另有约定的除外。

居住权期限届满或者居住权人死亡的,居住权消灭。居住权消灭的,应当及时办理注销登记。

五、地役权

地役权是指权利人按照合同约定利用他人的不动产以提高自己的不动产效益的权利。他人的不动产为供役地,自己的不动产为需役地。供役地权利人应当按照合同约定,允许地役权人利用其不动产,不得妨害地役权人行使权利。地役权人应当按照合同约定的利用目的和方法利用供役地,尽量减少对供役地权利人物权的限制。

1. 地役权的设立与解除

地役权自地役权合同生效时设立。当事人要求登记的,可以向登记机构申请地役权登记;未经登记,不得对抗善意第三人。土地所有权人享有地役权或者负担地役权的,设立土地承包经营权、宅基地使用权等用益物权时,该用益物权人继续享有或者负担已经设立的地役权。土地上已经设立土地承包经营权、建设用地使用权、宅基地使用权等用益物权的,未经用益物权人同意,土地所有权人不得设立地役权。地役权的期限由当事人约定,但不得超过土地承包经营权、建设用地使用权等用益物权的剩余期限。

地役权人有下列情形之一的,供役地权利人有权解除地役权合同,地役权消灭:违反法律规定或者合同约定,滥用地役权;有偿利用供役地,约定的付款期限届满后在合理期限内经两次催告未支付费用。

2. 地役权的处分规则

地役权是在他人享有所有权或使用权的不动产之上新设的用益物权,具有很强的依附性,因此,地役权通常不能单独处分,而是伴随着原权利一并转让,具体规则包括如下几点:

第一,地役权不得单独转让。土地承包经营权、建设用地使用权等转让的,地役权一并转让,但合同另有约定的除外。

第二,地役权不得单独抵押。土地经营权、建设用地使用权等抵押的,在实现抵押权时,地役权一并转让。

第三,需役地以及需役地上的土地承包经营权、建设用地使用权等部分转让时,转让部分涉及地役权的,受让人同时享有地役权。

第四,供役地以及供役地上的土地承包经营权、建设用地使用权等部分转让时,转让部分涉及地役权的,地役权对受让人具有约束力。

【随堂练习】

下列属于用益物权的是(　　)。

A. 地役权　　　　B. 抵押权　　　　C. 质权　　　　D. 留置权

答案:A

第四节　担保物权

一、担保物权的概念、特征和类型

从担保物权的内容和目的来看,可以将担保物权定义为:担保物权是指为确保债权的实现而设定的,与用益物权相对应的他物权,在债务人不履行债务时,债权人对债务人或第三人的特定物或者权利的变价优先受偿的物权,以直接取得或支配特定的物或者权利的交换价值为内容进行支配的权利。《民法典》"物权编"规定了抵押权、质权和留置权三种担保物权。

担保物权具有如下特征:

(1)担保物权为确保债务的实现而设定。

(2)担保物权是在债务人或第三人的特定财产上设定以交换价值为内容进行支配的权利。

(3)担保物权属于物权的一种,与一般物权具有同一性质,所不同的是,担保物权以标的物的价值确保债权的清偿为目的,以标的物所取得的一定交换价值为内容。

(4)担保物权具有从属性和不可分性。从属性体现在担保物权以债权的存在为前提,不可分性体现在担保物权所担保的债权的债权人可就担保物的全部行使其权利。

二、抵押权

为担保债务的履行,债务人或者第三人不转移财产的占有,将该财产抵押给债权人的,债务人不履行到期债务或者发生当事人约定的实现抵押权的情形,债权人有权就该财产优先受偿。前述规定的债务人或者第三人为抵押人,债权人为抵押权人,提供担保的财产为抵押财产。

1. 抵押物

债务人或者第三人有权处分的下列财产可以抵押：建筑物和其他土地附着物；建设用地使用权；海域使用权；生产设备、原材料、半成品、产品；正在建造的建筑物、船舶、航空器；交通运输工具；法律、行政法规未禁止抵押的其他财产。抵押人可以将前述所列财产一并抵押。企业、个体工商户、农业生产经营者可以将现有的以及将有的生产设备、原材料、半成品、产品抵押,债务人不履行到期债务或者发生当事人约定的实现抵押权的情形,债权人有权就抵押财产确定时的动产优先受偿。

以建筑物抵押的,该建筑物占用范围内的建设用地使用权一并抵押。以建设用地使用权抵押的,该土地上的建筑物一并抵押。抵押人未依据前规定一并抵押的,未抵押的财产视为一并抵押。乡镇、村企业的建设用地使用权不得单独抵押。以乡镇、村企业的厂房等建筑物抵押的,其占用范围内的建设用地使用权一并抵押。

下列财产不得抵押：土地所有权；宅基地、自留地、自留山等集体所有土地的使用权,但是法律规定可以抵押的除外；学校、幼儿园、医疗机构等为公益目的成立的非营利法人的教育设施、医疗卫生设施和其他公益设施；所有权、使用权不明或者有争议的财产；依法被查封、扣押、监管的财产；法律、行政法规规定不得抵押的其他财产。

2. 抵押权的设立

设立抵押权,当事人应当采用书面形式订立抵押合同。抵押权人在债务履行期限届满前,与抵押人约定债务人不履行到期债务时抵押财产归债权人所有的,只能依法就抵押财产优先受偿。

以建筑物和其他土地附着物、建设用地使用权、海域使用权、正在建造的建筑物抵押的,应当办理抵押登记。抵押权自登记时设立。以动产抵押的,抵押权自抵押合同生效时设立；未经登记,不得对抗善意第三人。以动产抵押的,不得对抗正常经营活动中已经支付合理价款并取得抵押财产的买受人。抵押权设立前,抵押财产已经出租并转移占有的,原租赁关系不受该抵押权的影响。

3. 抵押权的转让和实现

抵押期间,抵押人可以转让抵押财产。当事人另有约定的,按照其约定。抵押财产转让的,抵押权不受影响。抵押人转让抵押财产的,应当及时通知抵押权人。抵押权人能够证明抵押财产转让可能损害抵押权的,可以请求抵押人将转让所得的价款向抵押权人提前清偿债务或者提存。转让的价款超过债权数额的部分归抵押人所有,不足部分由债务人清偿。

抵押权不得与债权分离而单独转让或者作为其他债权的担保。债权转让的,担保该债权的抵押权一并转让,但是法律另有规定或者当事人另有约定的除外。

抵押人的行为足以使抵押财产价值减少的,抵押权人有权请求抵押人停止其行为；抵押财产价值减少的,抵押权人有权请求恢复抵押财产的价值,或者提供与减少的价值相应的担保。抵押人不恢复抵押财产的价值,也不提供担保的,抵押权人有权请求债务人提前清偿债务。

抵押权人可以放弃抵押权或者抵押权的顺位。抵押权人与抵押人可以协议变更抵押权顺位以及被担保的债权数额等内容。但是，抵押权的变更未经其他抵押权人书面同意的，不得对其他抵押权人产生不利影响。债务人以自己的财产设定抵押，抵押权人放弃该抵押权、抵押权顺位或者变更抵押权的，其他担保人在抵押权人丧失优先受偿权益的范围内免除担保责任，但是其他担保人承诺仍然提供担保的除外。

债务人不履行到期债务或者发生当事人约定的实现抵押权的情形，抵押权人可以与抵押人协议以抵押财产折价或者以拍卖、变卖该抵押财产所得的价款优先受偿。协议损害其他债权人利益的，其他债权人可以请求人民法院撤销该协议。抵押权人与抵押人未就抵押权实现方式达成协议的，抵押权人可以请求人民法院拍卖、变卖抵押财产。抵押财产折价或者变卖的，应当参照市场价格。

债务人不履行到期债务或者发生当事人约定的实现抵押权的情形，致使抵押财产被人民法院依法扣押的，自扣押之日起，抵押权人有权收取该抵押财产的天然孳息或者法定孳息，但是抵押权人未通知应当清偿法定孳息义务人的除外。前款规定的孳息应当先充抵收取孳息的费用。

抵押财产折价或者拍卖、变卖后，其价款超过债权数额的部分归抵押人所有，不足部分由债务人清偿。

同一财产向两个以上债权人抵押的，拍卖、变卖抵押财产所得的价款依照下列规定清偿：抵押权已经登记的，按照登记的时间先后确定清偿顺序；抵押权已经登记的先于未登记的受偿；抵押权未登记的，按照债权比例清偿。

4. 最高额抵押权

为担保债务的履行，债务人或者第三人对一定期间内将要连续发生的债权提供担保财产的，债务人不履行到期债务或者发生当事人约定的实现抵押权的情形，抵押权人有权在最高债权额限度内就该担保财产优先受偿。最高额抵押权设立前已经存在的债权，经当事人同意，可以转入最高额抵押担保的债权范围。

最高额抵押担保的债权确定前，部分债权转让的，最高额抵押权不得转让，但是当事人另有约定的除外。最高额抵押担保的债权确定前，抵押权人与抵押人可以通过协议变更债权确定的期间、债权范围以及最高债权额。但是，变更的内容不得对其他抵押权人产生不利影响。

有下列情形之一的，抵押权人的债权确定：约定的债权确定期间届满；没有约定债权确定期间或者约定不明确，抵押权人或者抵押人自最高额抵押权设立之日起满二年后请求确定债权；新的债权不可能发生；抵押权人知道或者应当知道抵押财产被查封、扣押；债务人、抵押人被宣告破产或者解散；法律规定债权确定的其他情形。

【案例讨论】

王某自建起一栋二层楼房后，约好友李某一同去房管机构办理权属登记。由于房管机构的工作人员疏忽，将所有权人错误登记为李某，王某一时大意并未察觉。随后王某因长期外出务工，遂将该房屋交由李某保管。后来，某日李某向赵某借款15万元，并以该楼房作为抵押,双方去房管机构办理了抵押登记。后因李某不能按时还款付息,便与赵某协商将该楼房拍卖偿还借款。王某得知此事后,一方面要求房管机构撤销错误登记并确认其为所有权人,一方面坚决反对赵某拍卖楼房。因最终无法达成协议,王某遂将李某和赵某一同诉至人民法院,要求确认二者间的抵押合同无效。

问题:李某和赵某的抵押合同是否有效?

三、质权

1. 动产质权

为担保债务的履行,债务人或者第三人将其动产出质给债权人占有的,债务人不履行到期债务或者发生当事人约定的实现质权的情形,债权人有权就该动产优先受偿。前述债务人或者第三人为出质人,债权人为质权人,交付的动产为质押财产。设立质权,当事人应当采用书面形式订立质押合同。质权自出质人交付质押财产时设立。质权人在债务履行期限届满前,与出质人约定债务人不履行到期债务时质押财产归债权人所有的,只能依法就质押财产优先受偿。

质权人有权收取质押财产的孳息,但是合同另有约定的除外。孳息应当先充抵收取孳息的费用。质权人在质权存续期间,未经出质人同意,擅自使用、处分质押财产,造成出质人损害的,应当承担赔偿责任。质权人负有妥善保管质押财产的义务;因保管不善致使质押财产毁损、灭失的,应当承担赔偿责任。质权人的行为可能使质押财产毁损、灭失的,出质人可以请求质权人将质押财产提存,或者请求提前清偿债务并返还质押财产。

因不可归责于质权人的事由可能使质押财产毁损或者价值明显减少,足以危害质权人权利的,质权人有权请求出质人提供相应的担保;出质人不提供的,质权人可以拍卖、变卖质押财产,并与出质人协议将拍卖、变卖所得的价款提前清偿债务或者提存。质权人在质权存续期间,未经出质人同意转质,造成质押财产毁损、灭失的,应当承担赔偿责任。

质权人可以放弃质权。债务人以自己的财产出质,质权人放弃该质权的,其他担保人在质权人丧失优先受偿权益的范围内免除担保责任,但是其他担保人承诺仍然提供担保的除外。

债务人履行债务或者出质人提前清偿所担保的债权的,质权人应当返还质押财产。债务人不履行到期债务或者发生当事人约定的实现质权的情形,质权人可以与出质人协议以质押财产折价,也可以就拍卖、变卖质押财产所得的价款优先受偿。质押财产折价或者变卖的,应当参照市场价格。

出质人可以请求质权人在债务履行期限届满后及时行使质权;质权人不行使的,出质人可以请求人民法院拍卖、变卖质押财产。出质人请求质权人及时行使质权,因质权人怠于行使权利造成出质人损害的,由质权人承担赔偿责任。质押财产折价或者拍卖、变卖后,其价款超过债权数额的部分归出质人所有,不足部分由债务人清偿。

2. 权利质权

权利质权是指为了担保债权清偿,就债务人或第三人所享有的权利设定的质权。除了一些特殊问题之外,关于权利质权可适用动产质权的规定,故权利质权又称准质权。

权利质权与动产质权的区别：①两者标的不同。前者为无形权利，后者为有形的动产。②质权设定的方式有差异。质权的设定虽然大多以订立质押合同和转移标的物占有为生效要件，但由于有形动产与无形权利之间的本质差异，二者在转移占有方式上仍有很大的不同。动产质押是出质人向质权人交付出质的动产，因这种占有改变而形成的是一种现实交付。但在设定权利质权时，转移占有的方式不同：以汇票、支票、本票、债券、存款单、仓单、提单设质时，交付了权利凭证，即意味着转移了占有；以股份、股票或知识产权设质时，依法进行了质押登记，即意味着转移了占有。

权利质权标的物的范围：第一，关于权利质权标的物的范围，下列权利可以质押：①汇票、支票、本票、债券、存款单、仓单、提单，以权利凭证为质权生效要件，生效采取交付要件主义。以汇票、支票、本票出质的，将背书记载"质押"字样视为公示方法，否则无公信力，不得对抗第三人；以公司债券出质且没有背书记载"质押"字样的，不得对抗公司与第三人。②依法可以转让的股份、股票，生效采取登记要件主义。③依法可以转让的商标专用权、专利权、著作权中的财产权，生效采取登记要件主义。④依法可以质押的其他权利，如以应收账款为权利质权标的物的，以信贷征信机构的出质登记为生效要件，即生效采取登记要件主义。第二，权利质权的特殊规则有：①有价证券一旦出质，再转让者无效。②其余权利（基金份额、股权、知识产权、应收账款）一旦出质，非经当事人双方协商同意，均不得转让、许可使用，协商同意转让、许可使用的，所得价款应当用于提前清偿或提存，以维护质权人的利益。③有价证券禁止转质，有价证券出质后再质押的，其质押行为无效。④有价证券可以提前变现，债权证券或者物权证券日期先于主债权到期的，质权人有权兑现或提货，由占有价款、货物的人与出质人协商，用于提前清偿或提存。

四、留置权

1. 留置权的概念

留置权是债权人在合法占有债务人的动产的情况下，在债务人逾期不履行债务时，债权人有权留置该财产，并依法以该财产折价或以拍卖、变卖该财产的价款优先受偿。留置权中的债权人称为留置权人，被留置的财产称为留置物。

2. 留置权的特征

（1）留置权属于法定担保物权。留置权依法律的直接规定而产生，而非依当事人的协议产生。因保管合同、运输合同、加工承揽合同而发生的债权，债务人不履行债务的，债权人有留置权。

（2）留置权具有担保物权的共同属性：不可分性、从属性、补充性、物上代位性。债权人是因为占有在先、留置在后，而不是因留置权而取得占有权的。留置权是指债权人在自己的债权受清偿前，拒绝返还所占有的债务人的动产。在债务人超过法定期限仍不履行债务时，债权人可就留置物受偿，实现债权。

3. 留置权的成立要件

（1）债权人合法占有债务人的动产。留置权的成立，必须是债权人合法占有债务人的财产。占有的方式法律未做任何限制，直接占有或间接占有（如将留置物交给他人保管）均可。

(2) 债权已届清偿期。债权人虽占有债务人的动产,但只有债权已届清偿期,债务人仍不履行义务时,债权人才可以留置债务人的动产。

(3) 债权的发生与该动产有牵连关系。为防止债权人对权利的滥用,债权人所占有的债务人的动产必须与债权的发生有牵连关系。

(4) 不得行使留置权的情形。在下列情况下不得行使留置权:因侵权行为而占有他人之动产;行使留置权违反社会公共利益或善良风俗;行使留置权与留置权人的义务相抵触;双方当事人在合同中明确约定不得留置财产的。

4. 留置权人的权利

(1) 留置标的物。其体现了留置权人的占有权,可以对抗债务人、债的法律关系以外的第三人。

(2) 收取留置物的孳息。在占有留置物期间,留置权人有权收取留置物的孳息。如果孳息是金钱,可以直接冲抵债务;如果是其他财产,享有将孳息变价优先受偿的权利。

(3) 保管留置物费用请求权。保管留置物费用请求权的发生,与保管的标的物之间存在牵连关系。一方面,通常情况下债权人留置的动产,应当与债权属于同一法律关系;另一方面,也有例外规定。如不当得利、无因管理等法律关系产生的留置权,企业之间的留置权的行使,可以不以同一债权债务关系为要件。

(4) 优先受偿权。留置权人在留置债务人的财产后,债务人逾期仍不履行债务,债权人可以与债务人协议以留置物折价,也可以就该财产拍卖、变卖的价款优先受偿。

5. 留置权人的义务

(1) 妥善保管留置物。如果造成损毁,应对债务人承担赔偿责任。

(2) 留置期间不得使用、出租、处分留置物。

6. 留置权的消灭

留置权的消灭有以下几种情形:主债权消灭;留置权实现;留置权人放弃留置权;留置物损毁并且没有代替物;债务人另行担保并被债权人接受;留置权人丧失对留置物的占有;法律规定的其他情形。

【随堂练习】

甲向乙借款5 000元,并将自己的一台笔记本电脑出质给乙。乙在出质期间将电脑无偿借给丙使用。丁因丙欠钱不还,趁丙不注意时拿走电脑并向丙声称要以其抵债。下列哪些选项是正确的?( )

A. 甲有权基于其所有权请求丁返还电脑
B. 乙有权基于其质权请求丁返还电脑
C. 丙有权基于其占有被侵害请求丁返还电脑
D. 丁有权主张以电脑抵偿丙对自己的债务

答案:ABC

本章课后习题

吴某和李某共有一套房屋,所有权登记在吴某名下,2021年2月1日,法院判决吴某和李某离婚,并判决房屋归李某所有,但是双方并未办理房屋所有权变更登记。2021年3月1日,李某将房屋出卖给张某,双方于当日签订了买卖合同,张某基于对判决书的信赖支付了100万元价款,并入住了该房屋。2021年5月1日,吴某就该房屋和王某签订了买卖合同,王某在查阅了房屋登记簿确认房屋归吴某所有后,支付了100万元价款,并于2021年5月10日办理了房屋所有权变更登记手续。

问题:

(1)李某自何时起取得该房屋的所有权?为什么?

(2)张某是否取得了该房屋的所有权?为什么?

(3)王某是否取得了该房屋的所有权?若取得,自何时取得?

即测即练

第三章 知识产权法律制度

【案例导读】

某公司申请注册商标"MLGB"。在法定期限内,姚某针对涉案商标"MLGB",向商标评审委员会提起注册商标无效宣告申请。商标评审委员会认为,涉案商标的字母组合在网络等社交平台上广泛使用,含义消极、格调不高,用作商标有害于社会主义道德风尚,易产生不良影响。某公司虽称涉案商标指称"My life is getting better",但并未提交证据证明该含义已为社会公众熟知,社会公众更易将"MLGB"认知为不文明用语。商标评审委员会据此裁定宣告涉案商标权无效。某公司不服,向北京知识产权法院提起行政诉讼。北京知识产权法院判决驳回某公司的诉讼请求。某公司不服一审判决,提起上诉。北京市高级人民法院认为,网络环境中已有特定群体认为"MLGB"具有不良影响的含义,应认定涉案商标含义消极、格调不高,据此判决驳回上诉,维持一审判决。

第一节 知识产权法概述

一、知识产权的概念及特征

知识产权是指权利人对其智力成果享有的专有权利和其他相关权利。知识产权含有人身权和财产权的内容,是一项民事权利。同时,由于知识产权的客体是智力成果,又被称为无形财产权,具有自身独特的法律特征。知识产权的特征是知识产权区别于其他民事权利的特殊性,主要表现为:

(1)无形性。知识产权是人类智力创造成果,不同于有形财产,其保护的对象表现为信息,信息具有无形性。知识产权通过载体表达信息,知识产权法所保护的是载体所负载的信息,取得载体财产权不等于获得附着于载体上的知识产权。

(2)专有性。专有性也称排他性或独占性,知识产权的权利人对自己的智力成果享有专有权,如果法律没有特别规定,未经权利人同意,任何人不得占有、使用他人的智力成果。

(3)地域性。知识产权在一定地域内有效。一国法律确认的知识产权,原则上只在该国领域有效,受到该国的法律保护。其他国家没有给予法律保护的义务。在参加国际公约的情况下,知识产权在公约规定的范围内有效。

(4)时间性。知识产权保护有一定期限。权利人在法定期限内享有独占权,超过法定期限,知识产权中的财产权利即自行终止,成为人类共同财富,任何人都可使用。

概括来说,知识产权就是让信息的创造者对有关信息拥有某种财产权,并通过这种财产权控制信息在一定时间、地域范围的传播和他人对信息的使用,从而收回创造的成本和获得利润。

二、知识产权的范围

从诸多国家立法实践和相关国际公约来看,多从划定范围来说明知识产权概念。当今世界广泛适用的知识产权基本范围如下。

1. 世界知识产权组织界定的知识产权范围

根据《建立世界知识产权组织公约》的内容,知识产权的范围如下:

(1) 文学、艺术和科学作品的权利;

(2) 表演艺术家的演出、录音和广播的权利;

(3) 人类在一切领域的发明的权利;

(4) 科学发现的权利;

(5) 工业品外观设计的权利;

(6) 商标、服务标记、厂商名称和标记的权利;

(7) 制止不正当竞争的权利;

(8) 一切其他来自工业、科学及文学艺术领域的智力创作活动所产生的权利。

2. TRIPS 协定界定的知识产权范围

TRIPS 协定的全称是世界贸易组织文件中的《与贸易有关的知识产权协定》。该协议划定的知识产权范围如下:

(1) 版权与邻接权;

(2) 商标权;

(3) 地理标志权;

(4) 工业品外观设计权;

(5) 专利权;

(6) 集成电路布图设计(拓扑图)权;

(7) 未披露过的信息专有权,即商业秘密。

相对上述两大国际条约所列的广义知识产权而言,狭义的知识产权主要是指工业产权和版权两部分。其中工业产权主要包括专利权、商标权,版权即著作权。

三、知识产权法

知识产权法是指调整因知识产权的确认和使用而产生的各种社会关系的法律规范的总称。改革开放后的 20 世纪 80 年代,我国开始知识产权的立法和实践,逐步建立了我国的知识产权制度。1982 年通过《中华人民共和国商标法》,1993 年首次修正,2001 年第二次修正,2013 年第三次修正,2019 年第四次修正,形成现行《商标法》。1984 年通过《中华人民共和国专利法》,1992 年首次修正,2000 年第二次修正,2001 年公布《中华人民共和国专利法实施细则》,2008 年第三次修正,2020 年 10 月 17 日第十三届全国人民代表大会常务委员会第二十二次会议《关于修改〈中华人民共和国专利法〉的决定》第四次修正,是为现行《专利法》。1990年,我国颁布《中华人民共和国著作权法》,2001年首次修正,2002年公布《中华人民共和国著作权法实施条例》,2010年第二次修正,2020年11月11日第十三届全国人民代表大会常务委员会第二十三次会议《关于修改〈中华人民共和国著作权法〉的决定》第三次修正,形成现行《著作权法》。

在知识产权国际条约方面,1980年,我国加入《建立世界知识产权组织公约》;1985年加入《巴黎公约》;1989年加入《商标国际注册马德里协定》;1989年加入《集成电路知识产权条约》;1992年加入《世界版权公约》;1992年加入《保护唱片制作者防止唱片未经授权被复制公约》,又称《唱片公约》;1994年加入《专利合作条约》。2001年,随着"入世"议定书的签订,我国加入《与贸易有关的知识产权协定》(TRIPS协定)。这些国际条约构成我国知识产权制度的组成部分。

第二节 专 利 法

一、专利权和专利法

专利权,是指专利权人在法律规定的期限内对其发明创造享有的一种独占权或专有权。

专利法是指确认、保护发明创造专有权和调整利用发明创造过程中所发生的各种社会关系的法律规范的总称。在我国,专利法主要是指《专利法》。

二、专利权的主体、客体和内容

1. 专利权的主体

专利权的主体,是指有权提出专利申请并获得专利权的单位或个人。当一项发明创造依法取得专利权后,专利申请人成为专利权所有人。一般来说,专利权的主体为发明创造的发明人或设计人,但也存在如下特殊情形:

(1)职务发明创造的专利权人。执行本单位的任务或者主要是利用本单位的物质技术条件所完成的发明创造为职务发明创造。职务发明创造申请专利的权利属于该单位;申请被批准后,该单位为专利权人。但利用本单位的物质技术条件所完成的发明创造,单位与发明人或者设计人订有合同,对申请专利的权利和专利权的归属作出约定的,从其约定。

(2)委托发明创造的专利权人。接受其他单位或者个人委托所完成的发明创造,除另有协议的以外,申请专利的权利属于完成的单位或者个人;申请被批准后,申请的单位或者个人为专利权人。

(3)受让专利权的人。专利申请权和专利权可以转让,转让后受让人为专利权人。

2. 专利权的客体

专利权的客体,是指《专利法》所规定的予以专利保护的发明创造。《专利法》所称的发明创造是指发明、实用新型和外观设计。发明专利权的期限为20年,实用新型专利权的期限为10年,外观设计专利权的期限为15年,均自提起专利申请之日起计算。

(1) 发明,是指对产品、方法或者其改进所提出的新的技术方案。

(2) 实用新型,是指对产品的形状、构造或者其结合所提出的适于实用的新的技术方案。

(3) 外观设计,是指对产品的整体或者局部的形状、图案或者其结合以及色彩与形状、图案的结合所作出的富有美感并适于工业应用的新设计。

《专利法》对于发明、实用新型、外观设计的专利权给予了不同的保护范围。根据《专利法》的规定,发明和实用新型专利权被授予后,除本法另有规定的以外,任何单位或者个人未经专利权人许可,都不得实施其专利,即不得为生产经营目的制造、使用、许诺销售、销售、进口其专利产品,或者使用其专利方法以及使用、许诺销售、销售、进口依照该专利方法直接获得的产品。外观设计专利权被授予后,任何单位或者个人未经专利权人许可,都不得实施其专利,即不得为生产经营目的制造、许诺销售、销售、进口其外观设计专利产品。

此外,根据《专利法》的规定,下列发明创造不授予专利权:

(1) 对违反法律、社会公德或者妨害公共利益的发明创造,不授予专利权。对违反法律、行政法规的规定获取或者利用遗传资源,并依赖该遗传资源完成的发明创造,不授予专利权。

(2) 科学发现。

(3) 智力活动的规则和方法。

(4) 疾病的诊断和治疗方法。

(5) 动物和植物品种,但动物和植物品种的生产方法可以授予专利权。

(6) 原子核变换方法以及用原子核变换方法获得的物质。

(7) 对平面印刷品的图案、色彩或者二者的结合作出的主要起标识作用的设计。

3. 专利权人的主要权利

根据《专利法》的有关规定,专利权人享有以下五项权利。

(1) 实施权。专利权人在专利有效期限内享有为生产经营目的的专有制造、使用和销售其专利产品或专有使用其专利方法的权利。

(2) 许可权。专利权人有权许可他人使用其专利权,并收取专利使用费。任何单位或者个人实施他人专利的,都应当与专利权人订立书面使用许可合同,向专利权人支付专利使用费。

(3) 转让权。专利申请权和专利权可以转让。转让专利申请权或者专利权的,当事人应当订立书面合同,并向国务院专利行政部门登记,由国务院专利行政部门予以公告。专利申请权或者专利权的转让自登记之日起生效。中国单位或者个人向外国人转让专利申请权和专利权的,必须经国务院有关主管部门批准。

(4) 标记权。专利权人有权在其专利产品或该产品的包装上标明专利标记和专利号;发明人或设计人有在专利文件中写明自己是发明人或者设计人的权利。

(5) 禁止权。除《专利法》另有规定外,任何单位或个人未经专利权人许可,都不得实施其专利,即不得以营利为目的制造、使用、许诺销售、销售、进口其专利产品或者使用该专利方法直接获得的产品。

4. 专利权人的主要义务

专利权人在享有上述权利的同时,应当履行下列两项义务。

(1) 实施专利。专利权被授予后,专利权人有义务实施或者许可他人实施该专利,即以生产经营为目的在中国境内制造、使用、销售其专利产品或者使用其专利方法。

(2) 按期缴纳专利年费。专利权人应当自被授予专利权的当年开始缴纳年费。年费缴纳方式为一年一次,在前一年度期满前一个月缴纳。专利权人希望维持专利权,必须缴纳年费。

【案例讨论】

甲公司指派员工唐某从事新型灯具的研制开发,唐某于2017年3月完成了一种新型灯具的开发。甲公司对该灯具的技术采取了保密措施,并于2018年5月19日申请发明专利。2020年10月1日,国家知识产权局公布该发明专利申请,并于2021年6月9日授予甲公司专利权。

问题:该新型灯具的专利权人是唐某还是甲公司?

三、专利权的取得

(一) 申请专利权的条件

1. 授予发明和实用新型专利权的实体要件

(1) 新颖性。新颖性是指该发明或者实用新型不属于现有技术;也没有任何单位或者个人就同样的发明或者实用新型在申请日以前向国务院专利行政部门提出过申请,并记载在申请日以后公布的专利申请文件或者公告的专利文件中。《专利法》中的现有技术是指申请日以前在国内外为公众所知的技术。需要注意的是,申请专利的发明创造在申请日以前6个月内,有下列情形之一的,不丧失新颖性:在国家出现紧急状态或者非常情况时,为公共利益目的首次公开的;在中国政府主办或者承认的国际展览会上首次展出的;在规定的学术会议或者技术会议上首次发表的;他人未经申请人同意而泄露其内容的。

(2) 创造性。创造性是指与现有技术相比,该发明具有突出的实质性特点和显著的进步,该实用新型具有实质性特点和进步。

(3) 实用性。实用性是指该发明或者实用新型能够制造或者使用,并且能够产生积极效果。

2. 授予外观设计专利权的实体要件

(1) 新颖性,即应当不属于现有设计;也没有任何单位或者个人就同样的外观设计在申请日以前向国务院专利行政部门提出过申请,并记载在申请日以后公告的专利文件中。《专利法》所称现有设计,是指申请日以前在国内外为公众所知的设计。

(2) 与现有设计或者现有设计特征的组合相比,应当具有明显区别。

(3) 不得与他人在申请日以前已经取得的合法权利相冲突。

(二) 授予专利权的程序

1. 申请

1) 申请专利权时提交的文件

申请发明或者实用新型专利的,应当提交请求书、说明书及其摘要和权利要求书等文件。申请外观设计专利的,应当提交请求书、该外观设计的图片或者照片以及对该外观设计的简要说明等文件。

2) 申请日的确定

国务院专利行政部门收到专利申请文件之日为申请日。如果申请文件是邮寄的,以寄出的邮戳日为申请日。但申请人自发明或者实用新型在外国第一次提出专利申请之日起 12 个月内,或者自外观设计在外国第一次提出专利申请之日起 6 个月内,又在中国就相同主题提出专利申请的,依照该外国同中国签订的协议或者共同参加的国际条约,或者依照相互承认优先权的原则,可以享有优先权。申请人自发明或者实用新型在中国第一次提出专利申请之日起 12 个月内,又向国务院专利行政部门就相同主题提出专利申请的,可以享有优先权。

申请人要求发明专利、实用新型专利优先权的,应当在申请的时候提出书面声明,并且在第一次提出发明专利、实用新型专利申请之日起 16 个月内,提交第一次提出的专利申请文件的副本。申请人要求外观设计专利优先权的,应当在申请的时候提出书面声明,并且在 3 个月内提交第一次提出的专利申请文件的副本。申请人未提出书面声明或者逾期未提交专利申请文件副本的,视为未要求优先权。

2. 审查和批准

1) 发明专利的审批

(1) 初步审查。国务院专利行政部门收到发明专利申请后,经初步审查认为符合《专利法》要求的,自申请日起满 18 个月,即行公布。国务院专利行政部门可以根据申请人的请求早日公布其申请。

(2) 实质审查。发明专利申请自申请日起 3 年内,国务院专利行政部门可以根据申请人随时提出的请求,对其申请进行实质审查;申请人无正当理由逾期不请求实质审查的,该申请即被视为撤回。国务院专利行政部门认为有必要的时候,可以自行对发明专利申请进行实质审查。

(3) 陈述意见与修改。国务院专利行政部门对发明专利申请进行实质审查后,认为不符合《专利法》规定的,应当通知申请人,要求其在指定的期限内陈述意见,或者对其申请进行修改;无正当理由逾期不答复的,该申请即被视为撤回。发明专利申请经申请人陈述意见或者进行修改后,国务院专利行政部门仍然认为不符合《专利法》规定的,应当予以驳回。

(4) 授予专利权。发明专利申请经实质审查没有发现驳回理由的,由国务院专利行政部门作出授予发明专利权的决定,发给发明专利证书,同时予以登记和公告。发明专利权自公告之日起生效。

2) 实用新型和外观设计专利的审批

实用新型和外观设计专利只有初步审查,没有实质审查。经初步审查没有发现驳回理由的,由国务院专利行政部门作出授予实用新型专利权或者外观设计专利权的决定,发给相应的专利证书,同时予以登记和公告。实用新型专利权和外观设计专利权自公告之日起生效。

除此之外,自国务院专利行政部门公告授予专利权之日起,任何单位或者个人认为该专利权的授予不符合《专利法》有关规定的,可以请求国务院专利行政部门宣告该专利权无效。宣告无效的专利权视为自始即不存在。宣告专利权无效的决定,对在宣告专利权无效前人民法院作出并已执行的专利侵权的判决、调解书,已经履行或者强制执行的专利侵权纠纷处理决定,以及已经履行的专利实施许可合同和专利权转让合同,不具有追溯力。但是因专利权人的恶意给他人造成的损失,应当给予赔偿。依照前款规定不返还专利侵权赔偿金、专利使用费、专利权转让费,明显违反公平原则的,应当全部或者部分返还。

【随堂练习】

美国某公司于2014年12月1日在美国就某口服药品提出专利申请并被受理,2015年5月9日就同一药品向中国国家知识产权局提出专利申请,要求享有优先权并及时提交了相关证明文件,中国国家知识产权局于2018年4月授予其专利。关于该中国专利,下列哪一选项是正确的?(   )

A. 保护期从2014年12月1日起计算
B. 保护期从2015年5月9日起计算
C. 保护期从2018年4月1日起计算
D. 该专利的保护期是10年

答案:B

四、专利权的保护和限制

(一)专利权的保护

未经专利权人许可,实施其专利,即侵犯其专利权,引起纠纷的,由当事人协商解决;不愿协商或者协商不成的,专利权人或者利害关系人既可以向人民法院起诉,也可以请求管理专利工作的部门处理。管理专利工作的部门在处理时,认定侵权行为成立的,可以责令侵权人立即停止侵权行为,当事人不服的,可以自收到处理通知之日起15日内依照《中华人民共和国行政诉讼法》(以下简称《行政诉讼法》)向人民法院起诉;侵权人期满不起诉又不停止侵权行为的,管理专利工作的部门可以申请人民法院强制执行。进行处理的管理专利工作的部门应当事人的请求,可以就侵犯专利权的赔偿数额进行调解;调解不成的,当事人可以依照《民事诉讼法》向人民法院起诉。

侵犯专利权的赔偿数额按照权利人因被侵权所受到的实际损失或者侵权人因侵权所获得的利益确定;权利人的损失或者侵权人获得的利益难以确定的,参照该专利许可使用费的倍数合理确定。对故意侵犯专利权,情节严重的,可以在按照上述方法确定数额的1倍以上5倍以下确定赔偿数额。权利人的损失、侵权人获得的利益和专利许可使用费均难以确定的,人民法院可以根据专利权的类型、侵权行为的性质和情节等因素,确定给予3万元以上500万元以下的赔偿。赔偿数额还应当包括权利人为制止侵权行为所支付的合理开支。人民法院为确定赔偿数额，在权利人已经尽力举证，而与侵权行为相关的账簿、资料主要由侵权人掌握的情况下，可以责令侵权人提供与侵权行为相关的账簿、资料；侵权人不提供或者提供虚假的账簿、资料的，人民法院可以参考权利人的主张和提供的证据判定赔偿数额。

（二）专利权的限制

1. 不视为侵犯专利权的行为

（1）专利产品或者依照专利方法直接获得的产品，由专利权人或者经其许可的单位、个人售出后，使用、许诺销售、销售、进口该产品的。

（2）在专利申请日前已经制造相同产品、使用相同方法或者已经做好制造、使用的必要准备，并且仅在原有范围内继续制造、使用的。

（3）临时通过中国领陆、领水、领空的外国运输工具，依照其所属国同中国签订的协议或者共同参加的国际条约，或者依照互惠原则，为运输工具自身需要而在其装置和设备中使用有关专利的。

（4）专为科学研究和实验而使用有关专利的。

（5）为提供行政审批所需要的信息，制造、使用、进口专利药品或者专利医疗器械的，以及专门为其制造、进口专利药品或者专利医疗器械的。

2. 视为侵权但无须承担损害赔偿责任的行为

为生产经营目的使用、许诺销售或者销售不知道是未经专利权人许可而制造并售出的专利侵权产品，能证明该产品合法来源的，不承担赔偿责任，但仍然应当停止侵害行为。

第三节 商 标 法

一、商标权和商标法

商标是商品生产者或经营者为使自己销售的商品或者提供的服务，与其他生产者或经营者销售的商品或者提供的服务相区别而使用文字、图形等一种特殊的可视性标记。商标法关于商品商标的规定，适用于服务商标。

商标权是商标所有人对法律确认并给予保护的商标所享有的权利。经商标局核准注册的商标为注册商标，商标注册人对注册商标享有专有权。商标权的主体是商标注册所有人，客体是注册商标。商标权的内容有专用权、许可权、转让权、禁止权等。

商标法是指在调整确认、保护商标专用权和商标使用过程中发生的社会关系的法律规范的总称。在我国，其主要是指《商标法》。

【案例讨论】

某电视机厂甲厂生产的"某花"牌电视机，质量优良，价格适中，售后服务好，深受广大用户欢迎。后该厂的一名技术人员受聘于邻省一家生产"某意"牌电视机的工厂乙厂，担任了乙厂的技术副厂长，为扭转乙厂亏损落后的生产局面，乙厂一方面在技术上加大力度进行革新改造;另一方面希望通过改变产品名称打开销路。在得知甲厂的商标还未注册的情况下,便向商标局申请注册了"某花"牌商标。此后,产品销路大有好转。甲厂得知这一情况后,以该品牌是自己首先创出,先使用为由,要求乙厂停止使用该商标。而乙厂则认为该商标自己已经注册,享有商标专用权,要求甲厂停止使用。为此,双方发生纠纷。

问题:谁是本案中的侵权人?

二、商标权的主体、客体和内容

(一)商标权的主体

商标权的主体是指有权申请商标注册并依法取得商标所有权的单位和个人。《商标法》规定,自然人、法人或者其他组织,对其生产、制造、加工、拣选或者经销的商品,或者对其提供的服务项目,需要取得商标专用权的,应当向商标局申请商标注册。另外,《商标法》还规定:两个以上的自然人、法人或者其他组织可以共同向商标局申请注册同一商标,共同享有和行使该商标专用权;外国人或者外国企业在中国申请商标注册的,应当按其所属国和中华人民共和国签订的协议或者共同参加的国际条约办理,或者按对等原则办理;申请商标注册或者办理其他商标事宜,可以自行办理,也可以委托依法设立的商标代理机构办理;外国人或者外国企业在中国申请商标注册和办理其他商标事宜的,应当委托依法设立的商标代理机构办理。

(二)商标权的客体

商标权的客体,是指经过国家商标局核准注册的商标权标记,即注册商标载体。任何能够将自然人、法人或者其他组织的商品与他人的商品区别开的标志,包括文字、图形、字母、数字、三维标志、颜色组合和声音等,以及上述要素的组合,均可以作为商标申请注册。

根据《商标法》的规定,申请商标注册的商标必须符合以下规定。

(1)申请注册的商标,应当有显著特征,便于识别,并不得与他人在先取得的合法权利相冲突。

(2)下列标志不得作为商标使用(即商标禁用标志):①同中华人民共和国的国家名称、国旗、国徽、国歌、军旗、军徽、军歌、勋章等相同或者近似的,以及同中央国家机关的名称、标志、所在地特定地点的名称或者标志性建筑物的名称、图形相同的;②同外国的国家名称、国旗、国徽、军旗等相同或者近似的,但经该国政府同意的除外;③同政府间国际组织的名称、旗帜、徽记等相同或者近似的,但经该组织同意或者不易误导公众的除外;④与表明实施控制、予以保证的官方标志、检验印记相同或者近似的,但经授权的除外;⑤同"红十字""红新月"的名称、标志相同或者近似的;⑥带有民族歧视性的;⑦带有欺骗性,容易使公众对商品的质量等特点或者产地产生误认的;⑧有害于社会主义道德风尚或者有其他不良影响的。

县级以上行政区划的地名或者公众知晓的外国地名,不得作为商标。但是,地名具有其他含义或者作为集体商标、证明商标组成部分的除外;已经注册的使用地名的商标继续有效。

(3)下列标志不得作为注册商标:①仅有本商品的通用名称、图形、型号的;②仅直接表示商品的质量、主要原料、功能、用途、重量、数量及其他特点的;③其他缺乏显著特征的。上述所列标志经过使用取得显著特征,并便于识别的,可以作为商标注册。

(4) 以三维标志申请注册商标的,仅由商品自身的性质产生的形状、为获得技术效果而需有的商品形状或者使商品具有实质性价值的形状,不得注册。

(5) 为相关公众所熟知的商标,持有人认为其权利受到侵害时,可以依照《商标法》的规定请求驰名商标保护。就相同或者类似商品申请注册的商标是复制、模仿或者翻译他人未在中国注册的驰名商标,容易导致混淆的,不予注册并禁止使用。

驰名商标应当根据当事人的请求,作为处理涉及商标案件需要认定的事实进行认定。认定驰名商标应当考虑下列因素:①相关公众对该商标的知晓程度;②该商标使用的持续时间;③该商标的任何宣传工作的持续时间、程度和地理范围;④该商标作为驰名商标受保护的记录;⑤该商标驰名的其他因素。

(6) 未经授权,代理人或者代表人以自己的名义将被代理人或者被代表人的商标进行注册,被代理人或者被代表人提出异议的,不予注册并禁止使用。就同一种商品或者类似商品申请注册的商标与他人在先使用的未注册商标相同或者近似,申请人与该他人具有前款规定以外的合同、业务往来关系或者其他关系而明知该他人商标存在,该他人提出异议的,不予注册。

(7) 商标中有商品的地理标志,而该商品并非来源于该标志所标示的地区,误导公众的,不予注册并禁止使用;但是已经善意取得注册的继续有效。

(三) 商标权的内容

商标权的内容,即商标法律关系的权利和义务。

1. 商标权人的主要权利

(1) 商标专用权。商标权人享有商标专用权,可以将其注册商标在核准的商品上使用,并因此获得合法利益。其他人未经商标权人许可,不得使用注册商标。

(2) 转让权。商标权人有权将其注册商标转让给其他单位或者个人。商标转让是商标所有权的转移。

(3) 许可权。商标注册人可以通过签订商标使用许可合同,许可他人使用其注册商标。

(4) 禁用权。商标权人有禁止他人未经许可而使用其注册商标或使用与之相混同的商标的权利。他人未经许可不得在同一种商品或类似商品上使用该注册商标或相近似的商标,否则构成侵权。

(5) 收益权。商标权人有通过使用、许可使用、转让等方式行使其商标权而获得经济利益的权利。

2. 商标权人的主要义务

(1) 使用注册商标的义务。使用注册商标的,应当标明"注册商标"或者注册标记。连续3年停止使用注册商标,任何人可以向商标局申请予以撤销。

(2) 确保商品质量的义务。商标注册人、受让人、被许可使用人应当保证使用注册商标的商品质量,不得粗制滥造、以次充好,欺骗消费者。

(3) 缴纳规定费用的义务。商标权人按规定在申请商标注册和办理其他商标事宜时,缴纳费用,否则商标局不予注册。

三、商标的取得

(一)商标注册的申请

1. 申请方式

商标注册申请人应当按规定的商品分类表填报使用商标的商品类别和商品名称,提出注册申请。商标注册申请人可以通过一份申请就多个类别的商品申请注册同一商标。商标注册申请等有关文件,可以以书面方式或者数据电文方式提出。

注册商标需要在核定使用范围之外的商品上取得商标专用权的,应当另行提出注册申请。注册商标需要改变其标志的,应当重新提出注册申请。

2. 商标注册申请人的优先权

两个或者两个以上的商标注册申请人,在同一种商品或者类似商品上,以相同或者近似的商标申请注册的,初步审定并公告申请在先的商标享有优先权;同一天申请的,初步审定并公告使用在先的商标享有优先权,驳回其他人的申请,不予公告。但在下述两种情况下,则对注册申请人适用特殊的优先权规则:

(1)商标注册申请人自其商标在外国第一次提出商标注册申请之日起6个月内,又在中国就相同商品以同一商标提出商标注册申请的,依照该外国同中国签订的协议或者共同参加的国际条约,或者按照相互承认优先权的原则,可以享有优先权。依照前款要求优先权的,应当在提出商标注册申请的时候提出书面声明,并且在3个月内提交第一次提出的商标注册申请文件的副本;未提出书面声明或者逾期未提交商标注册申请文件副本的,视为未要求优先权。

(2)商标在中国政府主办的或者承认的国际展览会展出的商品上首次使用的,自该商品展出之日起6个月内,该商标的注册申请人可以享有优先权。依照前款要求优先权的,应当在提出商标注册申请的时候提出书面声明,并且在3个月内提交展出其商品的展览会名称、在展出商品上使用该商标的证据、展出日期等证明文件;未提出书面声明或者逾期未提交证明文件的,视为未要求优先权。

(二)商标注册的审查和核准

对申请注册的商标,商标局应当自收到商标注册申请文件之日起9个月内审查完毕,符合《商标法》有关规定的,予以初步审定公告。

申请注册的商标,凡不符合《商标法》有关规定或者同他人在同一种商品或者类似商品上已经注册的或者初步审定的商标相同或者近似的,由商标局驳回申请,不予公告。申请商标注册不得损害他人现有的在先权利,也不得以不正当手段抢先注册他人已经使用并有一定影响的商标。

对驳回申请、不予公告的商标,商标局应当书面通知商标注册申请人。商标注册申请人不服的,可以自收到通知之日起15日内向商标评审委员会申请复审。商标评审委员会应当自收到申请之日起9个月内作出决定,并书面通知申请人。有特殊情况需要延长的,经国务院工商行政管理部门批准,可以延长3个月。当事人对商标评审委员会的决定不服的,可以自收到通知之日起30日内向人民法院起诉。

对初步审定公告的商标提出异议的,商标局应当听取异议人和被异议人陈述事实和理由,经调查核实后,自公告期满之日起12个月内作出是否准予注册的决定,并书面通知异议人和被异议人。有特殊情况需要延长的,经国务院工商行政管理部门批准,可以延长6个月。商标局作出准予注册决定的,发给商标注册证,并予公告。异议人不服的,可以向商标评审委员会请求宣告该注册商标无效。

商标局作出不予注册决定,被异议人不服的,可以自收到通知之日起15日内向商标评审委员会申请复审。商标评审委员会应当自收到申请之日起12个月内作出复审决定,并书面通知异议人和被异议人。有特殊情况需要延长的,经国务院工商行政管理部门批准,可以延长6个月。被异议人对商标评审委员会的决定不服的,可以自收到通知之日起30日内向人民法院起诉。人民法院应当通知异议人作为第三人参加诉讼。商标评审委员会在依照规定进行复审的过程中,所涉及的在先权利的确定必须以人民法院正在审理或者行政机关正在处理的另一案件的结果为依据的,可以中止审查。中止原因消除后,应当恢复审查程序。

法定期限届满,当事人对商标局作出的驳回申请决定、不予注册决定不申请复审或者对商标评审委员会作出的复审决定不向人民法院起诉的,驳回申请决定、不予注册决定或者复审决定生效。经审查异议不成立而准予注册的商标,商标注册申请人取得商标专用权的时间自初步审定公告3个月期满之日起计算。自该商标公告期满之日起至准予注册决定作出前,对他人在同一种或者类似商品上使用与该商标相同或者近似的标志的行为不具有追溯力;但是,因该使用人的恶意给商标注册人造成的损失,应当给予赔偿。

四、注册商标的期限和续展

注册商标的有效期为10年,自核准注册之日起计算。注册商标有效期满,需要继续使用的,应当在期满前12个月内申请续展注册;在此期间未能提出申请的,可以给予6个月的宽展期。每次续展注册的有效期为10年,自该商标上一届有效期满次日起计算。期满未办理续展手续的,注销其注册商标。商标局应当对续展注册的商标予以公告。

五、注册商标的转让和使用许可

转让注册商标的,转让人和受让人应当签订转让协议,并共同向商标局提出申请。受让人应当保证使用该注册商标的商品质量。转让注册商标的,商标注册人对其在同一种商品上注册的近似的商标,或者在类似商品上注册的相同或者近似的商标,应当一并转让。对容易导致混淆或者有其他不良影响的转让,商标局不予核准,书面通知申请人并说明理由。转让注册商标经核准后,予以公告。受让人自公告之日起享有商标专用权。

商标注册人可以通过签订商标使用许可合同,许可他人使用其注册商标。许可人应当监督被许可人使用其注册商标的商品质量。被许可人应当保证使用该注册商标的商品质量。经许可使用他人注册商标的,必须在使用该注册商标的商品上标明被许可人的名称和商品产地。许可他人使用其注册商标的,许可人应当将其商标使用许可报商标局备案,由商标局公告。商标使用许可未经备案不得对抗善意第三人。

六、注册商标的撤销

注册商标的撤销分为依职权撤销和依申请撤销两种。依职权撤销注册商标是指在商标注册人使用了法律所禁止注册的标志或以欺诈等不正当手段获得商标注册的情况下,商标局主动依职权进行的撤销。依申请撤销注册商标是指商标的注册侵害了其他商标所有人的商标专用权或其他利害关系人的合法权利,依商标所有人或利害关系人的申请,商标局撤销注册商标的行为。但这一请求权有时间限制,只能在自商标注册之日起5年内实行,对恶意注册的,驰名商标所有人不受5年的时间限制。

前述依法撤销的注册商标,其商标专用权视为自始即不存在。有关撤销注册商标的决定或者裁定,对在撤销前人民法院作出并已执行的商标侵权案件的判决、裁定,工商行政管理部门作出并已执行的商标侵权案件的处理决定,以及已经履行的商标转让或者使用许可合同,不具有追溯力;但是,因商标注册人恶意给他人造成的损失,应当给予赔偿。

【随堂练习】

甲公司在食品上注册某商标后,与乙公司签订转让合同,获5万元转让费。合同履行后,乙公司起诉丙公司在食品上使用某商标的侵权行为。法院作出侵权认定的判决书刚生效,某注册商标就因有"不良影响"被依法撤销。下列说法哪些是错误的?(　　)

A. 某商标权视为自始不存在
B. 甲公司应当向乙公司返还5万元
C. 撤销某商标的裁定对侵权判决不具有追溯力
D. 丙公司可以将某商标作为未注册商标继续使用

答案:BCD

七、商标侵权行为

(一)商标侵权行为的表现

根据《商标法》的规定,侵犯注册商标专用权的行为表现如下:

(1)未经商标注册人的许可,在同一种商品上使用与其注册商标相同的商标的;

(2)未经商标注册人的许可,在同一种商品上使用与其注册商标近似的商标,或者在类似商品上使用与其注册商标相同或者近似的商标,容易导致混淆的;

(3)销售侵犯注册商标专用权的商品的;

(4)伪造、擅自制造他人注册商标标识或者销售伪造、擅自制造的注册商标标识的;

(5)未经商标注册人同意,更换其注册商标并将该更换商标的商品又投入市场的;

(6)故意为侵犯他人商标专用权行为提供便利条件,帮助他人实施侵犯商标专用权行为的;

(7)给他人的注册商标专用权造成其他损害的。

(二)商标侵权行为的处理

1. 商标侵权的纠纷解决

对于侵犯注册商标专用权的行为引起的纠纷,由当事人协商解决;不愿协商或者协商不成的,商标注册人或者利害关系人可以向人民法院起诉,也可以请求工商行政管理部门处理。工商行政管理部门处理时,认定侵权行为成立的,责令立即停止侵权行为,没收、销毁侵权商品和主要用于制造侵权商品、伪造注册商标标识的工具,并可处以罚款。当事人对处理决定不服的,可以自收到处理通知之日起15日内依照《行政诉讼法》向人民法院起诉;侵权人期满不起诉又不履行的,工商行政管理部门可以申请人民法院强制执行。进行处理的工商行政管理部门根据当事人的请求,可以就侵犯商标专用权的赔偿数额进行调解;调解不成的,当事人可以依照《民事诉讼法》向人民法院起诉。

为强化商标专用权保护措施,《商标法》规定了诉前保全和禁令制度。商标注册人或者利害关系人有证据证明他人正在实施或者即将实施侵犯其注册商标专用权的行为,如不及时制止将会使其合法权益受到难以弥补的损害的,可以依法在起诉前向人民法院申请采取责令停止有关行为和财产保全的措施。为制止侵权行为,在证据可能灭失或者以后难以取得的情况下,商标注册人或者利害关系人可以依法在起诉前向人民法院申请保全证据。

2. 商标侵权的法律责任

侵犯商标专用权的赔偿数额,按照权利人因被侵权所受到的实际损失确定;实际损失难以确定的,可以按照侵权人因侵权所获得的利益确定;权利人的损失或者侵权人获得的利益难以确定的,参照该商标许可使用费的倍数合理确定。对恶意侵犯商标专用权,情节严重的,可以在按照上述方法确定数额的1倍以上5倍以下确定赔偿数额。赔偿数额应当包括权利人为制止侵权行为所支付的合理开支。人民法院为确定赔偿数额,在权利人已经尽力举证,而与侵权行为相关的账簿、资料主要由侵权人掌握的情况下,可以责令侵权人提供与侵权行为相关的账簿、资料;侵权人不提供或者提供虚假的账簿、资料的,人民法院可以参考权利人的主张和提供的证据判定赔偿数额。权利人因被侵权所受到的实际损失、侵权人因侵权所获得的利益、注册商标许可使用费难以确定的,由人民法院根据侵权行为的情节判决给予500万元以下的赔偿。

人民法院审理商标纠纷案件,应权利人请求,对属于假冒注册商标的商品,除特殊情况外,责令销毁;对主要用于制造假冒注册商标的商品的材料、工具,责令销毁,且不予补偿;或者在特殊情况下,责令禁止前述材料、工具进入商业渠道,且不予补偿。假冒注册商标的商品不得在仅去除假冒注册商标后进入商业渠道。

注册商标专用权人请求赔偿,被控侵权人以注册商标专用权人未使用注册商标提出抗辩的,人民法院可以要求注册商标专用权人提供此前3年内实际使用该注册商标的证据。注册商标专用权人不能证明此前3年内实际使用过该注册商标,也不能证明因侵权行为受到其他损失的,被控侵权人不承担赔偿责任。销售不知道是侵犯注册商标专用权的商品,能证明该商品是自己合法取得并能说明提供者的,不承担赔偿责任。

第四节 著作权法

一、著作权与著作权法

著作权,也称版权,是指文学、艺术和科学等作品的作者或其他著作权人,在法定期限内对其作品所依法享有的专有权利。著作权通常有狭义和广义之分。狭义的著作权即作者权,是指作者依法享有的权利,包括著作人身权和著作财产权。广义的著作权还包括邻接权,即与著作权相联系的作品传播者的权利,主要指表演者、录音录像制品制作者和广播电视组织的权利以及图书报刊出版者的权利等。

著作权法是调整著作权人、作品传播者与公众之间因著作权及相关权益的取得、行使和保护而产生的人身关系和财产关系的法律规范的总和。在我国,其主要是指《著作权法》。

二、著作权的主体和客体

(一)著作权的主体

著作权的主体是指依法享有著作权的人。关于著作权主体的主要规定如下。

1. 一般规定

中国公民、法人或者非法人组织的作品,不论是否发表,依照《著作权法》享有著作权;外国人、无国籍人的作品根据其作者所属国或者经常居住地国同中国签订的协议或者共同参加的国际条约享有著作权;外国人、无国籍人的作品首先在中国境内出版的,依照《著作权法》享有著作权;未与中国签订协议或者共同参加国际条约的国家的作者以及无国籍人的作品首次在中国参加的国际条约的成员国出版的,或者在成员国和非成员国同时出版的,受《著作权法》保护。

2. 作者

作者是指文学、艺术和科学作品的创作人。作者可以是公民、法人或非法人单位,也可以是若干个公民或法人。创作作品的公民是作者;由法人或者非法人单位主持,代表法人或者非法人单位意志创作,并由法人或者非法人单位承担责任的作品,法人或者非法人单位视为作者。

3. 关于著作权主体的其他规定

(1)改编、翻译、注释、整理已有作品而产生的作品,其著作权由改编、翻译、注释、整理人享有,但行使著作权时,不得侵犯原作品的著作权。

(2)视听作品中的电影作品、电视剧作品的著作权由制作者享有,但编剧、导演、摄影、作词、作曲等作者享有署名权,并有权按照与制作者签订的合同获得报酬。

视听作品中的剧本、音乐等可以单独使用的作品的作者有权单独行使其著作权。

(3)主要是利用法人或非法人组织的物质技术条件创作,并由法人或非法人组织承担责任的工程设计、产品设计图纸及其说明、计算机软件、地图等职务作品以及法律法规规定或者合同约定的其他的职务作品,作者享有署名权,著作权的其他权利由法人或非法人组织享有。

除上述情况外,自然人为完成法人或者非法人组织工作任务所创作的职务作品,著作权由作者享有,但法人或者非法人组织有权在其业务范围内优先使用。作品完成两年内,未经单位同意,作者不得许可第三人以与单位相同的使用方式使用该作品。

(4)受委托创作的作品,著作权的归属由委托人和受托人通过合同约定。合同未做明确约定或者没有订立合同的,著作权属于受托人。

（5）两人以上合作创作的作品，著作权由合作作者共同享有。没有参加创作的人，不能成为合作作者；合作作品的著作权由合作作者通过协商一致行使；不能协商一致，又无正当理由的，任何一方不得阻止他方行使除转让、许可他人专有使用、出质以外的其他权利，但是所得收益应当合理分配给所有合作作者。合作作品可以分割使用的，作者对各自创作的部分可以单独享有著作权，但行使著作权时不得侵犯合作作品整体的著作权。

（6）汇编若干作品、作品片段或者不构成作品的数据或者其他材料，对其内容的选择或者编排体现独创性的作品，为汇编作品。其著作权由汇编人享有，但行使著作权时，不得侵犯原作品的著作权。

（7）作品原件所有权的转移，不改变作品著作权的归属，但美术、摄影作品原件的展览权由原件所有人享有。

（8）著作权属于自然人的，自然人死亡后，其作品的发行权、出租权等财产权利在《著作权法》规定的保护期内，依法转移；著作权属于法人或者非法人组织的，法人或者非法人组织变更、终止后，其作品的发行权、出租权等财产权利在《著作权法》规定的保护期内，由承受其权利义务的法人或者非法人组织享有。没有承受其权利义务的法人或者非法人组织的，由国家享有。

（二）著作权的客体

著作权的客体是指受著作权保护的作品。作品是指文学、艺术和科学领域内具有独创性并能以某种有形形式复制的智力创作成果。著作权法所称的作品，是指文学、艺术和科学领域内具有独创性并能以一定形式表现的智力成果，包括：①文字作品；②口述作品；③音乐、戏剧、曲艺、舞蹈、杂技艺术作品；④美术、建筑作品；⑤摄影作品；⑥视听作品；⑦工程设计图、产品设计图、地图、示意图等图形作品和模型作品；⑧计算机软件；⑨符合作品特征的其他智力成果。

依法禁止出版、传播的作品，不受著作权法保护。著作权人行使著作权，不得违反宪法和法律，不得损害公共利益。

此外，《著作权法》不适用于：①法律、法规，国家机关的决议、决定、命令和其他具有立法、行政、司法性质的文件，及其官方正式译文；②单纯事实消息；③历法、通用数表、通用表格和公式。民间文学艺术作品的著作权保护办法由国务院另行规定。

【随堂练习】

根据《著作权法》的规定，下列作品中不属于著作权客体的是（　　）。

A. 文字作品　　　　B. 计算机软件　　　　C. 工程设计图　　　　D. 历法

答案：D

三、著作权的内容

著作权的内容包括著作人身权和著作财产权两部分。

1. 著作人身权

著作人身权是指作者基于作品依法享有的以人身权益为内容的、与其人身密不可分的权利，又称精神权利或人格权。著作人身权专属于作品的作者，通常不得转让、继承和放弃。它包括：

（1）发表权，即作者决定作品是否公之于众的权利。无论任何作品，发表权只能行使一次，且专属于作者。

（2）署名权，即表明作者身份，在作品上署名的权利。署名权行使方式，包括署真名、署假名、署笔名和不署名。

（3）修改权，即修改或者授权他人修改作品的权利。

（4）保护作品完整权，即保护作品不受歪曲、篡改的权利。

著作权人可以全部或者部分转让上述权利，并依照约定或者《著作权法》有关规定获得报酬。

2. 著作财产权

著作财产权是指著作权人依法通过各种方式利用其作品能带来经济效益的权利。著作财产权主要是复制权、出租权、发行权、展览权、表演权、放映权、广播权、信息网络传播权、摄制权、改编权、翻译权、汇编权等使用作品的权利。

著作权人可以许可他人行使上述权利，并依照约定或者《著作权法》有关规定获得报酬。

四、著作权的保护期限

我国对作品实行自动保护原则。作者在作品完成时即取得作品的著作权。

（1）作者的署名权、修改权、保护作品完整权的保护期不受限制。

（2）自然人的作品，其发表权、财产权的保护期为作者终生及其死亡后50年，截止于作者死亡后第50年的12月31日；如果是合作作品，截止于最后死亡的作者死亡后50年的12月31日。

（3）法人或者非法人组织的作品、著作权（署名权除外）由法人或者非法人组织享有的职务作品，其发表权的保护期为50年，截止于作品创作完成后第50年的12月31日；其财产权的保护期为50年，截止于作品首次发表后第50年的12月31日，但作品自创作完成后50年内未发表的，不再保护。

（4）视听作品，其发表权的保护期为50年，截止于作品创作完成后第50年的12月31日；财产权的保护期为50年，截止于作品首次发表后第50年的12月31日，但作品自创作完成后50年内未发表的，不再保护。

五、著作权的限制

根据《著作权法》的规定，在下列情况下使用作品，可以不经著作权人的许可，不向著作权人支付报酬，但应当指明作者姓名、作品名称，并且不得影响该作品的正常使用，也不得不合理地损害著作权人的合法权益。

（1）为个人学习、研究或者欣赏，使用他人已经发表的作品；

（2）为介绍、评论某一作品或者说明某一问题，在作品中适当引用他人已经发表的作品；

（3）为报道新闻，在报纸、期刊、广播电台、电视台等媒体中不可避免地再现或者引用已经发表的作品；

（4）报纸、期刊、广播电台、电视台等媒体刊登或者播放其他报纸、期刊、广播电台、电视台等媒体已经发表的关于政治、经济、宗教问题的时事性文章，但著作权人声明不许刊登、播放的除外；

（5）报纸、期刊、广播电台、电视台等媒体刊登或者播放在公众集会上发表的讲话，但作者声明不许刊登、播放的除外；

（6）为学校课堂教学或者科学研究，翻译、改编、汇编、播放或者少量复制已经发表的作品，供教学或者科研人员使用，但不得出版发行；

（7）国家机关为执行公务在合理范围内使用已经发表的作品；

（8）图书馆、档案馆、纪念馆、博物馆、美术馆、文化馆等为陈列或者保存版本的需要，复制本馆收藏的作品；

（9）免费表演已经发表的作品，该表演未向公众收取费用，也未向表演者支付报酬，且不以营利为目的；

（10）对设置或者陈列在公共场所的艺术作品进行临摹、绘画、摄影、录像；

（11）将中国公民、法人或者非法人组织已经发表的以国家通用语言文字创作的作品翻译成少数民族语言文字作品在国内出版发行；

（12）以阅读障碍者能够感知的无障碍方式向其提供已经发表的作品；

（13）法律、行政法规规定的其他情形。

上述规定适用于对与著作权有关的权利的限制。

【案例讨论】

2020年11月，李某创作了一篇散文在A杂志上发表，好评如潮。一个月后，该篇散文被B报全文转载，B报社随后以其转载稿费标准通过邮局向李某寄出了稿费。2021年3月，刘某将李某在A杂志上发表的散文收入自己主编的散文集在C出版社出版。

问题：

（1）B报社是否侵犯了李某的著作权？

（2）刘某和C出版社是否侵犯了李某的著作权？

六、著作权侵权行为与法律救济

1. 侵犯著作权的行为

根据《著作权法》的规定，侵犯他人著作权的行为表现如下：

（1）未经著作权人许可，发表其作品；

（2）未经合作作者许可，将与他人合作创作的作品当作自己单独创作作品发表；

（3）没有参加创作，为谋取个人名利，在他人作品上署名；

（4）歪曲、篡改他人作品；

（5）剽窃他人作品；

（6）未经著作权人许可，以展览、摄制视听作品的方法使用作品，或者以改编、翻译、注释等方式使用作品，《著作权法》另有规定的除外；

（7）使用他人作品，应当支付报酬而未支付；

（8）未经视听作品、计算机软件、录音录像制品的著作权人、表演者或者录音录像制作者许可，出租其作品或者录音录像制品的原件或者复制件的，《著作权法》另有规定的除外；

（9）未经出版者许可，使用其出版的图书、期刊的版式设计；

（10）未经表演者许可，从现场直播或者公开传送其现场表演，或者录制其表演；

（11）其他侵犯著作权以及与著作权有关的权利的行为。

存在上述侵犯著作权行为的，应当根据情况，承担停止侵害、消除影响、赔礼道歉、赔偿损失等民事责任。

侵犯著作权或者与著作权有关的权利的，侵权人应当按照权利人因此受到的实际损失或者侵权人的违法所得给予赔偿；权利人的实际损失或者侵权人的违法所得难以计算的，可以参照该权利使用费给予赔偿。对故意侵犯著作权或者与著作权有关的权利，情节严重的，可以在按照上述方法确定数额的1倍以上5倍以下给予赔偿。权利人的实际损失、侵权人的违法所得、权利使用费难以计算的，由人民法院根据侵权行为的情节，判决给予500元以上500万元以下的赔偿。赔偿数额还应当包括权利人为制止侵权行为所支付的合理开支。

2. 诉前保全和禁令

著作权人或者与著作权有关的权利人有证据证明他人正在实施或者即将实施侵犯其权利、妨碍其实现权利的行为，如不及时制止将会使其合法权益受到难以弥补的损害的，可以在起诉前依法向人民法院申请采取财产保全、责令作出一定行为或者禁止作出一定行为等措施。

为制止侵权行为，在证据可能灭失或者以后难以取得的情况下，著作权人或者与著作权有关的权利人可以在起诉前依法向人民法院申请保全证据。

3. 著作权纠纷的解决

著作权纠纷可以调解，也可以根据当事人达成的书面仲裁协议或者著作权合同中的仲裁条款，向仲裁机构申请仲裁。当事人没有书面仲裁协议，也没有在著作权合同中订立仲裁条款的，可以直接向人民法院起诉。

本章课后习题

中国A公司的技术员王某在出国游玩时，发现美国市场上畅销一种多功能自来水净化装置。王某经多方打听之后，了解到该产品是美国B公司刚上市的新产品，并已经获得了美国专利权。王某回国后便将此次出游的见闻向其同事孙某讲述，孙某得知后立即到国家知识产权局网站上查询该专利的相关信息，并发现该技术在中国没有申请专利。于是，孙某便指使王某联系相关人员购买了一台上述净化装置运到中国，随后两人通过拆卸分解，并借助美国专利授权文件中的公开内容，成功制造出了同样的净化装置。随后，孙某与王某所在企业便开始大规模生产该装置，并迅速将产品投入市场，该产品在中国市场上同样获得了巨大成功。

问题：

王某、孙某和 A 公司是否侵犯了 B 公司的专利权？

即 测 即 练

第四章 合同法律制度

【案例导读】

某果品公司因市场上西瓜脱销，向某农场发出一份传真："因我市市场上西瓜脱销，不知贵方能否供应？如有充足货源，我公司欲购十个冷冻火车皮。望能及时回电与我公司联系协商相关事宜。"农场因西瓜丰收，正愁没有销路，接到传真后，喜出望外，立即组织十个车皮货物给果品公司发去，并随即回电："十个车皮的货已发出，请注意查收。"在果品公司发出传真后、农场回电前，由于外地西瓜大量涌入，西瓜价格骤然下跌。接到农场回电后，果品公司立即复电："因市场发生变化，贵方发来的货，我公司不能接收，望能通知承运方立即停发。"但因货物已经起运，农场不能改卖他人。为此，果品公司拒收，农场指责果品公司违约，并向法院起诉。法院判决认为，双方发生纠纷的原因是农场没有理解要约和要约邀请的区别。果品公司给农场的传真是询问农场是否有货源，虽然该公司在给农场的传真中提出了具体数量和品种，但同时希望农场回电通报情况。因此，果品公司的传真具有要约邀请的特点。农场没有按果品公司的传真要求通报情况，在直接向果品公司发货后，才向果品公司回电的行为，因没有要约而不具有承诺的性质，农场的行为反倒具有要约的性质。在此情况下如果果品公司接收这批货，这一行为就具有承诺性质，合同就成立。但由于果品公司拒绝接收货物，因此买卖没有承诺，合同不成立。基于上述原因，法院判决农场败诉，果品公司不负赔偿责任。

第一节　合同法概述

一、合同的概念及特征

合同，又称契约，是当事人之间设立、变更、终止某种权利义务关系的协议。《民法典》"合同编"中所指的合同，是平等主体的自然人、法人、其他组织之间设立、变更、终止民事权利义务关系的协议。而同属民事法律领域的婚姻、收养、监护等有关身份关系的协议，以及其他法律性质的协议，适用其他法律的规定。

合同具有以下法律特征：

（1）合同当事人的法律地位平等。合同当事人的法律地位平等，一方不得将自己的意志强加给另一方。

（2）合同是双方的法律行为。合同的成立以各方当事人意思表示一致为基本要件，这不同于单方的法律行为。

(3) 合同以确定当事人之间特定权利与义务关系为目的。合同在当事人之间设立、变更、终止某种特定的民事权利义务关系,以实现当事人的特定目的。

(4) 合同具有法律约束力。合同依法成立、发生法律效力之后,当事人不得擅自变更或者解除。当事人不履行合同中约定的义务,要依法承担违约的法律责任。

二、合同关系的相对性

合同法律关系的相对性是区别于其他民事法律关系的重要特点。它主要是指:合同关系只发生在特定的合同当事人之间,只有合同当事人一方能够向另一方基于合同提出请求或者提起诉讼,不能向其他无合同关系的第三人提出合同上的请求;与当事人没有发生合同上权利义务关系的第三人不能依据合同向合同当事人提出请求或者提起诉讼,也不承担合同的义务和责任;非依法律或者合同规定,第三人不能主张合同上的权利。当事人因第三人的原因造成违约的,应当向对方承担违约责任。

三、合同法的基本原则

1. 平等原则

合同当事人的法律地位平等,一方不得将自己的意志强加给另一方。法律地位平等,是当事人自愿协商达成协议的前提。当事人无论具有什么身份,在合同关系中相互之间的法律地位都是平等的,没有高低、从属之分,都必须遵守法律规定,都必须尊重对方当事人的意志。

2. 自愿原则

合同自愿原则是合同法最重要的基本原则。其基本含义是:合同当事人通过协商,自愿决定和调整相互之间的权利义务关系。自愿原则体现了民事活动的基本特征,是民事法律关系区别于行政法律关系、刑事法律关系的特有的原则。民事活动除法律有强制性规定者外,由当事人自愿约定。

3. 公平原则

当事人应当遵循公平原则确定各方的权利和义务。公平是法律最基本的价值取向。法律的基本目标就是在公平和正义的基础上建立社会的秩序。合同各方当事人都应当遵循公平原则,在不损害他人合法权益的基础上实现自己的利益,不得滥用自己的权利。

4. 诚实信用原则

诚实信用原则,要求当事人在订立、履行合同中应当讲诚实、守信用,善意地行使权利、履行义务,不得规避法律和合同义务。其具体包括:①在订立合同时,应当善意行使权利,不得欺诈,不得假借订立合同恶意磋商或进行其他违背诚实信用原则的行为;②在履行合同义务时,当事人应当按照诚实信用的要求,根据合同的性质、目的和交易惯例履行通知、协助、提供必要的条件、防止损失扩大、保密等义务;③合同终止后,也应当根据合同约定或交易习惯履行通知、协助、保密等义务。

5. 公序良俗原则

公序良俗是公共秩序与善良风俗的简称,是现代民法一项重要的概念和法律原则。它的主要功能是在市场经济中维护国家、社会利益和一般道德观念,因而它在现代民法中具有至高无上的地位。公序的含义至今未得到统一；善良风俗是以道德为核心的概念，是一定社会应有的道德准则，在我国通常被称为"社会公德"。

第二节 合同的订立

一、合同成立的概念及要件

合同的成立，是指订约当事人就合同的主要条款达成合意，合同成立意味着各方当事人的意思表示一致。合同成立是当事人意志的结果，是否发生法律效力取决于法律的评价。若符合法律规定，则合同生效。合同成立须具备以下三个条件：①存在双方或者多方当事人；②订约当事人对合同主要条款达成合意；③当事人订立合同采取要约、承诺方式或者其他方式。

二、要约和承诺

当事人订立合同的过程是对合同内容进行协商的过程。《民法典》第471条规定，当事人订立合同，可以采取要约、承诺方式或者其他方式。

（一）要约

1. 要约的概念和条件

要约，又称订约提议，或称为发盘、发价、出价等。《民法典》第472条规定："要约是希望与他人订立合同的意思表示。"在要约关系中，发出要约的一方称为要约人，接受要约的一方称为受要约人、相对人和承诺人。可见，要约是一方当事人以缔结合同为目的，向对方当事人所做的意思表示。要约可以采取口头形式，也可以采取书面形式。要约发出后，非依法律规定或受要约人的同意，不得变更、撤销要约的内容。一项要约发生法律效力，必须具备以下五个条件：第一，要约是由具有订约能力的特定人作出的意思表示。例如，对订立买卖合同来说，他既可以是买受人也可以是出卖人，但必须是准备订立买卖合同的当事人。如果是代理人，需要有本人的授权。第二，要约必须具有订立合同的意图。要约中必须表明要约经受要约人承诺，要约人即受该意思表示约束。第三，要约必须向要约人希望与其缔结合同的受要约人发出。要约原则上应向特定人发出，在特定情况下也可向非特定对象提出。第四，要约的内容必须具体确定，具备足以使合同成立的条款。第五，要约必须送达受要约人。

2. 要约邀请

要约邀请（亦称要约之引诱）不同于要约。要约邀请是希望他人向自己发出要约的表示。拍卖公告、招标公告、招股说明书、债券募集办法、基金招募说明书、商业广告和宣传、寄送的价目表等为要约邀请。其中，商业广告和宣传的内容符合要约条件的，构成要约。

要约邀请与要约有着本质区别。要约是希望和他人订立合同的意思表示，该意思表示的内容已经包括了一份可以履行的、可能成立的合同的基本要件，只要经过受要约人承诺，合同即告成立。要约邀请则只是希望他人向自己发出要约，不直接发生合同成立的法律后果。

3. 要约的法律效力

(1) 要约的生效和存续期间。以对话方式作出的要约,相对人知道其内容时生效。以非对话方式作出的要约,到达相对人时生效。以非对话方式作出的采用数据电文形式的要约,相对人指定特定系统接收数据电文的,该数据电文进入该特定系统时生效;未指定特定系统的,相对人知道或者应当知道该数据电文进入其系统时生效。当事人对采用数据电文形式的要约的生效时间另有约定的,按照其约定。

要约生效后,要约人在要约的有效期限内不得随便反悔。至于要约的存续期间,要约中确定承诺期限的,承诺应当在要约确定的期限内到达要约人;如果要约中没有确定期限,以对话方式作出要约的,受要约人应当即时作出承诺。要约以非对话方式作出的,受要约人应当在合理期限内作出承诺。

(2) 要约的撤回和撤销。要约可以撤回。撤回要约的通知应当在要约到达受要约人之前或者与要约同时到达受要约人。

要约到达受要约人生效后,要约人不能再撤回要约。对于是否能撤销要约,《民法典》做了限制性的规定。要约可以撤销,撤销要约的意思表示以对话方式作出的,该意思表示的内容应当在受要约人作出承诺之前为受要约人所知道;撤销要约的意思表示以非对话方式作出的,应当在受要约人作出承诺之前到达受要约人。有下列情形之一的,要约不得撤销:①要约人以确定承诺期限或者其他形式明示要约不可撤销;②受要约人有理由认为要约是不可撤销的,并已经为履行合同做了合理准备工作。

4. 要约的失效

要约失效,又称要约消灭,即指要约丧失法律约束力,要约人不再受要约的约束。根据《民法典》规定,有下列情形之一的,要约失效:①要约被拒绝;②要约被依法撤销;③承诺期限届满,受要约人未作出承诺;④受要约人对要约的内容作出实质性变更。

(二) 承诺

1. 承诺的概念和条件

承诺是受要约人同意要约的意思表示。一般情况下,要约一经承诺,合同即告成立。作为一项有效的承诺,必须符合以下四个条件。

(1) 承诺应当由受要约人或其代理人作出。

(2) 承诺应当在要约确定的期限内到达要约人。

应予注意的是,根据《民法典》规定,要约以信件或者电报作出的,承诺期限自信件载明的日期或者电报交发之日开始计算。信件未载明日期的,自投寄该信件的邮戳日期开始计算。要约以电话、传真、电子邮件等快速通讯方式作出的,承诺期限自要约到达受要约人时开始计算。

(3) 承诺的内容应当与要约的内容一致。受要约人对要约的内容作出实质性变更的,为新要约。有关合同标的、数量、质量、价款或者报酬、履行期限、履行地点和方式、违约责任和解决争议方法等的变更,是对要约内容的实质性变更。

承诺对要约的内容作出非实质性变更的,除要约人及时表示反对或者要约表明不得对要约的内容作出任何变更外,该承诺有效,合同的内容以承诺的内容为准。

(4) 承诺的方式符合要约的要求。根据《民法典》第480条规定,承诺应当以通知的方式作出;但是,根据交易习惯或者要约表明可以通过行为作出承诺的除外。如果要约规定承诺必须以一定方式作出,否则承诺无效,那么承诺人作出承诺时,必须符合要约人规定的承诺方式。

2. 确定承诺生效的标准

《民法典》第483条规定:"承诺生效时合同成立。"承诺从何时开始生效,大陆法系与英美法系存在着截然不同的规定。大陆法采用到达主义,即承诺的意思表示于到达要约人支配的范围内时生效;英美法采用投邮主义,或称发信主义,即如果承诺的意思表示是以邮件、电报方式作出的,则承诺人将信件投入邮筒或者电报交付电信局即生效力,除非当事人另有约定。我国现行立法采用了到达主义。

3. 承诺延迟和承诺撤回

承诺应当在要约确定的期限内到达要约人。受要约人超过承诺期限发出承诺的,除要约人及时通知受要约人该承诺有效的以外,为新要约。

受要约人在承诺期限内发出承诺,按照通常情形能够及时到达要约人,但因其他原因承诺到达要约人时超过承诺期限的,除要约人及时通知受要约人因承诺超过期限不接受该承诺的以外,该承诺有效。

承诺可以撤回。撤回承诺的通知应当在承诺通知到达要约人之前或者与承诺通知同时到达要约人。承诺撤回是承诺消灭的唯一原因。撤回承诺,应当以通知的形式由承诺人向要约人发出。撤回通知应当明确表明撤回承诺,不愿意成立合同的意思,否则不产生撤回承诺的效力。

【案例讨论】

某建筑公司施工过程中水泥短缺,同时向A水泥厂和B水泥厂发函。函件中称:"如贵厂有××水泥现货,吨价不超过1 500元,请接到信10天内发货100吨。货到付款,运费由供货方自行承担。"A水泥厂先行发货100吨,建筑公司接受了货物。B水泥厂后发货100吨,遭到拒绝。因为建筑公司仅需100吨水泥,称发函不具有法律约束力,合同不成立。

问题:建筑公司与B水泥厂的合同是否成立?

三、合同的形式

合同的形式,是指合同当事人之间达成合同协议的外在表现形式。《民法典》允许当事人订立合同采用口头形式、书面形式和其他形式。法律、行政法规规定采用书面形式的,应当采用书面形式。书面形式是指合同书、信件和数据电文等可以有形地表现所载内容的形式。以电子数据交换、电子邮件等方式能够有形地表现所载内容,并可以随时调取查用的数据电文,视为书面形式。

四、合同成立的时间和地点

1. 合同成立的时间

一般合同洽谈成立的过程,往往是要约—新要约—再新的要约直至承诺的过程。《民法典》规定,承诺生效时合同成立。

当事人采用合同书形式订立合同的,自当事人均签名、盖章或者按指印时合同成立。在签名、盖章或者按指印之前,当事人一方已经履行主要义务,对方接受时,该合同成立。法律、行政法规规定或者当事人约定采用书面形式订立合同,当事人未采用书面形式但一方已经履行主要义务,对方接受时,该合同成立。

2. 合同成立的地点

承诺生效的地点为合同成立的地点。当事人采用合同书形式订立合同的,最后签名、盖章或者按指印的地点为合同成立的地点。采用数据电文形式订立合同的,收件人的主营业地点为合同成立的地点;收件人没有主营业地点的,其经常居住地为合同成立的地点。当事人另有约定的,按照其约定。

五、合同的内容

1. 合同的一般条款

合同的内容是当事人之间权利义务关系的体现。由于当事人在签订合同时往往通过条款的方式确定合同的内容,所以合同内容通常称为合同条款。

合同权利,又称合同债权,是债权人依据法律或合同规定向债务人请求给付的权利。合同义务是依据法律或合同确定的约定而产生的义务。此外,债务人还应当承担依据诚实信用原则所产生的,根据合同性质、目的和交易习惯所应承担的通知、协助、保密等附随义务。

按照自愿原则,合同内容由当事人约定,法律一般不做干预,但是,现实生活中的合同种类繁多,内容表述上也千差万别。买卖、承揽、委托、建设工程、租赁等合同,性质、种类不同,具体条款也不一样。为便于合同内容由当事人约定,一般包括以下条款:①当事人的姓名或者名称和住所;②标的;③数量;④质量;⑤价款或者报酬;⑥履行期限、地点和方式;⑦违约责任;⑧解决争议的方法。

需要说明的是,订立合同时一般需对上述条款认真考虑,但是不能认为只有具备以上全部条款才算成立。《民法典》专门对合同中没有约定质量、价款或者报酬、履行地点等情况如何补救做了规定。除标的、数量等没有约定时合同不成立,其他条款没有约定不一定导致合同不成立,这样有利于防止司法实践中过多地出现合同不成立的情况,有利于促进交易和市场经济的发展。

2. 合同示范文本和格式条款

由于社会经济活动的多样性和当事人缺乏经验,订立、履行合同时往往因考虑不周全而产生纠纷。在实践中,采取宣传、推广合同示范文本的做法可避免纠纷产生。因此,《民法典》第470条特别规定,当事人可以参照各类合同的示范文本订立合同。这里有两点需注意:一是这里讲的示范文本不是某单位自己制定的合同条款,而是由特定机关(机构)主持,在广泛听取各方面意见之后拟定的示范文本。二是这里仅仅是"参照",供当事人参考的合同示范文本,本身不具有法律约束力,只有经当事人选用并签名、盖章或按指印认可,才具有法律约束力。

格式条款,是指当事人为了重复使用而预先拟定,并在订立合同时未与对方协商的条款。为了维护公平、保护弱者,《民法典》对格式条款从三方面做了限制性规定：第一,提供格式条款的一方应当遵循公平原则确定当事人之间的权利和义务,并采取合理的方式提示对方注意免除或者减轻其责任等与对方有重大利害关系的条款,按照对方的要求,对该条款予以说明。提供格式条款的一方未履行提示或者说明义务,致使对方没有注意或者理解与其有重大利害关系的条款的,对方可以主张该条款不成为合同的内容。第二,不符合民事法律行为生效要件的格式条款,造成对方人身损害和因故意或者重大过失造成对方财产损失的格式条款,提供格式条款一方不合理地免除或者减轻其责任、加重对方责任、限制对方主要权利和排除对方主要权利的格式条款无效。第三,对格式条款的理解发生争议的,应当按照通常理解予以解释。对格式条款有两种以上解释的,应当作出不利于提供格式条款一方的解释。格式条款和非格式条款不一致的,应当采用非格式条款。

六、缔约过失责任

缔约过失责任,是指一方当事人在订立合同过程中,因为过错或过失违反依诚实信用原则负有的先合同义务,导致合同不成立,或者合同虽然成立,但不符合法定的生效条件而被确认不生效、无效、被变更或被撤销,给对方造成损失时所应承担的民事责任。所谓先合同义务,又称先契约义务或缔约过程中的附随义务,是指自缔约当事人因签订合同而相互接触磋商,至合同有效成立之前,双方当事人依诚实信用原则负有协助、通知、告知、保护、照管、保密、忠实等义务。《民法典》对缔约过失责任做了如下规定。

1. 订立合同过程中一般过错责任

当事人在订立合同过程中有下列情形之一,造成对方损失的,应当承担赔偿责任：

(1) 假借订立合同,恶意进行磋商；

(2) 故意隐瞒与订立合同有关的重要事实或者提供虚假情况；

(3) 有其他违背诚信原则的行为。

2. 违反保守商业秘密义务的责任

当事人在订立合同过程中知悉的商业秘密或者其他应当保密的信息,无论合同是否成立,不得泄露或者不正当地使用。泄露、不正当地使用该商业秘密或者信息,造成对方损失的,应当承担赔偿责任。

第三节 合同的效力

合同的效力问题是指合同是否有效,有效合同对当事人具有法律约束力,国家给予法律保护。根据合同的效力不同,合同分为有效合同、效力待定合同和无效合同。根据不同情况可能有四种结果：一是有效合同；二是无效合同；三是可变更或者撤销合同；四是效力待定合同。《民法典》分别对此做了具体规定。

一、有效合同

依法成立的合同,自成立时生效。法律、行政法规规定应当办理批准、登记等手续的,

依照其规定。合同属于双方的民事法律行为。因此,有效合同需要具备《民法典》规定的民事法律行为应当具备的三个条件:

(1) 行为人具有相应的民事行为能力;

(2) 意思表示真实;

(3) 不违反法律、行政法规的强制性规定,不违背公序良俗。

二、无效合同

无效合同是指不发生法律效力的合同。合同一旦被确认为无效,从订立时起就没有法律效力,不受法律保护。当事人双方据此确立的权利义务关系也随之无效。合同尚未履行的不再履行;正在履行的停止履行。需要注意的是,无效合同应当区分全部无效还是部分无效。仅确认合同的某一或某几个条款无效而不影响整个合同合法有效的,其余条款仍然有效。部分无效的条款,经删除或修改,合同仍须履行。

有下列情形之一的,合同无效:

(1) 一方以欺诈、胁迫的手段订立合同;

(2) 行为人与相对人恶意串通,损害他人合法权益的;

(3) 以合法形式掩盖非法目的;

(4) 损害社会公共利益;

(5) 违背公序良俗的;

(6) 违反法律、行政法规的强制性规定,但是该强制性规定不导致该民事法律行为无效的除外。

此外,《民法典》还对免责条款做了规定。一般来说,当事人经过充分协商确定的免责条款,只要建立在当事人自愿的基础之上,法律予以承认。但是对于严重违反诚实信用原则和社会公共利益的免责条款,法律予以禁止。《民法典》规定合同中的下列免责条款无效:

(1) 造成对方人身损害的;

(2) 因故意或者重大过失造成对方财产损失的。

三、可变更或者撤销合同

可变更或者撤销合同,是指合同成立后,由于存在法定事由,人民法院或者仲裁机构根据当事人的申请在审理后根据具体情况准许变更或者撤销有关内容的合同。需要注意,无效合同和被撤销合同,自始没有法律约束力,而可撤销合同需有关当事人向人民法院或者仲裁机构提出申请;人民法院或者仲裁机构未宣布撤销前仍然有效,一经宣布撤销,自始没有法律约束力。另外,当事人请求变更的,人民法院或仲裁机构不得撤销。

可请求变更或者撤销合同的情形如下:

(1) 因重大误解订立的合同;

(2) 一方或者第三人以欺诈、胁迫的手段,使对方在违背真实意思的情况下订立的合同;

(3) 一方利用对方处于危困状态、缺乏判断能力等情形,致使民事法律行为成立时显失公平的。

1. 撤销权的消灭

有下列情形之一的,撤销权消灭:

(1) 当事人自知道或者应当知道撤销事由之日起1年内、重大误解的当事人自知道或者应当知道撤销事由之日起90日内没有行使撤销权;

(2) 当事人受胁迫,自胁迫行为终止之日起1年内没有行使撤销权;

(3) 当事人知道撤销事由后明确表示或者以自己的行为表明放弃撤销权。

当事人自民事法律行为发生之日起5年内没有行使撤销权的,撤销权消灭。

2. 无效合同或者合同被撤销的后果

对无效合同、可撤销合同引起的财产后果,适用以下三种方法处理。

(1) 当事人依据该无效合同、可撤销合同取得的财产,应当予以返还;不能返还或者没有必要返还的应当折价补偿。

(2) 有过错的一方应当赔偿对方因此所受到的损失;双方都有过错的,应当根据过错大小、责任主次,各自承担相应的责任。

四、效力待定合同

在实际工作中,有些合同在某些方面不符合合同生效条件,但不宜作为无效合同,应当采取措施,有条件地尽量促使合同生效;有些合同中,当事人约定附条件或附期限,也需视情况才能确定合同效力。这类合同主要有以下五种情况。

(1) 附条件的合同和附期限的合同。当事人对合同的效力可以约定附条件。附生效条件的合同,自条件成就时生效。附解除条件的合同,自条件成就时失效。当事人为自己的利益不正当地阻止条件成就的视为条件成就;不正当地促成条件成就的视为条件不成就。

当事人对合同的效力可以约定附期限。附生效期限的合同,自期限届至时生效。附终止条件的合同,自期限届满时失效。

(2) 限制民事行为能力人订立的合同,经法定代理人追认后,该合同有效,但纯获利益的合同或者与其年龄、智力、精神健康状态相适应而订立的合同,不必经法定代理人追认。相对人可以催告法定代理人在30日内予以追认。法定代理人未做表示的,视为拒绝追认。合同被追认前,善意相对人有撤销的权利。撤销应当以通知的方式作出。

(3) 行为人没有代理权、超越代理权或者代理权终止后以被代理人名义订立合同,未经被代理人追认,对被代理人不发生效力,由行为人承担责任,但是相对人有理由相信行为人有代理权的,该代理行为有效。相对人可以催告被代理人在30日内予以追认。被代理人未做表示的,视为拒绝追认。合同被追认前,善意相对人有撤销的权利。撤销应当以通知的方式作出。

(4) 法人或者其他组织的法定代表人、负责人超越权限订立的合同,除相对人知道或者应当知道其超越权限的以外,该代表行为有效。

(5) 无处分权的人处分他人财产,经权利人追认或者无处分权的人订立合同后取得处分权的,该合同有效。

【随堂练习】

一名15周岁的学生用亲属赠与的压岁钱,购买了价值2 000元的手机一部,该行为属于(　　)。

A. 有效合同　　　　　　　　　　B. 效力待定合同
C. 可撤销合同　　　　　　　　　D. 无效合同

答案:B

【案例讨论】

中学生吴某,17周岁,为了买一辆电动车欲将家中一辆闲置的轿车卖掉。后经人介绍与蔡某签订了车辆买卖合同,蔡某支付定金5 000元。不久,吴某母亲知悉此事,非常生气,并明确表示不会把车子卖给蔡某。蔡某则要求吴某履行合同,交付车辆。

问题:该车辆买卖合同的效力如何?

第四节　合同的履行

一、合同的履行原则

合同的履行,是指合同的双方当事人正确、适当、全面地完成合同中规定的各项义务。当事人应当按照合同约定全面履行自己的义务。在合同的履行中,当事人应当遵循诚信原则,根据合同的性质、目的和交易习惯履行通知、协助、保密等义务。

合同生效后,当事人就质量、价款或者报酬、履行地点等内容没有约定或者约定不明确的,可以协议补充;不能达成补充协议的,按照合同有关条款或者交易习惯确定。依照上述履行原则仍不能确定的,适用下列规定:

(1)质量要求不明确的,按照强制性国家标准履行;没有强制性国家标准的,按照推荐性国家标准履行;没有推荐性国家标准的,按照行业标准履行;没有国家标准、行业标准的,按照通常标准或者符合合同目的的特定标准履行。

(2)价款或者报酬不明确的,按照订立合同时履行地的市场价格履行;依法应当执行政府定价或者政府指导价的,依照规定履行。

(3)履行地点不明确,给付货币的,在接受货币一方所在地履行;交付不动产的,在不动产所在地履行;其他标的,在履行义务一方所在地履行。

(4)履行期限不明确的,债务人可以随时履行,债权人也可以随时请求履行,但是应当给对方必要的准备时间。

(5)履行方式不明确的,按照有利于实现合同目的的方式履行。

(6)履行费用的负担不明确的,由履行义务一方负担;因债权人原因增加的履行费用,由债权人负担。

合同价格执行政府定价或者政府指导价的,在合同约定的交付期限内政府价格调整时,按照交付时的价格计价。逾期交付标的物的,遇价格上涨时,按照原价格执行;价格下降时,按照新价格执行。逾期提取标的物或者逾期付款的,遇价格上涨时,按照新价格执行;价格下降时,按照原价格执行。

合同生效后,当事人不得因姓名、名称的变更或者法定代表人、负责人、承办人的变更而不履行合同义务。

在合同的履行中,有时会涉及第三人,如当事人约定由债务人向第三人履行或由第三人向债权人履行。为保障涉及第三人的合同履行中各方当事人的正当权益,《民法典》规定,当事人约定由债务人向第三人履行债务,债务人未向第三人履行债务或者履行债务不符合约定的,应当向债权人承担违约责任。当事人约定由第三人向债权人履行债务,第三人不履行债务或者履行债务不符合约定的,债务人应当向债权人承担违约责任。

二、合同的履行抗辩权

抗辩权是当事人所享有的一项重要权利,是指在双务合同中,一方当事人在对方不履行或者履行不符合约定时,依法对抗对方的要求或者否认对方权利主张的权利。

根据《民法典》的规定,在合同的履行中,当事人可享有同时履行抗辩权、先履行抗辩权和不安抗辩权。

1. 同时履行抗辩权

根据《民法典》的规定,同时履行抗辩权是指当事人互负债务,没有先后履行顺序的,应当同时履行。一方在对方履行之前有权拒绝其履行请求。一方在对方履行债务不符合约定时,有权拒绝其相应的履行请求。应当履行的当事人部分履行合同的,对方当事人有权就未履行部分提出抗辩,拒绝相应的给付,只履行对应的部分。

2. 先履行抗辩权

根据《民法典》的规定,先履行抗辩权是指当事人互负债务,有先后履行顺序,应当先履行债务一方未履行的,后履行一方有权拒绝其履行请求。先履行一方履行债务不符合约定的,后履行一方有权拒绝其相应的履行请求。

3. 不安抗辩权

根据《民法典》的规定,不安抗辩权是指应当先履行债务的当事人,有确切证据证明对方有法定情形的,有中止履行合同直至解除合同的权利。应当先履行债务的当事人,有确切证据证明对方有下列情形之一的,可以中止履行:

(1) 经营状况严重恶化;

(2) 转移财产、抽逃资金,以逃避债务;

(3) 丧失商业信誉;

(4) 有丧失或者可能丧失履行债务能力的其他情形。

当事人行使不安抗辩权中止履行的,应当及时通知对方。对方提供适当担保时,应当恢复履行。中止履行后,对方在合理期限内未恢复履行能力并且未提供适当担保的,中止履行的一方可以解除合同。

4. 其他履行问题的处理

《民法典》第529条规定:"债权人分立、合并或者变更住所没有通知债务人,致使履行债务发生困难的,债务人可以中止履行或者将标的物提存。"

《民法典》第530条规定："债权人可以拒绝债务人提前履行债务，但是提前履行不损害债权人利益的除外。债务人提前履行债务给债权人增加的费用，由债务人负担。"

《民法典》第531条规定："债权人可以拒绝债务人部分履行债务，但是部分履行不损害债权人利益的除外。债务人部分履行债务给债权人增加的费用，由债务人负担。"

【随堂练习】

合同当事人互负债务，先后履行顺序已有约定，后履行义务的当事人可在先履行的当事人未履行之前或履行有瑕疵时，拒绝对方的履行请求，此项权利称为（　　）。

A．先履行抗辩权　　　　　　　　　　B．同时履行抗辩权

C．不安抗辩权　　　　　　　　　　　D．先诉抗辩权

答案：A

三、代位权

代位权，是指当债务人怠于行使其权利而危及债权人利益时，债权人为实现债权，可以自己的名义代位行使债务人权利的权利。《民法典》第535条规定："因债务人怠于行使其债权或者与该债权有关的从权利，影响债权人的到期债权实现的，债权人可以向人民法院请求以自己的名义代位行使债务人对相对人的权利，但是该权利专属于债务人自身的除外。代位权的行使范围以债权人的到期债权为限。债权人行使代位权的必要费用，由债务人负担。"

在司法实践中，债权人提起代位权诉讼，应当符合下列条件：

（1）债权人对债务人的债权合法；

（2）债务人怠于行使其债权或者与该债权有关的从权利，影响债权人的到期债权实现；

（3）债务人的债权已到期；

（4）债务人的债权不是专属于债务人自身的债权。

所谓专属于债务人自身的债权，是指基于扶养关系、抚养关系、赡养关系、继承关系产生的给付请求权和劳动报酬、退休金、养老金、抚恤金、安置费、人寿保险、人身伤害赔偿请求权等权利。

代位权的适用对象是债务人的消极行为，即债务人危及债权人利益的怠于行使其权利的行为，主要是指债务人不履行其对债权人的到期债务，又不以诉讼方式或者仲裁方式向其债务人主张其享有的具有金钱给付内容的到期债权，致使债权人的到期债权未能实现。如次债务人提出抗辩，主张不存在债务人怠于行使其到期债权情况的，次债务人应当承担举证责任。在代位权诉讼中，次债务人对债务人的抗辩，可以向债权人主张。

根据相关司法解释的规定，债权人行使代位权，有就代位权行使的结果优先受偿的权利。债权人向次债务人提起的代位权诉讼经人民法院审理后认定代位权成立的，由次债务人向债权人履行清偿义务，债权人与债务人、债务人与次债务人之间相应的债权债务关系即予消灭。在代位权诉讼中，债权人胜诉的，诉讼费由次债务人负担，从实现的债权中优先支付。

四、撤销权

撤销权,是指债权人对债务人实施的危及债权人利益的减少财产的行为,可以请求人民法院予以撤销的权利。撤销权的适用对象是债务人的积极行为,撤销权行使的结果是恢复债务人相应的财产与权利,债权人就撤销权行使的结果并无优先受偿权利。《民法典》第538条规定:"债务人以放弃其债权、放弃债权担保、无偿转让财产等方式无偿处分财产权益,或者恶意延长其到期债权的履行期限,影响债权人的债权实现的,债权人可以请求人民法院撤销债务人的行为。"同时,第539条规定:"债务人以明显不合理的低价转让财产、以明显不合理的高价受让他人财产或者为他人的债务提供担保,影响债权人的债权实现,债务人的相对人知道或者应当知道该情形的,债权人可以请求人民法院撤销债务人的行为。"对于《民法典》规定的"明显不合理的低价",人民法院应当以交易当地一般经营者的判断,并参考交易当时交易地的物价部门指导价或者市场交易价,结合其他相关因素综合考虑予以确认。转让价格达不到交易时交易地的指导价或者市场交易价70%的,一般可以视为明显不合理的低价;对转让价格高于当地指导价或者市场交易价30%的,一般可以视为明显不合理的高价。债务人以明显不合理的高价收购他人财产,人民法院可以根据债权人的申请,参照《民法典》的规定予以撤销。

《民法典》对撤销权的行使规定了特别时效。撤销权自债权人知道或者应当知道撤销事由之日起1年内行使。自债务人的行为发生之日起5年内没有行使撤销权的,该撤销权消灭。此"5年"时效为不变期间,不适用诉讼时效中止、中断或者延长的规定。

【随堂练习】

甲与乙订立买卖合同,甲按约定交付了货物,但乙以资金紧张为由迟迟不支付货款。之后,甲了解到,乙借给丙的一笔款项已到期,但乙一直不向丙催讨欠款。于是,甲向人民法院请求以自己的名义向丙催讨欠款。甲的此项权利在法律上称为(　　)。

A. 代位权　　　B. 不安抗辩权　　　C. 撤销权　　　D. 先履行抗辩权

答案:A

第五节　合同的变更和转让

一、合同变更

合同变更是指合同成立之后、履行完毕之前由双方当事人依法对合同的内容所进行的修改、补充、增加或者删除的法律行为。合同依法成立,即具有法律约束力,任何一方不得擅自变更合同。但是,由于各种情况变化可能会对合同履行造成不利的影响,法律允许变更合同,以避免或减少不必要的损失。需注意的是,合同变更是在合同的主体不改变的前提下对合同内容或标的的变更,合同性质和标的性质并不改变。

根据《民法典》的规定,当事人协商一致,可以变更合同。当事人对合同变更的内容约定不明确的,推定为未变更。

二、合同转让

合同转让是指合同当事人依法将合同的全部或者部分权利义务转让给他人的行为。合同转让可分为合同权利转让、合同义务转让和合同权利义务全部转让三种。

1. 合同权利转让

债权人可以将债权的全部或者部分转让给第三人,但是有下列情形之一的除外:

(1) 根据债权性质不得转让;

(2) 按照当事人约定不得转让;

(3) 依照法律规定不得转让。

债权人转让债权的,应当通知债务人。未经通知,该转让对债务人不发生效力。债权人转让债权的通知不得撤销,但经受让人同意的除外。债权人转让债权的,受让人取得与债权有关的从权利,但从权利专属于债权人自身的除外。债务人接到债权转让通知时,债务人对让与人享有债权,且债务人的债权先于转让的债权到期或者同时到期,或者债务人的债权与转让的债权是基于同一合同产生的,债务人可以向受让人主张抵销。债务人接到债权转让通知后,债务人对让与人的抗辩,可以向受让人主张。未经通知,该转让对债务人不发生效力。

2. 合同义务转让

债务人将债务的全部或者部分转让给第三人的,应当经债权人同意;债务人转移债务的,新债务人可以主张原债务人对债权人的抗辩,同时应当承担与债务有关的从债务,但该从债务专属于原债务人自身的除外。

3. 合同权利义务全部转让

当事人一方经对方同意,可以将合同中的权利义务一并转让给第三人。合同权利义务一并转让的适用上述规定。

第六节 合同的终止

一、合同终止概述

合同终止是指合同当事人双方终止合同关系,合同确立的关系消灭。《民法典》规定,有下列情形之一的,债权债务终止:

(1) 债务已经履行;

(2) 债务相互抵销;

(3) 债务人依法将标的物提存;

(4) 债权人免除债务;

(5) 债权债务同归于一人;

(6) 法律规定或者当事人约定终止的其他情形。

合同解除的,该合同的权利义务关系终止。

二、合同解除

合同解除是指合同有效成立后,根据法定条件或者当事人协议,提前终止合同权利义务关系。

1. 合同解除的类型

合同解除分两种类型:一是协议解除,二是法定解除。

协议解除是指双方当事人协商同意解除合同,包括:在订立合同时约定解除合同的条件,当解除合同条件成就时,当事人就可以解除合同;或者在合同履行过程中,经双方协商同意解除合同。

法定解除是指合同成立后,没有履行或没有完全履行以前,当事人一方行使法定解除权而使合同终止。有下列情形之一的,当事人可以解除合同:

(1) 因不可抗力致使不能实现合同目的;

(2) 在履行期限届满前,当事人一方明确表示或者以自己的行为表明不履行主要债务;

(3) 当事人一方迟延履行主要债务,经催告后在合理期限内仍未履行;

(4) 当事人一方迟延履行债务或者有其他违约行为致使不能实现合同目的;

(5) 法律规定的其他情形。

从上述(2)(3)(4)的规定来看,只有在不履行主要债务、不能实现合同目的的情况下,也就是根本违约时,才能依法解除合同。如果仅是一般违约,当事人一方不能解除合同,而应按违约责任处理。比如,部分质量不合格、履行稍延迟等情况。

2. 合同解除的程序

合同解除的程序是,当事人一方行使解除权时应当通知对方,合同自通知到达对方时解除。对方有异议的,可以请求人民法院或者仲裁机构确认解除合同的效力。

合同解除后,尚未履行的,终止履行;已经履行的,根据履行情况和合同性质,当事人可以要求恢复原状、采取其他补救措施,并有权要求赔偿损失。

三、抵销

当事人互为债权人和债务人时,对债务可行使抵销的权利。抵销产生使合同终止的效力。抵销分为法定抵销与协议抵销。

法定抵销,是指由法律规定抵销条件,当条件具备时,按照当事人一方的意思表示即可发生抵销债务的效力。当事人互负到期债务,该债务的标的物种类、品质相同的,任何一方可以将自己的债务与对方的债务抵销,但是,根据债务性质、按照当事人约定或者依照法律规定不得抵销的除外。当事人主张抵销的,应当通知对方。通知自到达对方时生效。抵销不得附条件或者附期限。

协议抵销,是由互负债务的当事人协商一致后发生的抵销。《民法典》规定,当事人互负债务,标的物种类、品质不相同的,经协商一致,也可以抵销。

四、提存

提存是指由于债权人的原因而无法向其交付合同标的物时,债务人将标的物交给提存机关而使合同权利义务关系终止的一项制度。由于债权人的原因致使合同不能履行,债权人应承担相应的责任,但债务人的债务并未消灭,债务人仍需履行义务,并需随时履行,这对债务人是不公平的。为此,法律设立了提存制度。

1. 提存情形

根据相关法律规定,有下列情形之一,难以履行债务的,债务人可以将标的物提存:

(1) 债权人无正当理由拒绝受领;
(2) 债权人下落不明;
(3) 债权人死亡未确定继承人、遗产管理人,或者丧失民事行为能力未确定监护人;
(4) 法律规定的其他情形。

2. 提存机关

提存机关,即负责保管提存物的法律规定机关。1995年司法部颁布了《提存公证规则》,全面规定了提存制度,规定公证处是提存机关。

3. 提存方式及费用

标的物不适宜提存或者提存费用过高的,债务人依法可以拍卖或者变卖标的物,提存所得的价款。标的物提存后,毁损、灭失的风险由债权人承担。提存期间,标的物的孳息归债权人所有。提存费用由债权人承担。

4. 提存通知及期限

标的物提存后,债务人应当及时通知债权人或者债权人的继承人、遗产管理人、监护人、财产代管人。

债权人可以随时领取提存物。但是,债权人对债务人负有到期债务的,在债权人未履行债务或者提供担保之前,提存部门根据债务人的要求应当拒绝其领取提存物。债权人领取提存物的权利,自提存之日起5年内不行使而消灭,提存物扣除提存费用后归国家所有。但是,债权人未履行对债务人的到期债务,或者债权人向提存部门书面表示放弃领取提存物权利的,债务人负担提存费用后有权取回提存物。

五、债务免除

债权人免除债务人部分或者全部债务的,债权债务部分或者全部终止。债权人免除债务,实际是债权人自愿放弃债权。免除具有使债务绝对消灭的效力,免除的效力还同时及于债权的从权利。

六、混同

债权和债务同归于一人,债权债务终止。如企业合并使两家企业之间的债权债务同归于一家企业而消灭,但是损害第三人利益的除外,即合同权利系他人权利的标的时,债权不因混同而消灭。

第七节 违约责任

一、违约责任的概念

违约责任即违反合同的民事责任,是指合同当事人不履行合同义务,或者履行合同义务不符合规定时应承担的民事责任。违约责任是《民法典》规定的一项重要制度,不仅是保障合同履行,确保当事人合法权益的需要,而且也是处理合同争端、确保市场经济秩序的重要法律依据。因此,违约责任制度是合同具有法律约束力的集中体现,是合同法律制度的核心内容。

二、承担违约责任的前提和归责原则

1. 承担违约责任的前提

合同的有效成立,是承担违约责任的前提。因为合同有效,才对当事人具有法律约束力,并受国家法律保护。如果合同无效,则合同约定事项及当事人的权利义务不受国家法律保护,故不存在违约及违约责任的问题。

2. 违约责任的归责原则

根据《民法典》的规定,当事人一旦不履行合同义务或者履行合同义务不符合约定的,应当承担违约责任。也就是说,只要当事人有不履行合同义务或者履行合同义务不符合约定的情况存在,不管当事人主观上是否有过错,除不可抗力可以免责外,都要承担违约责任。

三、免责事由

1. 法定事由——不可抗力

不可抗力,是指当事人不能预见、不能避免并且不能克服的客观情况。因不可抗力不能履行合同的,根据不可抗力的影响,部分或者全部免除责任,但法律另有规定的除外。当事人一方因不可抗力不能履行合同的,应当及时通知对方,以减轻可能给对方造成的损失,并应当在合理期限内提供证明。当事人迟延履行后发生不可抗力的,不能免除其违约责任。

2. 免责条款

免责条款是指当事人在合同中约定的用以免除或者限制其未来合同责任的条款。在约定免责条款时,要依法进行,内容合法。《民法典》禁止免责的条款有:①免除造成对方人身损害的责任的条款;②免除因故意或者重大过失造成对方财产损失的责任的条款。

四、承担违约责任的方式

(一)继续履行

继续履行是指当事人一方不履行合同义务或者履行合同义务不符合约定时,另一方当事人可要求其承担继续完成合同义务的行为。

1. 金钱债务违约的继续履行

金钱债务是指当事人直接支付货币的义务。《民法典》规定,当事人一方未支付价款、报酬、租金、利息,或者不履行其他金钱债务的,对方可以请求其支付。

2. 非金钱债务违约的继续履行

非金钱债务是指除直接支付货币以外的债务,如提供货物、提供劳务、完成工作等。非金钱债务不同于金钱债务,其标的有时具有特定性和不可替代性。所以非金钱债务更应强调实际履行,以利于合同的实现。但是如果出现:①法律上或事实上不能履行;②债务的标的不适于强制履行或者履行费用过高;③债权人在合理期限内未请求履行等情况,继续履行已经不可能或者没有必要,当事人可要求赔偿损失或采取其他补救措施。

(二)采取补救措施

补救措施是指继续履行、赔偿损失、支付违约金等方式以外的其他补救措施,通常为恢复原状、修理、重作、更换、退货、减少价款或者报酬等。

(三)赔偿损失

根据《民法典》的规定,当事人一方不履行合同义务或者履行合同义务不符合约定的,在履行义务或者采取补救措施后,对方还有其他损失的,应当赔偿损失。损失赔偿额应当相当于因违约所造成的损失,包括合同履行后可以获得的利益;但是,不得超过违约一方订立合同时预见到或者应当预见到的因违约可能造成的损失。

经营者对消费者提供商品或者服务有欺诈行为的,依照《消费者权益保护法》的规定承担民事责任。

(四)支付违约金

违约金是指当事人合同中约定的或者法律规定的,一方违约时应向对方支付的一定数量的货币。

根据《民法典》的规定,当事人可以约定一方违约时应当根据违约情况向对方支付一定数额的违约金,也可以约定因违约产生的损失赔偿额的计算方法。约定的违约金低于造成的损失的,人民法院或者仲裁机构可以根据当事人的请求予以增加;约定的违约金过分高于造成的损失的,人民法院或者仲裁机构可以根据当事人的请求予以适当减少。当事人就迟延履行约定违约金的,违约方支付违约金后,还应当履行债务。

(五)给付定金

定金是担保的一种形式。根据《民法典》的规定,当事人可以约定一方向对方给付定金作为债权的担保。定金合同自实际交付定金时成立。定金的数额由当事人约定,但是,不得超过主合同标的额的 20%,超过部分不产生定金的效力。实际交付的定金数额多于或者少于约定数额的,视为变更约定的定金数额。

债务人履行债务的,定金应当抵作价款或者收回。给付定金的一方不履行债务或者履行债务不符合约定,致使不能实现合同目的的,无权请求返还定金;收受定金的一方不履行债务或者履行债务不符合约定,致使不能实现合同目的的,应当双倍返还定金。

当事人既约定违约金,又约定定金的,一方违约时,对方可以选择适用违约金或者定金条款。定金不足以弥补一方违约造成的损失的,对方可以请求赔偿超过定金数额的损失。

第八节 典型合同

《合同法》规定了15种典型合同,《民法典》则在此基础上根据社会发展和实践需求又增加了4种典型合同。

一、买卖合同

买卖合同是出卖人转移标的物的所有权于买受人,买受人支付价款的合同。买卖合同中的当事人是出卖人和买受人。买卖是商品交换最普遍的形式,也是典型的有偿合同。

(一)出卖人的义务

1. 交付标的物

出卖人应当按照合同约定的期限交付标的物。标的物在合同订立之前已为买受人占有的,合同生效时间为交付时间。

出卖人应当按照合同约定的地点交付标的物。依有关规定不能确定交付地点的,应分别适用下列规定:标的物需要运输的,出卖人将标的物交付第一承运人以运交买受人。标的物不需要运输的,如果订立合同时双方知道标的物所在地点,以该地点为交付地;如果不知道标的物所在地点,以出卖人订立合同时的营业地为交付地。

标的物的所有权自交付时起转移,法律另有规定或当事人另有约定的除外。标的物毁损、灭失的风险,在标的物交付之前由出卖人承担,交付之后由买受人承担,但法律另有规定或当事人另有约定的除外。因买受人违约未能交付标的物的,买受人应当自违反约定之日起承担标的物毁损、灭失的风险。出卖人出卖交由承运人运输的在途标的物,除当事人另有约定的以外,毁损、灭失的风险自合同成立时起由买受人承担。

2. 交付的标的物要符合质量要求

如果标的物质量不符合质量要求致使合同目的不能实现,买受人可以拒绝接受标的物或要求解除合同。

3. 保证第三人不得向买受人主张权利

出卖人就交付的标的物负有权利瑕疵担保责任,如保证标的物非他人所有或与他人共有,未设有抵押权、租赁权,未侵犯他人的知识产权等。

(二)买受人的义务

1. 支付价款

买受人应按约定的数额、时间、地点支付价款。

2. 检验和接受标的物

买受人收到标的物时应当在约定的检验期内检验,并在检验期内将标的物不符合约定的情形通知出卖人。买受人怠于通知的,视为符合约定。没有约定检验期的,应当及时检验,并将不符合约定的情况在合理期间内通知出卖人。在合理期间或自标的物收到后2年内未通知出卖人的,视为符合约定。但标的物有质量保证期的、出卖人知道或应当知道标的物不符合约定的除外。

【案例讨论】

马某系养牛专业户,为了引进良种乳牛,与该县畜牧站签订了良种乳牛引进合同。合同约定,良种乳牛款共10万元,马某预付定金2万元。合同没有明确约定合同的履行地点。后马某从畜牧站将良种乳牛拉回,为此支付运费1 000元。马某拉回乳牛后,在饲养中发生了不可抗力事件,导致乳牛无法产奶,马某预计的收入落空,无法及时偿还购牛款。畜牧站遂诉至法院。

问题:

(1) 马某要求畜牧站支付运费,该请求是否能得到法院支持?

(2) 针对畜牧站要求付款的请求,马某以不可抗力要求免责,能否成立?

二、供用电、水、气、热力合同

根据《民法典》的相关规定,供用电、水、气、热力合同,是当事人约定,一方在一定期限内供给一定种类、品质和数量的电、水、气、热力予他方,而由他方给付价金的合同。下面仅以供用电合同为例展开讨论。

供用电合同是供电人向用电人供电,用电人支付电费的合同。供用电合同通常为格式合同,属连续合同,其标的性质决定了合同一般不存在退货、返还、恢复原状等问题。

1. 供电方的主要义务

供电方的主要义务有:第一,按国际规定的供电质量标准和合同约定安全供电。第二,因供电设施计划检修、临时检修、依法限电或者用电人违法用电等原因,需要中断供电时,应当按国家有关规定事先通知用电人。第三,因自然灾害等原因断电时,应按国家有关规定及时抢修。

2. 用电人的主要义务

用电人的主要义务有:第一,按国家有关规定和当事人的约定及时交付电费。用电人逾期不交付电费的,如经催告,在合理期限内仍不交付电费和违约金的,供电人可以依法定程序中止供电。第二,按照国家有关规定和当事人的约定安全、节约和计划用电。

三、赠与合同

赠与合同是赠与人将自己的财产无偿给予受赠人,受赠人表示接受赠与的合同。赠与合同是单务的、无偿的、诺成性的合同。赠与合同成立后,赠与人的经济状况显著恶化,严重影响其生产经营或者家庭生活的,可以不再履行赠与义务。

赠与合同的撤销分为任意撤销和法定撤销两种情况。撤销权人撤销赠与的,可以向受赠人要求返还赠与的财产。任意撤销是指赠与人在赠与财产的权利转移之前可以撤销赠与。但经过公证的赠与合同或者依法不得撤销的具有救灾、扶贫、助残等公益、道德义务性质的赠与合同,不得撤销。法定撤销是指受赠人有严重侵害赠与人或者赠与人近亲属的合法权益、对赠与人有扶养义务而不履行、不履行赠与合同约定的义务等三种法定情形之一的,无论何种情况,赠与合同均可撤销。

赠与人的撤销权,应当自知道或者应当知道撤销事由之日起1年内行使;因受赠人的违法行为致使赠与人死亡或者丧失民事行为能力的,赠与人的继承人或者法定代理人有权行使撤销权,应当自知道或应当知道撤销事由之日起6个月内行使。

四、借款合同

借款合同是借款人向贷款人借款,到期返还借款并支付利息的合同。借款合同应采用书面形式,但自然人之间借款另有约定的除外。

1. 贷款人的权利和义务

贷款人有提供借款的义务。贷款人未按约定的日期、数额提供借款,造成借款人损失的,应当赔偿损失。贷款人有对借款的使用情况进行检查、监督的权利。如借款人未按约定的借款用途使用借款,贷款人可以停止发放借款、提前收回借款或解除合同。贷款人有不得预先在本金中扣除利息的义务。

2. 借款人的义务

借款人应按规定向贷款人定期提供有关财务会计报表等资料。借款人有按合同约定或国家规定的利率,并按约定的期限支付利息的义务。自然人之间的借款合同对支付利息没有约定或约定不明的,视为不支付利息。借款人有按约定的期限返还借款的义务;借款人提前返还的,应当按照实际借款的期间计算利息;借款人未按时返还的,应当按照合同约定或国家规定支付逾期利息。

五、租赁合同

租赁合同是出租人将租赁物交付承租人使用、收益,承租人支付租金的合同。租赁合同的最长期限不得超过20年;超过20年的,超过部分无效。租赁期满也可续订合同,但续订的租赁期仍不得超过20年。租赁6个月以上的,合同应采用书面形式;未采用书面形式,无法确定租赁期限的,视为不定期合同。

1. 出租人的义务

出租人的义务有:第一,按约定将租赁物交付承租人,并在租赁期限内保持租赁物符合约定的用途。第二,租赁物在承租人按照租赁合同占有期限内发生所有权变动的,不影响租赁合同的效力,即实行"买卖不破租赁"原则。出租人应在出卖前的合理期限内通知承租人,同等条件下承租人享有优先购买权;但是,房屋按份共有人行使优先购买权或者出租人将房屋出卖给近亲属的除外。第三,保证租赁物符合约定的标准和用途,履行维修义务。

2. 承租人的义务

承租人的义务有:第一,按约定的方法或租赁物的性质使用租赁物并获取收益。在租赁期间因占有、使用租赁物获得的收益,归承租人所有,但当事人另有约定的除外。第二,妥善保管租赁物。第三,未经出租人同意,对租赁物不得擅自改变或转租。租赁期内经出租人同意,承租人可以将租赁物转租给第三人。转租的,原租赁合同继续有效,第三人对租赁物造成损失的,承租人应当赔偿损失。第四,支付租金。租赁合同约定租金支付期限的,依约定。合同未约定租金支付期又不能达成补充协议,租赁期不满1年的,期满时支付;租赁期1年以上的,应在每满1年时支付。第五,租赁期限届满返还租赁物。承租人在租赁期届满后继续使用租赁物,出租人没有提出异议的,原租赁合同继续有效,但租赁期为不定期。房屋出租期间承租人死亡的,与其生前共同居住的人或者共同经营人可以按原租赁合同继续租赁该房屋。

六、融资租赁合同

融资租赁合同是出租人根据承租人对出卖人、租赁物的选择,向出卖人购买租赁物,提供给承租人使用,承租人支付租金的合同。融资租赁以融物为形式,以融资为内容。典型的融资租赁关系涉及三方当事人,即出租人、承租人、出卖人,融资租赁合同包括租赁合同和买卖合同两种。租赁关系以买卖关系存在为前提,买卖关系是租赁关系实现的保证。

1. 出卖人的主要义务

出卖人的主要义务有:第一,按合同约定向承租人交付标的物。租赁物不符合租赁合同约定或不符合使用目的的,出租人不承担责任,除非租赁物是依出租人的技能确定或是经出租人干预选择的。第二,对标的物承担瑕疵担保的义务。

2. 出租人的主要权利义务

出租人的主要权利义务有:第一,出租人对租赁物享有所有权、租金收取权和请求返还权。融资租赁合同对租赁物的归属未约定或约定不明确的,租赁期满租赁物的所有权归出租人。第二,出租人负有向出卖人支付约定的价金的义务;保证租赁物由承租人占有和使用的义务;协助承租人对出卖人或直接对出卖人索赔的义务;未经承租人同意,不得变更与承租人有关的合同内容的义务等。

3. 承租人的主要义务

承租人负有按约定交付租金,妥善保管、使用租赁物,以及对租赁物进行维修等义务。

七、承揽合同

承揽合同是指承揽人按定作人的要求完成工作,交付工作成果,定作人给付报酬的合同。

1. 承揽人的主要义务

承揽人的主要义务包括:亲自完成工作;按约定提供原材料或接受、保管定作人提供的原材料;接受定作人必要的监督和检查;交付工作成果,并保证符合质量要求;对所完成的工作保守秘密等。

2. 定作人的主要义务

定作人的主要义务有:按约定提供材料、图纸或技术要求;协助承揽人完成工作;验收工作成果;按约定的期限支付报酬等。

八、建设工程合同

建设工程合同是承揽合同的一种特殊形式,它是指承包人进行工程建设,发包人支付价款的合同。建设工程合同包括勘查合同、设计合同、施工合同。建设工程合同的标的是建设工程项目,其签订一般采用招投标方式。

发包人的主要义务包括:提供准确的基础资料;提供约定的工作条件;不变更计划,否则应增付费用;按约定支付价款等。

承包人的主要义务包括:通知并接受发包人检查工程;对勘查、设计质量及期限负担保义务；对工程质量负担保义务；对因承包人原因发生的、在合理使用期限内造成的人身和财产损害承担赔偿责任等。总承包人经发包人同意，可以将自己承包的部分工作交由第三人完成，但不能将工程分包给不具有相应资质条件的单位，分包单位也不能再分包。

九、运输合同

运输合同是承运人将旅客或者货物从起运地点运输到约定地点，旅客、托运人或者收货人支付票款或者运输费的合同。运输合同分为客运合同、货运合同和多式联运合同。运输合同一般均为格式合同。

1. 客运合同

客运合同自承运人向旅客交付客票时成立，但当事人另有约定或另有交易习惯的除外。

旅客的主要义务包括：支付票款，持有效客票承运；按客票记载的时间承运；按约定的限量携带行李；遵守安全规则等。

承运人的主要义务包括：向旅客及时告知有关运输和安全的重要事由和注意事项；按约定的时间和班次将旅客运达目的地；不擅自变更运输路线、运输工具；保障旅客在运输途中的安全等。

2. 货运合同

托运人的主要义务包括：向承运人准确表明收货人及货物的有关资料；按照约定的方式包装货物；制作危险物的标志和标签等。

托运人的主要权利包括：要求承运人按合同约定的时间将货物安全运输到约定的地点；可以变更、解除运输合同，但由此给承运人造成的损失应予以赔偿；要求承运人赔偿因承运人的原因致使货物灭失、短少所受的损失等。

承运人的主要义务包括：按合同约定调配适当的运输工具和设备，接收承运的货物，按期将货物运到指定的地点；从接收货物时起至交付收货人之前，安全运输和妥善保管货物，否则要承担赔偿责任；货物运到指定地点后，及时通知收货人收货等。

承运人的主要权利包括：收取运费及符合规定的其他费用；对因托运申报不实或遗漏造成的损失，请求赔偿；对托运人未采取足以保护标的物的包装或安全包装的，拒绝承运；对逾期提货的，收取逾期的保管费；对不支付运费、保管费及其他有关费用的，承运人对相应的运输货物享有留置权；对收货人不明或收货人拒绝受领的货物，承运人可以提存货物，不宜提存货物的，可以拍卖或变卖货物，提存价款等。

3. 多式联运合同

多式联运合同是指承运人以两种以上运输方式将旅客或货物运输到约定地点，托运人或旅客给付约定报酬的协议。

十、技术合同

技术合同是当事人就技术开发、转让、许可、咨询或者服务订立的确立相互之间权利和义务的合同，包括技术开发合同、技术转让合同、技术咨询合同和技术服务合同四种。

1. 技术开发合同

技术开发合同是指当事人之间就技术、新产品、新工艺、新品种或者新材料及其系统的研究开发所订立的合同,包括委托开发合同和合作开发合同。

委托开发完成的发明创造,除当事人另有约定的外,申请专利的权利属于研究开发人,委托人可以免费实施该专利。合作开发完成的发明创造,除当事人另有约定外,申请专利的权利属于合作开发的当事人共有。

委托开发合同中委托方的主要义务包括:按合同约定支付研究开发经费和报酬;按合同约定提供技术资料、原始数据并完成协作事项;按期接受研究开发成果等。

合作开发合同中当事人的主要义务包括:按合同约定进行投资,包括以技术进行投资;按合同约定的分工参与研究开发工作;协作配合研究开发工作等。

2. 技术转让合同

技术转让合同是合法拥有技术的权利人,将现有特定的专利、专利申请、技术秘密的相关权利让与他人所订立的合同。

技术转让合同中当事人的权利和义务包括:专利实施许可合同仅在该专利权的存续期限内有效。专利权有效期限届满或者专利权被宣告无效的,专利权人不得就该专利与他人订立专利实施许可合同;专利实施许可合同的许可人应当按照约定许可被许可人实施专利,交付实施专利有关的技术资料,提供必要的技术指导;专利实施许可合同的被许可人应当按照约定实施专利,不得许可约定以外的第三人实施该专利,并按照约定支付使用费;技术秘密转让合同的让与人和技术秘密使用许可合同的许可人应当按照约定提供技术资料,进行技术指导,保证技术的实用性、可靠性、承担保密义务;技术秘密转让合同的受让人和技术秘密使用许可合同的被许可人应当按照约定使用技术,支付转让费、使用费、承担保密义务;技术转让合同的让与人和技术许可合同的许可人应当保证自己是所提供的技术的合法拥有者,并保证所提供的技术完整、无误、有效,能够达到约定的目标;技术转让合同的受让人和技术许可合同的被许可人应当按照约定的范围和期限,对让与人、许可人提供的技术中尚未公开的秘密部分,承担保密义务。

3. 技术咨询合同

技术咨询合同是当事人一方以技术知识为对方就特定技术项目提供可行性论证、技术预测、专题技术调查、分析评价报告等所订立的合同。

在技术咨询合同中,委托方的主要义务有:按约定阐明咨询的问题,提供技术背景材料及有关技术资料,接受受托人的工作成果,支付报酬等。受托人的主要义务有:按约定的期限完成咨询报告或解答委托方的问题;提出的咨询报告应当达到合同的要求等。技术咨询合同的委托人按受托人符合约定要求的咨询报告和意见作出决策所造成的损失,除当事人另有约定外,由委托人承担。

4. 技术服务合同

技术服务合同,是指当事人一方以技术知识为对方解决特定技术问题所订立的合同,不包括承揽合同和建设工程合同。

在技术服务合同中,委托方的主要义务有:按约定提供工作条件,完成配合事项;接受工作成果并支付报酬等。受托方的主要义务有:按约定完成服务项目,解决技术问题,保证工作质量,并传授解决技术问题的知识等。

十一、保管合同

保管合同是保管人保管寄存人交付的保管物,并返还该物的合同。保管合同一般为实践合同,但当事人另有约定的除外。

1. 保管人的主要义务

保管人的主要义务有:给付保管凭证;妥善保管;不得转交他人保管;不得使用保管物;保管期届满时返还保管物及其孳息等。

2. 寄存人的主要义务

寄存人的主要义务有:告知保管物品的有关情况;支付保管费;声明贵重物品;按期提取保管物品等。

十二、仓储合同

仓储合同是保管人储存存货人交付的仓储物,存货人支付仓储费用的合同。仓储合同为诺成合同。

1. 保管人的主要义务

保管人的主要义务有:验收入库仓储物;安全保管;发现仓储物有变质或其他损毁的,及时通知存货人;储存期间届满时返还仓储物;对保管不善造成的损失承担赔偿责任等。

2. 存货人的主要义务

存货人的主要义务有:说明保管物性质;支付保管费及各种费用;按时提货,否则要加收仓储费;经催告在合理期限内不提取的,保管人可以提存仓储物等。

十三、委托合同

委托合同是委托人和受托人约定,由受托人处理委托人事务的合同。

1. 受托人的主要义务

受托人的主要义务有:按照委托人的指示处理委托事务;尽力办理委托事务;向委托人报告处理情况和结果等。

2. 委托人的主要义务

委托人的主要义务有:预付处理委托事务的费用;支付报酬等。委托人经受托人同意,可以在受托人之外委托第三人处理委托事务,因此给受托人造成损失的,受托人可以向委托人要求赔偿损失。

十四、行纪合同

行纪合同是行纪人以自己的名义为委托人从事贸易活动,委托人支付报酬的合同。

1. 行纪人的主要义务

行纪人的主要义务有:行纪人应负担处理委托事务支出的费用,妥善保管委托物。不履行义务致使委托人受到损害的,行纪人应承担赔偿责任。行纪人应按委托人对价的要求办理受托事务。委托人对价格有特别指示的,行纪人不得违背该指示卖出或买入。委托人指定价格,行纪人低卖或高买的,应经委托人同意。未经同意,但行纪人补偿其差额的,该买卖对委托人有效。委托人指定价格,行纪人高卖或低买的,可依约增加报酬。未约定或约定不明,又协议不成的,该利益属于委托人。

2. 委托人的主要义务

委托人的主要义务有:委托人应及时受领买入的委托物;及时取回不能卖出或者撤回出卖的委托物;支付报酬。

十五、中介合同

中介合同是中介人向委托人报告订立合同的机会或提供订立合同的媒介服务,委托人支付报酬的合同。

1. 中介人的主要义务

中介人的主要义务有:中介人应向委托人如实报告有关订立合同的事项。中介人促成交易成立的,中介活动的费用由中介人负担。

2. 委托人的主要义务

委托人的主要义务有:中介人促成交易成立的,委托人向中介人支付报酬;中介人未促成交易成立的,不得要求支付报酬,但是,可以按照约定请求委托人支付从事中介活动支出的必要费用。委托人在接受中介人的服务后,利用中介人提供的交易机会或者媒介服务,绕开中介人直接订立合同的,应当向中介人支付报酬。

十六、保证合同

保证合同是为保障债权的实现,保证人和债权人约定,当债务人不履行到期债务或者发生当事人约定的情形时,保证人履行债务或者承担责任的合同。保证合同是主债权债务合同的从合同。主债权债务合同无效的,保证合同无效,但是法律另有规定的除外。

(一)一般规定

1. 保证人的范围

机关法人不得为保证人,但是经国务院批准为使用外国政府或者国际经济组织贷款进行转贷的除外;以公益为目的的非营利法人、非法人组织不得为保证人。

2. 保证合同的内容

保证合同的内容一般包括:被保证的主债权的种类、数额,债务人履行债务的期限,保证的方式、范围和期间等条款。

3. 保证的方式

保证的方式包括一般保证和连带责任保证。

当事人在保证合同中对保证方式没有约定或者约定不明确的,按照一般保证承担保证责任。当事人在保证合同中约定,债务人不能履行债务时,由保证人承担保证责任的,为一般保证。一般保证的保证人在主合同纠纷未经审判或者仲裁,并就债务人财产依法强制执行仍不能履行债务前,有权拒绝向债权人承担保证责任,但是有下列情形之一的除外:

(1) 债务人下落不明,且无财产可供执行;

(2) 人民法院已经受理债务人破产案件;
(3) 债权人有证据证明债务人的财产不足以履行全部债务或者丧失履行债务能力;
(4) 保证人书面表示放弃前述规定的权利。

当事人在保证合同中约定保证人和债务人对债务承担连带责任的,为连带责任保证。连带责任保证的债务人不履行到期债务或者发生当事人约定的情形时,债权人可以请求债务人履行债务,也可以请求保证人在其保证范围内承担保证责任。

(二) 保证责任

1. 保证责任的范围

保证的范围包括主债权及其利息、违约金、损害赔偿金和实现债权的费用。当事人另有约定的,按照其约定。

2. 保证责任的期间

保证期间是确定保证人承担保证责任的期间,不发生中止、中断和延长。

债权人与保证人可以约定保证期间,但是约定的保证期间早于主债务履行期限或者与主债务履行期限同时届满的,视为没有约定;没有约定或者约定不明确的,保证期间为主债务履行期限届满之日起6个月。

债权人与债务人对主债务履行期限没有约定或者约定不明确的,保证期间自债权人请求债务人履行债务的宽限期届满之日起计算。

3. 保证责任的承担

一般保证的债权人未在保证期间对债务人提起诉讼或者申请仲裁的,保证人不再承担保证责任。连带责任保证的债权人未在保证期间请求保证人承担保证责任的,保证人不再承担保证责任。

一般保证的债权人在保证期间届满前对债务人提起诉讼或者申请仲裁的,从保证人拒绝承担保证责任的权利消灭之日起,开始计算保证债务的诉讼时效。

连带责任保证的债权人在保证期间届满前请求保证人承担保证责任的,从债权人请求保证人承担保证责任之日起,开始计算保证债务的诉讼时效。

债权人和债务人未经保证人书面同意,协商变更主债权债务合同内容,减轻债务的,保证人仍对变更后的债务承担保证责任;加重债务的,保证人对加重的部分不承担保证责任。

债权人和债务人变更主债权债务合同的履行期限,未经保证人书面同意的,保证期间不受影响。

同一债务有两个以上保证人的,保证人应当按照保证合同约定的保证份额,承担保证责任;没有约定保证份额的,债权人可以请求任何一个保证人在其保证范围内承担保证责任。

保证人承担保证责任后,除当事人另有约定外,有权在其承担保证责任的范围内向债务人追偿,享有债权人对债务人的权利,但是不得损害债权人的利益。

保证人可以主张债务人对债权人的抗辩。债务人放弃抗辩的,保证人仍有权向债权人主张抗辩。

十七、保理合同

保理合同是应收账款债权人将现有的或者将有的应收账款转让给保理人,保理人提供资金融通、应收账款管理或者催收、应收账款债务人付款担保等服务的合同。

1. 保理合同的内容和形式

保理合同的内容一般包括业务类型、服务范围、服务期限、基础交易合同情况、应收账款信息、保理融资款或者服务报酬及其支付方式等条款。保理合同应当采用书面形式。

2. 保理人的权利保护

应收账款债权人与债务人虚构应收账款作为转让标的,与保理人订立保理合同的,应收账款债务人不得以应收账款不存在为由对抗保理人,但是保理人明知虚构的除外。

应收账款债务人接到应收账款转让通知后,应收账款债权人与债务人无正当理由协商变更或者终止基础交易合同,对保理人产生不利影响的,对保理人不发生效力。

3. 有追索权保理与无追索权保理

当事人约定有追索权保理的,保理人可以向应收账款债权人主张返还保理融资款本息或者回购应收账款债权,也可以向应收账款债务人主张应收账款债权。保理人向应收账款债务人主张应收账款债权,在扣除保理融资款本息和相关费用后有剩余的,剩余部分应当返还给应收账款债权人。

当事人约定无追索权保理的,保理人应当向应收账款债务人主张应收账款债权,保理人取得超过保理融资款本息和相关费用的部分,无须向应收账款债权人返还。

4. 多重保理的处理规则

应收账款债权人就同一应收账款订立多个保理合同,致使多个保理人主张权利的,已经登记的先于未登记的取得应收账款;均已经登记的,按照登记时间的先后顺序取得应收账款;均未登记的,由最先到达应收账款债务人的转让通知中载明的保理人取得应收账款;既未登记也未通知的,按照保理融资款或者服务报酬的比例取得应收账款。

十八、物业服务合同

物业服务合同是物业服务人在物业服务区域内,为业主提供建筑物及其附属设施的维修养护、环境卫生和相关秩序的管理维护等物业服务,业主支付物业费的合同。

1. 物业服务人的权利和义务

物业服务人将物业服务区域内的部分专项服务事项委托给专业性服务组织或者其他第三人的,应当就该部分专项服务事项向业主负责。

物业服务人不得将其应当提供的全部物业服务转委托给第三人,或者将全部物业服务肢解后分别转委托给第三人。

物业服务人应当按照约定和物业的使用性质,妥善维修、养护、清洁、绿化和经营管理物业服务区域内的业主共有部分,维护物业服务区域内的基本秩序,采取合理措施保护业主的人身、财产安全。

对物业服务区域内违反有关治安、环保、消防等法律法规的行为,物业服务人应当及时采取合理措施制止、向有关行政主管部门报告并协助处理。

物业服务人应当定期将服务的事项、负责人员、质量要求、收费项目、收费标准、履行情况,以及维修资金使用情况、业主共有部分的经营与收益情况等以合理方式向业主公开并向业主大会、业主委员会报告。

业主违反约定逾期不支付物业费的,物业服务人可以催告其在合理期限内支付;合理期限届满仍不支付的,物业服务人可以提起诉讼或者申请仲裁。

物业服务人不得采取停止供电、供水、供热、供燃气等方式催交物业费。

物业服务期限届满前,物业服务人不同意续聘的,应当在合同期限届满前90日书面通知业主或者业主委员会,但是合同对通知期限另有约定的除外。

物业服务合同终止的,原物业服务人应当在约定期限或者合理期限内退出物业服务区域,将物业服务用房、相关设施、物业服务所必需的相关资料等交还给业主委员会、决定自行管理的业主或者其指定的人,配合新物业服务人做好交接工作,并如实告知物业的使用和管理状况。原物业服务人违反上述规定的,不得请求业主支付物业服务合同终止后的物业费;造成业主损失的,应当赔偿损失。

物业服务合同终止后,在业主或者业主大会选聘的新物业服务人或者决定自行管理的业主接管之前,原物业服务人应当继续处理物业服务事项,并可以请求业主支付该期间的物业费。

2. 业主的权利和义务

业主应当按照约定向物业服务人支付物业费。物业服务人已经按照约定和有关规定提供服务的,业主不得以未接受或者无须接受相关物业服务为由拒绝支付物业费。

业主装饰装修房屋的,应当事先告知物业服务人,遵守物业服务人提示的合理注意事项,并配合其进行必要的现场检查。

业主转让、出租物业专有部分、设立居住权或者依法改变共有部分用途的,应当及时将相关情况告知物业服务人。

业主依照法定程序共同决定解聘物业服务人的,可以解除物业服务合同。决定解聘的,应当提前60日书面通知物业服务人,但是合同对通知期限另有约定的除外。

依据前款规定解除合同造成物业服务人损失的,除不可归责于业主的事由外,业主应当赔偿损失。

物业服务期限届满前,业主依法共同决定续聘的,应当与原物业服务人在合同期限届满前续订物业服务合同。

当事人可以随时解除不定期物业服务合同,但是应当提前60日书面通知对方。

十九、合伙合同

合伙合同是两个以上合伙人为了共同的事业目的,订立的共享利益、共担风险的协议。

1. 合伙事务执行

合伙事务由全体合伙人共同执行。按照合伙合同的约定或者全体合伙人的决定,可以委托一个或者数个合伙人执行合伙事务;其他合伙人不再执行合伙事务,但是有权监督执行情况。合伙人分别执行合伙事务的,执行事务合伙人可以对其他合伙人执行的事务提出异议;提出异议后,其他合伙人应当暂停该项事务的执行。

2. 利润分配与亏损分担

合伙的利润分配和亏损分担,按照合伙合同的约定办理;合伙合同没有约定或者约定不明确的,由合伙人协商决定;协商不成的,由合伙人按照实缴出资比例分配、分担;无法确定出资比例的,由合伙人平均分配、分担。

3. 合伙责任承担

合伙人对合伙债务承担连带责任。清偿合伙债务超过自己应当承担份额的合伙人,有权向其他合伙人追偿。

4. 合伙份额转让

除合伙合同另有约定外,合伙人向合伙人以外的人转让其全部或者部分财产份额的,须经其他合伙人一致同意。

5. 合伙期限

合伙人对合伙期限没有约定或者约定不明确,依据相关规定仍不能确定的,视为不定期合伙。

合伙期限届满,合伙人继续执行合伙事务,其他合伙人没有提出异议的,原合伙合同继续有效,但是合伙期限为不定期。

合伙人可以随时解除不定期合伙合同,但是应当在合理期限之前通知其他合伙人。

合伙人死亡、丧失民事行为能力或者终止的,合伙合同终止;但是,合伙合同另有约定或者根据合伙事务的性质不宜终止的除外。

本章课后习题

某年 10 月 15 日,甲公司从报纸上看到乙公司刊登的一则广告,介绍乙公司生产的新型热水器,价格为每台 1 200 元,如购买量大,还可以优惠。于是甲公司发电子邮件给乙公司,电子邮件内容称:"如每台热水器价格为 1 000 元,则欲购买 200 台,货到后验收合格即付款。"乙公司收到电子邮件后于 10 月 20 日给甲公司回复表示同意。

问题:

(1) 乙公司在报纸上刊登的广告属于要约还是要约邀请?

(2) 甲公司发出的电子邮件属于什么性质?

(3) 甲公司与乙公司之间的合同何时成立?

(4) 如果乙公司发出电子邮件后要反悔,该怎么办?

即 测 即 练

第五章 公司法律制度

【案例导读】

2020年12月26日,某房地产开发股份有限公司召开董事会临时会议,讨论召开股东大会临时会议和解决债务问题。该公司共有董事9人,这天出席会议的有李某、章某、王某、丁某、唐某,另有4名董事知悉后由于有事未出席会议。在董事会会议上,章某、王某、丁某、唐某同意召开股东大会临时会议,并作出决议。李某不同意,便在表决之前中途退席。此后,公司根据董事会临时决议召开股东大会临时会议,并在大会上通过了偿还债务的决议。李某对此表示异议,认为作出召开股东大会临时会议的决议无效。最终,各方就相关争议诉诸法院。法院判决认为,根据《公司法》的规定,董事会决议须经全体董事过半数同意。而在本案中,董事李某反对,另有4名董事未参加董事会临时会议,只有董事章某、王某、丁某、唐某4人同意该决议,未达到全体董事过半数同意的要求,因此董事会作出召开股东大会临时会议的决议无效。

第一节 公司法概述

一、公司的概念及特征

公司是指股东依照相关法律的规定,以出资方式设立,股东以其认缴的出资额或认购的股份为限对公司承担责任,公司以其全部财产对公司债务承担责任的企业法人。

作为营利性法人,公司具有如下基本特征。

1. 人格性

公司具有独立的法律人格,具有相应的权利能力、行为能力和相应的责任能力。①公司的权利能力。公司的权利能力始于公司成立,终于公司终止。作为法律的拟制物,公司与自然人一样,取得了享有民事权利和承担民事义务的资格。②公司的行为能力。公司的行为能力是指公司能够以自己的意思和名义,取得民事权利和承担民事义务的资格。公司与自然人的首要差异就是,公司的权利能力和行为能力同时产生和消灭;其次,公司毕竟只是法律上的拟制主体,其独立意思的形成有赖于公司组织机构。③公司的责任能力。公司的责任能力系权利能力和行为能力的必然逻辑延伸,即公司既然具有自身的权利能力和行为能力,自应具有独立承担责任的能力。

2. 社团性

公司属于法人。依据大陆法系经典法人理论,法人分为社团法人和财团法人,前者以社员的结合为基础,如公司、合作社等;后者以财产的组合为基础,如基金会等。公司是由股东或社员共同出资组成的,在法人分类中被定位为社团法人。

3. 有限责任性

有限责任是公司与独资企业、合伙企业的显著差异。根据《公司法》的规定,有限责任公司的股东以其认缴的出资额为限对公司承担责任;股份有限公司的股东以其认购的股份为限对公司承担责任。究其原因,公司具有独立人格,股东与公司的人格发生分离,公司实行集中管理,股东自然无须为他人的行为承担责任。

二、公司的类型

公司自17世纪初出现至今,在长期的发展演变过程中形成了多种类型,从不同角度按不同标准可作出不同的分类。

1. 人合公司、资合公司与人合兼资合公司

按公司构成基础,公司可分为人合公司、资合公司以及人合兼资合公司。人合公司是以股东个人的信用为基础而设立的公司,如无限责任公司;资合公司是以资本的结合为基础的公司,如股份有限公司;而人合兼资合公司则是一种具有以股东的信用和资本结合的双重性的公司,如有限责任公司、两合公司、股份两合公司。

2. 无限责任公司、有限责任公司、两合公司、股份有限公司和股份两合公司

按公司责任状况,公司可分为无限责任公司、有限责任公司、股份有限公司、两合公司和股份两合公司等。无限责任公司指股东对公司的债务承担无限责任的公司;有限责任公司指由法定数额的股东组成的,股东以出资额为限对公司债务承担责任的公司;两合公司指由一个以上有限责任股东和一个以上无限责任股东组成的,有限责任股东承担有限责任,无限责任股东承担无限责任的公司;股份有限公司指由法定数额以上的发起人发起,公司的全部资本分为等额股份,股东仅以其持有的股份为限对公司债务承担责任的公司;股份两合公司指一个以上无限责任股东和一个以上有限责任股东共同组成的,有限责任股东以持有的股份额对公司的债务承担责任,无限责任股东对公司债务承担无限清偿责任的公司。《公司法》所称的公司,仅指有限责任公司和股份有限公司。

3. 总公司和分公司、母公司与子公司

按公司的组织系统,公司可分为总公司和分公司、母公司与子公司。总公司也称本公司,是指在组织上可以管辖若干个分公司的公司。分公司是指属于总公司管辖,成为总公司不可分割的构成部分,并且不具有独立的法人资格的公司。设立分公司,应当向公司登记机关申请登记,领取营业执照。分公司因不具有法人资格,其民事责任由总公司承担。母公司也称控股公司,是指拥有另一个公司大部分股份的公司;子公司又称为被控股公司,是指虽然在母公司控制之下,但自己具有独立的法人资格,能独立承担民事责任的公司。

4. 开放公司和封闭公司

按公司开放程度,公司可分为开放公司和封闭公司。开放公司是指股票可以公开发行、上市和转让的公司;封闭公司是指不公开发行股票的公司。

三、公司法

公司法是调整公司设立、组织、清算及其他对内对外活动中发生的社会关系的法律规范的总称。1993年12月29日,第八届全国人民代表大会常务委员会第五次会议审议通过了《中华人民共和国公司法》。根据1999年12月25日第九届全国人民代表大会常务委员会第十三次会议《关于修改〈中华人民共和国公司法〉的决定》第一次修正,根据2004年8月28日第十届全国人民代表大会常务委员会第十一次会议《关于修改〈中华人民共和国公司法〉的决定》第二次修正,2005年10月27日第十届全国人民代表大会常务委员会第十八次会议修订,根据2013年12月28日第十二届全国人民代表大会常务委员会第六次会议《关于修改〈中华人民共和国海洋环境保护法〉等七部法律的决定》第三次修正,根据2018年10月26日第十三届全国人民代表大会常务委员会第六次会议《关于修改〈中华人民共和国公司法〉的决定》第四次修正,形成我国当前适用的《公司法》。

第二节 有限责任公司的设立和组织机构

一、有限责任公司的概念及特征

有限责任公司又称有限公司,是指依照《公司法》的有关规定设立的,股东以其认缴的出资额为限对公司承担责任,公司以其全部资产对公司的债务承担责任的企业法人。

有限责任公司具有以下三个主要法律特征:

(1) 有限责任公司的股东均负有限责任。有限责任公司各股东对公司所负责任仅以其认缴的出资额为限,除此之外对公司债权人不负直接责任。这是有限责任公司与无限责任公司、两合公司、股份两合公司最主要的区别。

(2) 有限责任公司的资本不分为等额股份,证明股东出资份额的权利证明书称为出资证明书,而不是股票。这是有限责任公司与股份有限公司最主要的区别。

(3) 有限责任公司的股东人数有限制性规定。

二、有限责任公司的设立

1. 设立有限责任公司应当具备的条件

(1) 股东符合法定人数。有限责任公司由50个以下股东出资设立。

(2) 有符合公司章程规定的全体股东认缴的出资额。有限责任公司的注册资本为在公司登记机关登记的全体股东认缴的出资额。法律、行政法规以及国务院决定对有限责任公司注册资本实缴、注册资本最低限额另有规定的,从其规定。

(3) 股东共同制定公司章程。

(4) 有公司名称,建立符合有限责任公司要求的组织机构。

(5) 有公司住所。

2. 制定公司章程

设立有限责任公司,必须依照《公司法》规定,制定公司章程。股东应当在公司章程上签名、盖章。公司章程对公司、股东、董事、监事、高级管理人员具有约束力,是公司开展活动的基本准则。有限责任公司章程应载明下列事项:

(1) 公司名称和住所;
(2) 公司经营范围;
(3) 公司注册资本;
(4) 股东的姓名或者名称;
(5) 股东的出资方式、出资额和出资时间;
(6) 公司的机构及其产生办法、职权、议事规则;
(7) 公司法定代表人;
(8) 股东会会议认为需要规定的其他事项。

3. 股东的出资

(1) 股东的出资方式。股东可以用货币出资,也可以用实物、知识产权、土地使用权等可以用货币估价并可以依法转让的非货币财产作价出资;但是,法律、行政法规规定不得作为出资的财产除外。对作为出资的非货币财产应当评估作价,核实财产,不得高估或者低估作价。法律、行政法规对评估作价有规定的,从其规定。

(2) 股东应当按期足额缴纳公司章程中规定的各自所认缴的出资额。股东以货币出资的,应当将货币出资足额存入有限责任公司在银行开设的账户;以非货币财产出资的,应当依法办理其财产权的转移手续。股东不按照上述规定缴纳出资的,除应当向公司足额缴纳外,还应当向已按期足额缴纳出资的股东承担违约责任。

(3) 有限责任公司成立后,发现作为设立公司出资的非货币财产的实际价额显著低于公司章程所定价额的,应当由交付该出资的股东补足其差额;公司设立时的其他股东承担连带责任。

(4) 公司成立后,股东不得抽逃出资。

4. 公司的设立登记

股东认足公司章程规定的出资后,由全体股东指定的代表或者共同委托的代理人向公司登记机关报送公司登记申请书、公司章程等文件,申请设立登记。

【随堂练习】

刘、关、张约定各出资40万元设立甲有限责任公司,因刘只有20万元,遂与张约定由张为其垫付出资20万元。公司设立时,张以价值40万元的房屋评估为60万元骗得验资。后债权人发现甲公司注册资本不实。甲公司欠缴的20万元出资应如何补交?(   )

A. 应由刘补交,张、关承担连带责任
B. 应由张补交,刘、关承担连带责任
C. 应由刘、张各补交10万元,关承担连带责任
D. 应由刘、关各补交10万元,张承担连带责任

答案:A

三、有限责任公司的股权转让

有限责任公司的股东之间可以相互转让其全部或者部分股权。股东向股东以外的人转让股权,应当经其他股东过半数同意。股东应就其股权转让事项书面通知其他股东征求同意,其他股东自接到书面通知之日起满30日未答复的,视为同意转让。其他股东半数以上不同意转让的,不同意的股东应当购买该转让的股权;不购买的,视为同意转让。经股东同意转让的股权,在同等条件下,其他股东有优先购买权。两个以上股东主张行使优先购买权的,协商确定各自的购买比例;协商不成的,按照转让时各自的出资比例行使优先购买权。公司章程对股权转让另有规定的,从其规定。

人民法院依照法律规定的强制执行程序转让股东的股权时,应当通知公司及全体股东,其他股东在同等条件下有优先购买权。其他股东自人民法院通知之日起20日不行使优先购买权的,视为放弃优先购买权。

股东转让股权后,公司应当注销原股东的出资证明书,向新股东签发出资证明书,并相应修改公司章程和股东名册中有关股东及其出资额的记载。对公司章程的该项修改不需再由股东会表决。这一变更应向公司登记机关办理变更登记,未经变更登记的,不得对抗第三人。

有下列情形之一的,对股东会该项决议投反对票的股东可以请求公司按照合理的价格收购其股权:

(1) 公司连续5年不向股东分配利润,而公司该5年连续盈利,并且符合《公司法》规定的分配利润条件的;

(2) 公司合并、分立、转让主要财产的;

(3) 公司章程规定的营业期限届满或者章程规定的其他解散事由出现,股东会会议通过决议修改章程使公司存续的。

自股东会会议决议通过之日起60日内,股东与公司不能达成股权收购协议的,股东可以自股东会会议决议通过之日起90日内向人民法院提起诉讼。

自然人股东死亡后,其合法继承人可以继承股东资格;但是,公司章程另有规定的除外。

【随堂练习】

甲、乙、丙是某有限责任公司的股东,各占52%、22%和26%的股权。乙欲对外转让其所拥有的股权,丙表示同意,甲表示反对,但又不愿意购买该股权。乙便与丁签订了一份股权转让协议,约定丁一次性将股权转让款支付给乙。此时甲表示愿意以同等价格购买,只是要求分期付款。对此,各方发生了争议。下列哪一选项是错误的?(   )

A. 甲最初表示不愿意购买即应视为同意转让
B. 甲后来表示愿意购买,则乙只能将股份转让给甲,因为甲享有优先购买权
C. 乙与丁之间的股权转让协议有效
D. 如果甲、丙都行使优先购买权,就购买比例而言,如双方协商不成,则双方应按照 2∶1 的比例行使优先购买权

答案:B

四、有限责任公司的组织机构

（一）股东会

1. 股东会的性质和职权

有限责任公司的股东会由全体股东组成。股东会是公司的权力机构，行使下列职权：

(1) 决定公司的经营方针和投资计划；

(2) 选举和更换非由职工代表担任的董事、监事，决定有关董事、监事的报酬事项；

(3) 审议批准董事会的报告；

(4) 审议批准监事会或者监事的报告；

(5) 审议批准公司的年度财务预算方案、决算方案；

(6) 审议批准公司的利润分配方案和弥补亏损方案；

(7) 对公司增加或者减少注册资本作出决议；

(8) 对发行公司债券作出决议；

(9) 对公司合并、分立、解散、清算或者变更公司形式作出决议；

(10) 修改公司章程；

(11) 公司章程规定的其他职权。

对上述事项股东以书面形式一致表示同意的，可以不召开股东会会议，直接作出决定，并由全体股东在决定文件上签名、盖章。

2. 股东会的议事规则

股东会会议分为定期会议和临时会议。定期会议应当按照公司章程的规定按时召开。代表 1/10 以上表决权的股东，1/3 以上的董事，监事会或者不设监事会的公司的监事提议召开临时会议的，应当召开临时会议。股东会的首次会议由出资最多的股东召集和主持。有限责任公司设立董事会的，股东会会议由董事会召集，董事长主持；董事长不能履行职务或者不履行职务的，由副董事长主持；副董事长不能履行职务或者不履行职务的，由半数以上董事共同推举一名董事主持。有限责任公司不设董事会的，股东会会议由执行董事召集和主持。董事会或者执行董事不能履行或者不履行召集股东会会议职责的，由监事会或者不设监事会的公司的监事召集和主持；监事会或者监事不召集和主持的，代表 1/10 以上表决权的股东可以自行召集和主持。召开股东会会议，应当于会议召开 15 日以前通知全体股东；但是，公司章程另有规定或者全体股东另有约定的除外。股东会应当对所议事项的决定作成会议记录，出席会议的股东应当在会议记录上签名。

股东会会议由股东按照出资比例行使表决权；但是，公司章程另有规定的除外。股东会的议事方式和表决程序，除《公司法》有规定的外，由公司章程规定。股东会会议作出修改公司章程、增加或者减少注册资本的决议，以及公司合并、分立、解散或者变更公司形式的决议，必须经代表 2/3 以上表决权的股东通过。

3. 股东权利

股东有权查阅、复制公司章程、股东会会议记录、董事会会议决议、监事会会议决议和财务会计报告。股东可以要求查阅公司会计账簿。股东要求查阅公司会计账簿的，应当向公司提出书面请求，说明目的。公司有合理根据认为股东查阅会计账簿有不正当目的，可能损害公司合法利益的,可以拒绝提供查阅,并应当自股东提出书面请求之日起15日内书面答复股东并说明理由。公司拒绝提供查阅的,股东可以请求人民法院要求公司提供查阅。

【案例讨论】

　　甲有限责任公司在乙股东的提议下,准备召开股东会商讨公司增资事宜。其中,乙股东实际出资为5万元(此公司章程规定,股东以实际出资额为行使表决权基数),公司注册资本为100万元,董事会认为乙股东不具有提议召开临时股东会的资格,不主持召开股东会,监事会与董事会的意见一致,于是乙股东自行召开股东会。然而,股东会只有3名股东参加,这3名股东出资额一共为50万元,这3名股东完全同意公司增资,乙股东认为只要出席股东会的股东全部同意增资,则公司就可以增资。

　　问题:
　　(1) 乙股东是否具备召开临时股东会的资格?
　　(2) 股东会的增资决议是否有效?

(二) 董事会

1. 董事会的设立和组成

　　有限责任公司设董事会,其成员为3~13人,法律另有规定的除外。两个以上的国有企业或者其他两个以上的国有投资主体投资设立的有限责任公司,其董事会成员中应当有公司职工代表;其他有限责任公司董事会成员中也可以有公司职工代表。董事会中的职工代表由公司职工通过职工代表大会、职工大会或者其他形式民主选举产生。董事会设董事长一人,可以设副董事长。董事长、副董事长的产生办法由公司章程规定。

　　股东人数较少或者规模较小的有限责任公司,可以设一名执行董事,不设立董事会。执行董事可以兼任公司经理。执行董事的职权由公司章程规定。

　　公司法定代表人依照公司章程的规定,由董事长、执行董事或者经理担任,并依法登记。公司法定代表人变更,应当办理变更登记。

2. 董事会的职权

　　董事会对股东会负责,行使下列职权:
　　(1) 召集股东会会议,并向股东会报告工作;
　　(2) 执行股东会的决议;
　　(3) 决定公司的经营计划和投资方案;
　　(4) 制订公司的年度财务预算方案、决算方案;
　　(5) 制订公司的利润分配方案和弥补亏损方案;
　　(6) 制订公司增加或者减少注册资本以及发行公司债券的方案;
　　(7) 制订公司合并、分立、解散或者变更公司形式的方案;
　　(8) 决定公司内部管理机构的设置;
　　(9) 决定聘任或者解聘公司经理及其报酬事项,并根据经理的提名决定聘任或者解聘公司副经理、财务负责人及其报酬事项;
　　(10) 制定公司的基本管理制度;

(11) 公司章程规定的其他职权。

3. 董事的任期

董事任期由公司章程规定,但每届任期不得超过3年。董事任期届满,连选可以连任。董事任期届满未及时改选,或者董事在任期内辞职导致董事会成员低于法定人数的,在改选出的董事就任前,原董事仍应当依照法律、行政法规和公司章程的规定,履行董事职务。

4. 董事会的议事规则

董事会会议由董事长召集和主持;董事长不能履行职务或者不履行职务的,由副董事长召集和主持;副董事长不能履行职务或者不履行职务的,由半数以上董事共同推举一名董事召集和主持。

董事会的议事方式和表决程序,除《公司法》有规定的外,由公司章程规定。董事会应当对所议事项的决定作成会议记录,出席会议的董事应当在会议记录上签名。董事会决议的表决,实行一人一票。

(三) 经理

有限责任公司可以设经理,由董事会决定聘任或者解聘。经理对董事会负责,行使下列职权:

(1) 主持公司的生产经营管理工作,组织实施董事会决议;
(2) 组织实施公司年度经营计划和投资方案;
(3) 拟订公司内部管理机构设置方案;
(4) 拟订公司的基本管理制度;
(5) 制定公司的具体规章;
(6) 提请聘任或者解聘公司副经理、财务负责人;
(7) 决定聘任或者解聘除应由董事会决定聘任或者解聘以外的负责管理人员;
(8) 董事会授予的其他职权。

(四) 监事会

1. 监事会的设立和组成

有限责任公司设立监事会,其成员不得少于3人。股东人数较少或者规模较小的有限责任公司,可以设1~2名监事,不设立监事会。监事会应当包括股东代表和适当比例的公司职工代表,其中职工代表的比例不得低于1/3,具体比例由公司章程规定。监事会中的职工代表由公司职工通过职工代表大会、职工大会或者其他形式民主选举产生。监事会设主席一人,由全体监事过半数选举产生。监事会主席召集和主持监事会会议;监事会主席不能履行职务或者不履行职务的,由半数以上监事共同推举一名监事召集和主持监事会会议。

董事、高级管理人员不得兼任监事。

2. 监事的任期和监事会的职权

监事的任期每届为3年。监事任期届满,连选可以连任。监事任期届满未及时改选,或者监事在任期内辞职导致监事会成员低于法定人数的,在改选出的监事就任前,原监事仍应当依照法律、行政法规和公司章程的规定,履行监事职务。

监事会、不设监事会的公司的监事行使下列职权:

(1) 检查公司财务;

(2) 对董事、高级管理人员执行公司职务的行为进行监督,对违反法律、行政法规、公司章程或者股东会决议的董事、高级管理人员提出罢免的建议;

(3) 当董事、高级管理人员的行为损害公司的利益时,要求董事、高级管理人员予以纠正;

(4) 提议召开临时股东会会议,在董事会不履行《公司法》规定的召集和主持股东会会议职责时召集和主持股东会会议;

(5) 向股东会会议提出提案;

(6) 依照法律规定,对董事、高级管理人员提起诉讼;

(7) 公司章程规定的其他职权。

监事可以列席董事会会议,并对董事会决议事项提出质询或者建议。监事会、不设监事会的公司的监事发现公司经营情况异常,可以进行调查;必要时,可以聘请会计师事务所等协助其工作,费用由公司承担。

3. 监事会的议事规则

监事会每年度至少召开一次会议,监事可以提议召开临时监事会会议。监事会的议事方式和表决程序,除《公司法》有规定的外,由公司章程规定。监事会决议应当经半数以上监事通过。监事会应当对所议事项的决定作成会议记录,出席会议的监事应当在会议记录上签名。

监事会、不设监事会的公司的监事行使职权所必需的费用,由公司承担。

【随堂练习】

有限责任公司必设的组织机构是(　　)。

A. 股东会　　　　B. 股东大会　　　　C. 董事会　　　　D. 监事会

答案:A

五、一人有限责任公司

一人有限责任公司是指只有一个自然人股东或者一个法人股东的有限责任公司。

《公司法》关于一人有限责任公司有如下特别规定:

(1) 一个自然人只能投资设立一个一人有限责任公司。该一人有限责任公司不能投资设立新的一人有限责任公司。

(2) 一人有限责任公司应当在公司登记中注明自然人独资或者法人独资,并在公司营业执照中载明。

(3) 一人有限责任公司章程由股东制定。

(4) 一人有限责任公司不设股东会。股东决定公司的经营方针和投资计划时,应当采用书面形式,并由股东签字后置备于公司。

(5) 一人有限责任公司应当在每一会计年度终了时编制财务会计报告,并经会计师事务所审计。

（6）一人有限责任公司的股东不能证明公司财产独立于股东自己财产的，应当对公司债务承担连带责任。

【案例讨论】

2020年6月，周某自己投资设立一家粮油有限责任公司，从事粮油经营，公司住所就是周某个人居所，并且周某没有将公司经营性收入与个人收支做区分。同年7月，由于天降暴雨，周某购进的一批大米因为保管不善而被雨水淋湿变质，造成较大的经济损失。公司债权人要求周某支付大米购货款。周某表示，其设立的是有限责任公司，其对公司债务仅以出资额为限承担责任。

问题：周某的说法正确吗？

六、国有独资公司

国有独资公司是指国家单独出资、由国务院或者地方人民政府委托本级人民政府国有资产监督管理机构履行出资人职责的有限责任公司。

《公司法》对国有独资公司有如下特别规定：

（1）国有独资公司章程。国有独资公司章程由国有资产监督管理机构制定，或者由董事会制定报国有资产监督管理机构批准。

（2）国有独资公司设立主体职权。国有独资公司不设股东会，由国有资产监督管理机构行使股东会职权。国有资产监督管理机构可以授权公司董事会行使股东会的部分职权，决定公司的重大事项，但公司的合并、分立、解散、增减注册资本和发行公司债券，必须由国有资产监督管理机构决定；其中，重要的国有独资公司合并、分立、解散、申请破产的，应当由国有资产监督管理机构审核后，报本级人民政府批准。重要的国有独资公司，按照国务院的规定确定。

（3）董事会。国有独资公司设立董事会，履行法定职权。董事每届任期不得超过3年。董事会成员中应当有公司职工代表。董事会成员由国有资产监督管理机构委派；但是，董事会成员中的职工代表由公司职工代表大会选举产生。董事会设董事长1人，可以设副董事长。董事长、副董事长由国有资产监督管理机构从董事会成员中指定。

（4）经理。国有独资公司设经理，由董事会聘任或者解聘。经理依照《公司法》的规定行使职权。经国有资产监督管理机构同意，董事会成员可以兼任经理。

国有独资公司的董事长、副董事长、董事、高级管理人员，未经国有资产监督管理机构同意，不得在其他有限责任公司、股份有限公司或者其他经济组织兼职。

（5）监事会。国有独资公司监事会成员不得少于5人，其中职工代表的比例不得低于1/3，具体比例由公司章程规定。监事会成员由国有资产监督管理机构委派；但是，监事会中的职工代表由公司职工代表大会选举产生。监事会主席由国有资产监督管理机构从监事会成员中指定。国有独资公司的监事会行使下列职权：①检查公司财务；②对董事、高级管理人员执行公司职务的行为进行监督，对违反法律、行政法规、公司章程的董事、高级管理人员提出罢免的建议；③当董事、高级管理人员的行为损害公司的利益时，要求董事、高级管理人员予以纠正；④国务院规定的其他职权。

第三节　股份有限公司的设立和组织机构

一、股份有限公司的概念及特征

股份有限公司，是指依法设立，由符合法定人数的股东所组成的，其全部资本分为等额股份，股东以其认购的股份为限对公司承担责任，公司以其全部财产对公司债务承担责任的企业法人。

股份有限公司具有以下特征：

(1) 股份有限公司的全部资本分为等额股份，股份采取股票形式；

(2) 股东以其认购的股份为限对公司承担责任，公司以其全部资产对公司债务承担责任；

(3) 股份有限公司的股东有最低人数的限制，而没有最高人数的限制。

二、股份有限公司的设立

（一）设立条件

(1) 发起人符合法定人数。设立股份有限公司，应当有 2 人以上 200 人以下为发起人，其中须有半数以上的发起人在中国境内有住所。发起人应当签订发起人协议，明确各自在公司设立过程中的权利和义务。

(2) 有符合公司章程规定的全体发起人认购的股本总额或者募集的实收股本总额。股份有限公司采取发起设立方式设立的，注册资本为在公司登记机关登记的全体发起人认购的股本总额。在发起人认购的股份缴足前，不得向他人募集股份。股份有限公司采取募集方式设立的，注册资本为在公司登记机关登记的实收股本总额。法律、行政法规以及国务院决定对股份有限公司注册资本实缴、注册资本最低限额另有规定的，从其规定。

(3) 股份发行、筹办事项符合法律规定。

(4) 发起人制定公司章程，采用募集方式设立的经创立大会通过。

(5) 有公司名称，建立符合股份有限公司要求的组织机构。

(6) 有公司住所。

（二）设立方式

股份有限公司的设立可以采取发起设立或者募集设立的方式。发起设立，是指由发起人认购公司应发行的全部股份而设立公司。募集设立，是指由发起人认购公司应发行股份的一部分，其余股份向社会公开募集或者向特定对象募集而设立公司。

（三）公司章程

股份有限公司章程应当载明下列事项：

(1) 公司名称和住所；

(2) 公司经营范围；

(3) 公司设立方式；

(4) 公司股份总数、每股金额和注册资本;

(5) 发起人的姓名或者名称、认购的股份数、出资方式和出资时间;

(6) 董事会的组成、职权和议事规则;

(7) 公司法定代表人;

(8) 监事会的组成、职权和议事规则;

(9) 公司利润分配办法;

(10) 公司的解散事由与清算办法;

(11) 公司的通知和公告办法;

(12) 股东大会会议认为需要规定的其他事项。

股份有限公司采取发起方式设立的,公司章程须经全体股东签字盖章;股份有限公司采取募集方式设立的,需在公司创立大会上对公司章程进行表决。只有经出席会议的认股人所持表决权过半数通过,公司章程才能通过。

(四) 设立程序

1. 发起设立程序

以发起设立方式设立股份有限公司的,发起人应当书面认足公司章程规定其认购的股份,并按照公司章程规定缴纳出资。以非货币财产出资的,应当依法办理其财产权的转移手续。发起人不依照前款规定缴纳出资的,应当按照发起人协议承担违约责任。发起人认足公司章程规定的出资后,应当选举董事会和监事会,由董事会向公司登记机关报送公司章程以及法律、行政法规规定的其他文件,申请设立登记。

2. 募集设立程序

(1) 以募集设立方式设立股份有限公司的,发起人认购的股份不得少于公司股份总数的35%;但是,法律、行政法规另有规定的,从其规定。

(2) 发起人向社会公开募集股份,必须公告招股说明书,并制作认股书。招股说明书应当附有发起人制定的公司章程,并载明下列事项:发起人认购的股份数;每股的票面金额和发行价格;无记名股票的发行总数;募集资金的用途;认股人的权利、义务;本次募股的起止期限及逾期未募足时认股人可以撤回所认股份的说明。认股书应当载明招股说明书所列事项,由认股人填写认购股数、金额、住所,并签名、盖章。认股人按照所认购股数缴纳股款。

发起人向社会公开募集股份,应当由依法设立的证券公司承销,签订承销协议,并应当同银行签订代收股款协议。

(3) 召开创立大会。发行股份的股款缴足后,必须经依法设立的验资机构验资并出具证明。发起人应当在30日内主持召开公司创立大会。创立大会由发起人、认股人组成。发行的股份超过招股说明书规定的截止期限尚未募足的或者发行股份的股款缴足后,发起人在30日内未召开创立大会的,认股人可以按照所缴股款并加算银行同期存款利息,要求发起人返还。

发起人应当在创立大会召开15日前将会议日期通知各认股人或者予以公告。创立大会应有代表股份总数过半数的发起人、认股人出席,方可举行。创立大会行使下列职权:审议发起人关于公司筹办情况的报告;通过公司章程;选举董事会成员;选举监事会成员;对公司的设立费用进行审核;对发起人用于抵作股款的财产的作价进行审核;发生不可抗力或者经营条件发生重大变化直接影响公司设立的,可以作出不设立公司的决议。创立大会对上述所列事项作出决议,必须经出席会议的认股人所持表决权过半数通过。

发起人、认股人缴纳股款或者交付抵作股款的出资后,除未按期募足股份、发起人未按期召开创立大会或者创立大会决议不设立公司的情形外,不得抽回其股本。

(4)申请设立登记。董事会应于创立大会结束后30日内,向公司登记机关报送下列文件,申请设立登记:公司登记申请书;创立大会的会议记录;公司章程;验资证明;法定代表人、董事、监事的任职文件及其身份证明;发起人的法人资格证明或者自然人身份证明;公司住所证明。以募集方式设立股份有限公司公开发行股票的,还应当向公司登记机关报送国务院证券监督管理机构的核准文件。

(五)发起人应当承担的责任

(1)股份有限公司成立后,发起人未按照公司章程的规定缴足出资的,应当补缴;其他发起人承担连带责任。股份有限公司成立后,发现作为设立公司出资的非货币财产的实际价额显著低于公司章程所定价额的,应当由交付该出资的发起人补足其差额;其他发起人承担连带责任。

(2)公司不能成立时,对设立行为所产生的债务和费用负连带责任。

(3)公司不能成立时,对认股人已缴纳的股款,负返还股款并加算银行同期存款利息的连带责任。

(4)在公司设立过程中,由于发起人的过失致使公司利益受到损害的,应当对公司承担赔偿责任。

【案例讨论】

甲、乙、丙3人共同募集设立某股份有限公司,3人协商注册资本为1000万元。其中,甲说2014年实施的《公司法》的最大特点就是取消了公司注册资本,于是其主张1000万元完全向社会募集。乙说3人将公司章程制定并经3人盖章后,公司章程即发生法律效力。丙说由他负责向社会公开募集股份,就需要他到银行以自己的名义开设账户。

问题:上述3人的说法是否正确?

三、股份有限公司的组织机构

(一)股东大会

1. 股东大会的性质和职权

股东大会由全体股东组成,股东大会是公司的权力机构,前述有关有限责任公司股东会职权的规定,适用于股份有限公司股东大会。

2. 股东大会的议事规则

股东大会应当每年召开一次年会。有下列情形之一的,应当在2个月内召开临时股东大会:

(1)董事人数不足《公司法》规定人数或者公司章程所定人数的2/3时;

(2) 公司未弥补的亏损达实收股本总额 1/3 时;
(3) 单独或者合计持有公司 10% 以上股份的股东请求时;
(4) 董事会认为必要时;
(5) 监事会提议召开时;
(6) 公司章程规定的其他情形。

股东大会会议由董事会召集,董事长主持;董事长不能履行职务或者不履行职务的,由副董事长主持;副董事长不能履行职务或者不履行职务的,由半数以上董事共同推举一名董事主持。

董事会不能履行或者不履行召集股东大会会议职责的,监事会应当及时召集和主持;监事会不召集和主持的,连续 90 日以上单独或者合计持有公司 10% 以上股份的股东可以自行召集和主持。

召开股东大会会议,应当将会议召开的时间、地点和审议的事项于会议召开 20 日前通知各股东;临时股东大会应当于会议召开 15 日前通知各股东;发行无记名股票的,应当于会议召开 30 日前公告会议召开的时间、地点和审议事项。

单独或者合计持有公司 3% 以上股份的股东,可以在股东大会召开 10 日前提出临时提案并书面提交董事会;董事会应当在收到提案后 2 日内通知其他股东,并将该临时提案提交股东大会审议。临时提案的内容应当属于股东大会职权范围,并有明确议题和具体决议事项。股东大会不得对未列明的事项作出决议。无记名股票持有人出席股东大会会议的,应当在会议召开 5 日前至股东大会闭会时将股票交存于公司。

股东出席股东大会会议,所持每一股份有一表决权。但是,公司持有的本公司股份没有表决权。股东大会作出决议,必须经出席会议的股东所持表决权过半数通过。但是,股东大会作出修改公司章程、增加或者减少注册资本的决议,以及公司合并、分立、解散或者变更公司形式的决议,必须经出席会议的股东所持表决权的 2/3 以上通过。

《公司法》和公司章程规定公司转让、受让重大资产或者对外提供担保等事项必须经股东大会作出决议的,董事会应当及时召集股东大会会议,由股东大会就上述事项进行表决。

股东大会选举董事、监事,可以根据公司章程的规定或者股东大会的决议,实行累积投票制。所谓累积投票制,是指股东大会选举董事或者监事时,有表决权的每一股份拥有与应选董事或者监事人数相同的表决权,股东拥有的表决权可以集中使用。其与普通投票制的区别主要在于公司股东可以把自己拥有的表决权集中使用于待选董事或监事中的一人或多人。

(二) 董事会

1. 董事会的设立和组成

股份有限公司设董事会,其成员为 5~19 人。董事会成员中可以有公司职工代表。董事会中的职工代表由公司职工通过职工代表大会、职工大会或者其他形式民主选举产生。董事会设董事长 1 人,可以设副董事长。董事长和副董事长由董事会以全体董事的过半数选举产生。董事长召集和主持董事会会议,检查董事会决议的实施情况。副董事长协助董事长工作,董事长不能履行职务或者不履行职务的,由副董事长履行职务;副董事长不能履行职务或者不履行职务的,由半数以上董事共同推举一名董事履行职务。

《公司法》关于有限责任公司董事任期的规定,适用于股份有限公司董事。

2. 董事会的职权

《公司法》关于有限责任公司董事会职权的规定,适用于股份有限公司董事会。

3. 董事会议事规则

董事会每年度至少召开两次会议,每次会议应当于会议召开 10 日前通知全体董事和监事。代表 1/10 以上表决权的股东、1/3 以上董事或者监事会,可以提议召开董事会临时会议。董事长应当自接到提议后 10 日内,召集和主持董事会会议。董事会召开临时会议,可以另定召集董事会的通知方式和通知时限。

董事会会议应有过半数的董事出席方可举行。董事会作出决议,必须经全体董事的过半数通过。董事会决议的表决,实行一人一票。董事会会议,应由董事本人出席;董事因故不能出席,可以书面委托其他董事代为出席,委托书中应载明授权范围。

董事会应当对会议所议事项的决定作成会议记录,出席会议的董事应当在会议记录上签名。董事应当对董事会的决议承担责任。董事会的决议违反法律、行政法规或者公司章程、股东大会决议,致使公司遭受严重损失的,参与决议的董事对公司负赔偿责任。但经证明在表决时曾表明异议并记载于会议记录的,该董事可以免除责任。

(三)经理

股份有限公司设经理,由董事会决定聘任或者解聘。公司董事会可以决定由董事会成员兼任经理。《公司法》关于有限责任公司经理职权的规定,适用于股份有限公司经理。

(四)监事会

1. 监事会的设立和组成

股份有限公司设立监事会,其成员不得少于 3 人。监事会应当包括股东代表和适当比例的公司职工代表,其中职工代表的比例不得低于 1/3,具体比例由公司章程规定。监事会中的职工代表由公司职工通过职工代表大会、职工大会或者其他形式民主选举产生。监事会设主席 1 人,可以设副主席。监事会主席和副主席由全体监事过半数选举产生。监事会主席召集和主持监事会会议;监事会主席不能履行职务或者不履行职务的,由监事会副主席召集和主持监事会会议;监事会副主席不能履行职务或者不履行职务的,由半数以上监事共同推举 1 名监事召集和主持监事会会议。

2. 监事会的职权

《公司法》关于有限责任公司监事会职权的规定,适用于股份有限公司监事会。监事会行使职权所必需的费用,由公司承担。

3. 监事会的议事规则

监事会每 6 个月至少召开一次会议。监事可以提议召开临时监事会会议。监事会的议事方式和表决程序,除《公司法》有规定的外,由公司章程规定。监事会应当对所议事项的决定作成会议记录,出席会议的监事应当在会议记录上签名。

【随堂练习】

某股份有限公司于 2019 年召开董事会临时会议,董事长甲及乙、丙、丁、戊共 5 名董事出席,董事会中其余 4 名成员未出席。董事会表决之前,丁因意见与众人不合,中途退

席,但董事会经与会董事一致通过,最后仍作出决议。下列哪个选项是正确的?(　　)

A. 该决议有效,因其已由出席会议董事的过半数通过
B. 该决议无效,因丁退席使出席董事的同意票不足全体董事表决票的1/2
C. 该决议是否有效取决于公司股东会的最终意见
D. 该决议是否有效取决于公司监事会的审查意见

答案:B

四、上市公司

上市公司是指其股票在证券交易所上市交易的股份有限公司。《公司法》对上市公司组织机构存在如下特别规定:

(1) 上市公司在1年内购买、出售重大资产或者担保金额超过公司资产总额30%的,应当由股东大会作出决议,并经出席会议的股东所持表决权的2/3以上通过。

(2) 上市公司设立独立董事,具体办法由国务院规定。独立董事一般是指与其所受聘的上市公司及其主要股东不存在可能妨碍其进行独立客观判断的一切关系的特定董事。

(3) 上市公司设立董事会秘书,负责公司股东大会和董事会会议的筹备、文件保管以及公司股权管理,办理信息披露事务等事宜。

(4) 上市公司董事与董事会会议决议事项所涉及的企业有关联关系的,不得对该项决议行使表决权,也不得代理其他董事行使表决权。该董事会会议由过半数的无关联关系董事出席即可举行,董事会会议所作决议须经无关联关系董事过半数通过。出席董事会的无关联关系董事人数不足3人的,应将该事项提交上市公司股东大会审议。

关联关系是指公司控股股东、实际控制人、董事、监事、高级管理人员与其直接或者间接控制的企业之间的关系,以及可能导致公司利益转移的其他关系。但是,国家控股的企业之间不因为同受国家控股而具有关联关系。

第四节　公司董事、监事、高级管理人员的
资格和义务

一、公司董事、监事、高级管理人员的任职资格

《公司法》通过限制性条件规定了董事、监事、高级管理人员的任职资格。有下列情形之一的,不得担任公司的董事、监事、高级管理人员:

(1) 无民事行为能力或者限制民事行为能力;

(2) 因贪污、贿赂、侵占财产、挪用财产或者破坏社会主义市场经济秩序,被判处刑罚,执行期满未逾5年,或者因犯罪被剥夺政治权利,执行期满未逾5年;

(3) 担任破产清算的公司、企业的董事或者厂长、经理,对该公司、企业的破产负有个人责任的,自该公司、企业破产清算完结之日起未逾3年;

(4) 担任因违法被吊销营业执照、责令关闭的公司、企业的法定代表人,并负有个人

责任的,自该公司、企业被吊销营业执照之日起未逾3年;

(5) 个人所负数额较大的债务到期未清偿。

公司违反上述规定选举、委派董事、监事或者聘任高级管理人员的,该选举、委派或者聘任无效。董事、监事、高级管理人员在任职期间出现上述所列情形的,公司应当解除其职务。

二、董事、监事、高级管理人员的义务

董事、监事、高级管理人员应当遵守法律、行政法规和公司章程,对公司负有忠实义务和勤勉义务。董事、监事、高级管理人员不得利用职权收受贿赂或者其他非法收入,不得侵占公司的财产。

董事、高级管理人员不得有下列行为:

(1) 挪用公司资金;

(2) 将公司资金以其个人名义或者以其他个人名义开立账户存储;

(3) 违反公司章程的规定,未经股东会、股东大会或者董事会同意,将公司资金借贷给他人或者以公司财产为他人提供担保;

(4) 违反公司章程的规定或者未经股东会、股东大会同意,与本公司订立合同或者进行交易;

(5) 未经股东会或者股东大会同意,利用职务便利为自己或者他人谋取属于公司的商业机会,自营或者为他人经营与所任职公司同类的业务;

(6) 接受他人与公司交易的佣金归为己有;

(7) 擅自披露公司秘密;

(8) 违反对公司忠实义务的其他行为。

董事、高级管理人员违反上述规定所得的收入应当归公司所有。

公司为公司股东或者实际控制人提供担保的,必须经股东会或者股东大会决议。所涉股东或者受公司实际控制人支配的股东,不得参加规定事项的表决。该项表决由出席会议的其他股东所持表决权的过半数通过。

公司的控股股东、实际控制人、董事、监事、高级管理人员不得利用其关联关系损害公司利益。违反规定,给公司造成损失的,应当承担赔偿责任。

控股股东,是指其出资额占有限责任公司资本总额50%以上或者其持有的股份占股份有限公司股本总额50%以上的股东;出资额或者持有股份的比例虽然不足50%,但依其出资额或者持有的股份所享有的表决权已足以对股东会、股东大会的决议产生重大影响的股东。

实际控制人,是指虽不是公司的股东,但通过投资关系、协议或者其他安排,能够实际支配公司行为的人。

董事、监事、高级管理人员执行公司职务时违反法律、行政法规或者公司章程的规定,给公司造成损失的,应当承担赔偿责任。

董事、高级管理人员执行公司职务时违反法律、行政法规或者公司章程的规定,给公司造成损失的,有限责任公司的股东、股份有限公司连续180日以上单独或者合计持有公

司1%以上股份的股东,可以书面请求监事会或者不设监事会的有限责任公司的监事向人民法院提起诉讼;监事执行公司职务时违反法律、行政法规或者公司章程的规定,给公司造成损失的,前述股东可以书面请求董事会或者不设董事会的有限责任公司的执行董事向人民法院提起诉讼。

监事会、不设监事会的有限责任公司的监事,或者董事会、执行董事收到上述股东书面请求后拒绝提起诉讼,或者自收到请求之日起30日内未提起诉讼,或者情况紧急、不立即提起诉讼将会使公司利益受到难以弥补的损害的,有关股东有权为了公司的利益以自己的名义直接向人民法院提起诉讼。

股东会或者股东大会要求董事、监事、高级管理人员列席会议的,董事、监事、高级管理人员应当列席并接受股东的质询。董事、高级管理人员应当如实向监事会或者不设监事会的有限责任公司的监事提供有关情况和资料,不得妨碍监事会或者监事行使职权。

【随堂练习】

某股份有限公司股东大会在审议董事会人选时,有下列4人的任职资格受到股东质疑。其中哪些不属于《公司法》规定不得担任董事的情形?(　　)
  A. 张某,5年前因对一起重大工程事故负有责任,被判处有期徒刑1年
  B. 李某,两年前被任命为一家长期经营不善、负债累累的国有企业的厂长,上任仅3个月,该企业被宣告破产
  C. 陈某,曾独资开办一家工厂,1年前该厂因无力清偿大额债务而倒闭,债权人至今仍在追讨债务
  D. 刘某,66岁,曾任市政府副秘书长,现退休在家
  答案:ABD

第五节　公司合并、分立、增资、减资、解散和清算

一、公司合并与分立

1. 公司合并

公司合并,是指两个以上公司依法定程序组成一个公司的法律行为。公司合并可以采取吸收合并或者新设合并两种方式。一个公司吸收其他公司为吸收合并,被吸收的公司解散。两个以上公司合并设立一个新的公司为新设合并,合并各方解散。

公司合并应当由合并各方签订合并协议,并编制资产负债表及财产清单。公司应当自作出合并决议之日起10日内通知债权人,并于30日内在报纸上公告。债权人自接到通知书之日起30日内,未接到通知书的自公告之日起45日内,可以要求公司清偿债务或者提供相应的担保。

公司合并时,合并各方的债权、债务,应当由合并后存续的公司或者新设的公司承继。

2. 公司分立

公司分立是指一个公司根据有关法律的规定,依据一定的条件和程序分成两个或两

个以上的公司的法律行为。公司分立,其财产应作相应的分割。公司分立,应当编制资产负债表及财产清单。公司应当自作出分立决议之日起 10 日内通知债权人,并于 30 日内在报纸上公告。

公司分立前的债务由分立后的公司承担连带责任。但是,公司在分立前与债权人就债务清偿达成的书面协议另有约定的除外。

3. 设立登记、变更登记和注销登记

公司合并或者分立,登记事项发生变更的,应当依法向公司登记机关办理变更登记;公司解散的,应当依法办理公司注销登记;设立新公司的,应当依法办理公司设立登记。

【随堂练习】

甲公司欠乙公司货款 100 万元,欠丙公司货款 50 万元。2009 年 9 月,甲公司与丁公司达成意向,拟由丁公司兼并甲公司。乙公司原欠丁公司租金 80 万元。下列哪些表述是正确的?(　　)

A. 甲公司与丁公司合并后,两个公司的法人主体资格同时归于消灭
B. 甲公司与丁公司合并后,丁公司可以向乙公司主张债务抵销
C. 甲公司与丁公司合并时,丙公司可以要求甲公司或丁公司提供履行债务的担保
D. 甲公司与丁公司合并时,应当分别由甲公司与丁公司的董事会作出合并决议

答案:BC

二、公司增资与减资

1. 公司增资

有限责任公司增加注册资本时,股东认缴新增资本的出资,依照《公司法》设立有限责任公司缴纳出资的有关规定执行。股份有限公司为增加注册资本发行新股时,股东认购新股,依照《公司法》设立股份有限公司缴纳股款的有关规定执行。

2. 公司减资

公司需要减少注册资本时,必须编制资产负债表及财产清单。

公司应当自作出减少注册资本决议之日起 10 日内通知债权人,并于 30 日内在报纸上公告。债权人自接到通知书之日起 30 日内,未接到通知书的自公告之日起 45 日内,有权要求公司清偿债务或者提供相应的担保。

三、公司解散

公司有下列原因的,可以解散:

(1)公司章程规定的营业期限届满或者公司章程规定的其他解散事由出现;
(2)股东会或者股东大会决议解散;
(3)因公司合并或者分立需要解散;
(4)依法被吊销营业执照、责令关闭或者被撤销;
(5)公司经营管理发生严重困难,继续存续会使股东利益受到重大损失,通过其他途径不能解决的,人民法院经持有公司全部股东表决权 10% 以上的股东请求,可以解散公司。

四、公司清算

1. 清算组的组成

公司因上述第(1)项、第(2)项、第(4)项、第(5)项规定而解散的,应当在解散事由出现之日起15日内成立清算组,开始清算。有限责任公司的清算组由股东组成,股份有限公司的清算组由董事或者股东大会确定的人员组成。逾期不成立清算组进行清算的,债权人可以申请人民法院指定有关人员组成清算组进行清算。人民法院应当受理该申请,并及时组织清算组进行清算。

2. 清算组的职权

清算组在清算期间行使下列职权:
(1) 清理公司财产,分别编制资产负债表和财产清单;
(2) 通知、公告债权人;
(3) 处理与清算有关的公司未了结的业务;
(4) 清缴所欠税款以及清算过程中产生的税款;
(5) 清理债权、债务;
(6) 处理公司清偿债务后的剩余财产;
(7) 代表公司参与民事诉讼活动。

3. 清算组成员的义务

清算组成员应当忠于职守,依法履行清算义务。清算组成员不得利用职权收受贿赂或者其他非法收入,不得侵占公司财产。

清算组成员因故意或者重大过失给公司或者债权人造成损失的,应当承担赔偿责任。

4. 清算程序

清算组应当自成立之日起10日内通知债权人,并于60日内在报纸上公告。债权人应当自接到通知书之日起30日内,未接到通知书的自公告之日起45日内,向清算组申报其债权。债权人申报债权,应当说明债权的有关事项,并提供证明材料。清算组应当对债权进行登记。在申报债权期间,清算组不得对债权人进行清偿。

清算组在清理公司财产、编制资产负债表和财产清单后,应当制订清算方案,并报股东会、股东大会或者人民法院确认。

公司财产在分别支付清算费用、职工的工资、社会保险费用和法定补偿金,缴纳所欠税款,清偿公司债务后的剩余财产,有限责任公司按照股东的出资比例分配,股份有限公司按照股东持有的股份比例分配。清算期间,公司存续,但不得开展与清算无关的经营活动。公司财产在未按前款规定清偿前,不得分配给股东。

清算组在清理公司财产、编制资产负债表和财产清单后,发现公司财产不足清偿债务的,应当依法向人民法院申请宣告破产。

公司经人民法院裁定宣告破产后,清算组应当将清算事务移交给人民法院,依照有关企业破产的法律实施破产清算。

公司清算结束后,清算组应当制作清算报告,报股东会、股东大会或者人民法院确认,并报送公司登记机关,申请注销公司登记,公告公司终止。

【随堂练习】

某有限责任公司因章程规定营业期限届满而解散,成立了清算组。清算组在清算期间实施的下列行为哪些是错误的?(　　)

A. 为抵偿甲公司债务而承揽了甲公司的一项工程
B. 以清算组为原告起诉一债务人
C. 留足偿债资金后,将公司财产按比例分配给各股东
D. 从公司财产中优先支付清算费用

答案:AC

本章课后习题

大学毕业后,甲、乙、丙、丁、戊5位好友欲成立一家健身器材有限责任公司,注册资本为100万元,其中甲、乙各以货币30万元出资;丙以实物出资,经评估机构评估为10万元;丁以专利技术出资,作价25万元;戊以劳务出资,经全体出资人同意作价5万元。公司拟不设董事会,由甲担任执行董事;不设监事会,由丙担任公司的监事。

健身器材公司成立之后经营惨淡,已欠 A 银行到期贷款50万元。经股东会决议,决定把公司唯一盈利的器材工作室分出去,另成立具有独立法人资格的健身器材用品厂。后公司增资扩股,乙将其股份转让给某公司。1年之后,健身器材用品厂亦严重亏损,资不抵债,其中欠 B 公司货款达200万元。

问题:

(1) 健身器材公司组建过程中,各股东出资是否符合公司法的规定?
(2) 健身器材公司组织机构的设置是否符合公司法的规定?
(3) 健身器材公司设立健身器材用品厂在公司法上属于什么性质的行为?
(4) 乙在转让股份时应遵循股份转让的何种规则?
(5) A 银行如若起诉追讨公司所欠的50万元到期贷款,应以谁为被告?

即 测 即 练

第六章 破产法律制度

【案例导读】

某高尔夫公司系位于某市的建设、经营国际标准高尔夫球场、会所及相应的生活服务设施的企业。截至2013年底,某高尔夫公司资产总额为234 610 720.13元,负债总额为324 873 617.68元,净资产为-90 262 897.55元,已经严重资不抵债。囿于无力清偿到期债务,全部资产也无法清偿全部债务,经债权人申请,某市中级人民法院(以下简称"某中院")于2015年5月25日裁定受理某高尔夫公司重整案。2015年7月9日,经管理人的申请,某中院批准某高尔夫公司继续经营,同时批准某高尔夫球场管理服务有限公司、某高尔夫公司及管理人三方签订的《最高限额融资协议》,由某高尔夫球场管理服务有限公司垫资进行经营,所垫资金列为共益债务。2015年12月31日及2016年8月31日,债权人会议对重整计划草案进行了分组表决,除税务债权组及出资人组外,其他表决组均通过。按照重整计划草案,税务债权将获得全额清偿;而某高尔夫公司已严重资不抵债,股东权益为负值,新投资人出资而取得14.72%的股权,部分债权人通过债转股方式取得85.28%的股权,并未损害原出资人权益,对原出资人权益的调整符合公平、公正原则。鉴于重整计划草案及公开竞价方案制定的债务人的经营方案具有可行性,某中院于2016年9月21日裁定批准重整计划草案及公开竞价方案。2017年9月6日,重整计划执行完毕。

第一节 破产法概述

一、破产及其特征

法律意义上的破产,是指债务人不能清偿到期债务时,由法院通过法定程序,将债务人全部财产强制向全体债权人公平清偿并使债务人丧失其主体资格的事件。破产具有以下法律特征:

(1)破产是一种债务清理的法定方式。当出现债务人不能清偿到期债务的事实状态时,如何对债务人的财产进行公正的分配,满足债权人的清偿要求,一般的民事诉讼程序或者执行程序无法解决这些问题,必须由法律进行特别规定。

(2)破产必须以债务人不能清偿到期债务为前提。不能清偿到期债务是指债务的履行期限已届满,且债务人明显缺乏清偿债务的能力。当债务人停止清偿到期债务并呈连续状态,如无相反证据,也可推定为不能清偿到期债务。

（3）破产以公平清偿债权为宗旨。在破产的情况下，通常有多个债权人，并且债务人全部财产往往不能满足全部债权要求，这样，各债权人之间就存在债权受偿上的利益冲突。所以需要向全体债权人公平地清偿债务，以协调各债权人之间的利益冲突，使各债权人合理地共担损失和共享利益。

（4）破产是一种强制执行程序。一旦进入破产程序，则必须受法院的破产执行程序的支配。非经破产程序和法律的特别规定，任何人或者机构都不能处分或者执行债务人的财产。

二、破产法

破产法是指调整破产债权人和债务人、法院、管理人以及其他破产参加人相互之间在破产过程中所发生的社会关系的法律规范的总称。其主要包括破产程序规定、破产实体规范和罚则。破产法是破产制度的法律表现形式，是法院处理破产案件以及破产关系人行使权利的法律依据。

在我国，破产法主要是指全国人民代表大会常务委员会第二十三次会议于2006年8月27日通过，自2007年6月1日起实施的《中华人民共和国企业破产法》。根据该法规定，我国的破产主体为全部企业法人，包括国有企业、私营企业和外资企业，而不包括合伙企业、个人独资企业和自然人。

第二节　破产申请的提出和受理

一、破产界限

破产界限，又称破产原因，是指适用破产程序所依据的特定法律条件或法律事实，也就是受理破产案件的实质条件。我国对于破产界限的规定采取的是概括方式，对不同性质的主体，规定了不同的破产界限。根据《企业破产法》第2条的规定，企业法人可以进入破产的界限是："企业法人不能清偿到期债务，并且资产不足以清偿全部债务或者明显缺乏清偿能力的，依照本法规定清理债务。"

二、破产申请

破产申请是指破产申请人向法院请求受理破产案件、适用破产程序、宣告破产的意思表示。关于破产开始程序的立法有两种体例，即申请主义和职权主义。申请主义，即法院根据破产申请人的申请而开始破产程序，这体现了私法上"不告不理"的原则；职权主义，即法院在无破产申请的情况下根据其职权开始破产程序，这体现了公力救济主义特点。现代破产法大多以申请主义为原则，而以职权主义为例外。我国现行《企业破产法》采用申请主义。

破产申请人是与破产案件有利害关系、依法具有破产申请资格的民事主体。申请人应当提交破产申请书和有关证据。破产申请书应列明：①申请人、被申请人的基本情况；②申请目的；③申请的事实和理由；④人民法院认为应当载明的其他事项。在法院受理破产申请前,申请人可以请求撤回申请。

根据我国法律的规定,破产申请人可以是债权人,也可以是债务人本身。

(1) 债权人申请。申请破产的债权人,可以是法人、公民和具有诉讼主体资格的非法人组织。为解决申请人可能不了解债务人资产负债的情况,《企业破产法》对债权人启动破产程序仅规定了债务人不能清偿到期债务的要求。

(2) 债务人申请。债务人申请破产究竟是一种权利还是义务,取决于破产制度能否为债务人带来利益。现代破产制度摒弃了早期破产制度以债权人为中心的原则,兼顾债权人、债务人和社会三者的利益,进入破产程序有利于维护债务人利益,因而,申请破产对于债务人来说是一种权利,并且这种权利还具有处分实体权利的性质。

为便于法院审查和操作,《企业破产法》规定债务人提出破产申请的,除了向人民法院提交破产申请书和有关证据外,还应当提交:①财产状况说明;②债务清册;③债权清册;④有关财务会计报告;⑤职工安置预案;⑥职工工资的支付和社会保险费用的缴纳情况。

【随堂练习】

根据《企业破产法》的规定,向债务人所在地人民法院提出破产清算申请的当事人有( )。

A. 债务人　　　　B. 债权人　　　　C. 人民法院　　　　D. 人民检察院

答案:AB

三、破产案件的管辖和受理

1. 破产案件的管辖

我国现行破产法规对管辖权做了以下规定:

(1) 地域管辖。根据《企业破产法》第3条的规定,破产案件由债务人住所地人民法院管辖。

(2) 级别管辖。根据《最高人民法院关于审理企业破产案件若干问题的规定》,基层人民法院一般管辖县、县级市或者区的工商行政管理机关核准登记企业的破产案件;中级人民法院一般管辖地区、地级市(含本级)以上的工商行政管理机关核准登记企业的破产案件;纳入国家计划调整的企业破产案件,由中级人民法院管辖。

2. 破产案件的受理

破产案件的受理,又称为破产案件的立案,指法院在收到破产申请后,经审查认为符合法定的立案条件而裁定予以接受,并因此开始破产程序的司法行为。由于破产程序的开始具有一系列的法律效果,破产案件受理规则在破产法上意义重大。对于破产案件的受理,《企业破产法》围绕是否受理作出了相应的规定:

(1) 债务人异议权。《企业破产法》第10条规定,债权人提出破产申请的,人民法院应当自收到申请之日起5日内通知债务人。债务人对申请有异议的,应当自收到人民法院的通知之日起7日内向人民法院提出。

(2) 裁定受理期限。债权人提出破产申请而债务人有异议的,人民法院应当自异议期满之日起10日内裁定是否受理;除上述情形以外的情形,人民法院应当自收到破产申请之日起15日内裁定是否受理。有特殊情况需要延长前述两种期限的,经上一级人民法院批准,可以延长15日。

(3) 申请人对不受理破产申请裁定的上诉权。人民法院裁定不受理破产申请的,应当自裁定作出之日起5日内送达申请人并说明理由,申请人对裁定不服的,可以自裁定送达之日起10日内向上一级人民法院上诉。

3. 受理的法律效果

法院受理破产案件后,应通知已知债权人,并予以公告,从而开始形成债务人财产和破产费用,由此产生的法律效果有:

(1) 对债务人的约束。自破产案件受理之日起,债务人的有关人员,包括法定代表人或经法院决定的财务管理人员和其他经营管理人员,应当正当履行《企业破产法》规定的义务,包括:财产保管的义务,妥善保管其占有和管理的财产、印章和账簿、文书等资料;根据人民法院、管理人的要求进行工作,并如实回答询问;列席债权人会议并如实回答债权人的询问;未经人民法院许可,不得离开住所地;不得新任其他企业的董事、监事、高级管理人员。不得对个别债权人清偿债务;担任保证人的债务人应当及时转告有关当事人等。

(2) 对债权人的约束。法院受理破产申请后,债权人应向管理人申报债权,债权人在申报债权的同时亦应自动停止其个别追索行为,这是债权人参加破产程序行使权利的基础。这也意味着,债权人能通过破产程序行使权利。在破产申请受理时,未到期的债权视为到期;附利息的债权自破产申请受理时起停止计息。

(3) 对债务人的债务人或者财产持有人的约束。债务人的债务人或者财产持有人应当向管理人清偿债务或者交付财产。前述两类人员故意违反规定向债务人清偿债务或者交付财产,使债权人受到损失的,不免除其清偿债务或者交付财产的义务。

(4) 管理人的权利。人民法院裁定受理破产申请的,应当同时指定管理人。管理人对破产申请受理前成立而债务人和对方当事人均未履行完毕的合同有权决定解除或者继续履行,并通知对方当事人。管理人自破产申请受理之日起2个月内未通知对方当事人,或者自收到对方当事人催告之日起30日内未答复的,视为解除合同。管理人决定继续履行合同的,对方当事人应当履行,对方当事人有权要求管理人提供担保。管理人不提供担保的,视为解除合同。

(5) 对其他民事程序的影响。法院受理破产案件后,有关债务人财产的保全措施应当解除,执行程序应当中止。已经开始而尚未终结的有关债务人的民事诉讼或者仲裁应当中止;在管理人接管债务人的财产后,该诉讼或者仲裁继续进行。有关债务人的民事诉讼,只能向受理破产申请的人民法院提起。

【案例讨论】

A公司是国有企业,系在B省市场监督管理机关注册登记的公司,因经营不善,已经资不抵债,有意向人民法院申请破产。

问题:A公司如果申请破产,应由谁受理?

四、管理人

管理人是法院受理破产后,接管债务人财产并处理债务人经营管理和破产事务的个人或组织。个人担任管理人的,应当参加职业责任保险。管理人由法院指定,可以由有关部门、机构的人员组成的清算组或者依法设立的律师事务所、会计师事务所、破产清算事务所等社会中介机构担任。因故意犯罪受过刑事处罚、曾被吊销相关专业职业证书或与本案有利害关系等情形的不得担任管理人。

1. 管理人所受的监督

(1) 债权人会议。债权人认为管理人不能依法、公正执行职务或者有其他不能胜任职务情形的,可以申请人民法院予以更换。管理人应当列席债权人会议,向债权人会议报告职务执行情况,并回答询问。

(2) 人民法院。管理人依照企业破产法规定执行职务,向人民法院报告工作。管理人没有正当理由不得辞去职务,辞职应当经人民法院许可。

(3) 管理人还应接受债权人委员会的监督。

2. 管理人的职责

管理人应当勤勉尽责,忠实执行职务,其主要职责有:接管债务人的财产、印章和账簿、文书等资料;调查债务人财产状况,制作财产状况报告;决定债务人的内部管理事务;决定债务人的日常开支和其他必要开支;在第一次债权人会议召开之前,决定继续或者停止债务人的营业;管理和处分债务人的财产;代表债务人参加诉讼、仲裁或者其他法律程序;提议召开债权人会议;人民法院认为管理人应当履行的其他职责。

五、债务人财产

法院受理破产申请的时间是确定债务人财产的起始时间,债务人财产即为法院受理破产申请时属于债务人的全部财产,以及此后至破产程序终结前债务人取得的财产。

根据《企业破产法》的规定,债务人财产由以下几部分构成:

(1) 破产申请受理时属于债务人的全部财产,包括固定资产、流动资金、专项基金等,无论是通过国家财政拨款、企业积累、银行借款、追缴债务人的出资人未完全缴纳的出资,还是通过法律允许的其他方式形成的,均构成债务人财产。

债权人在破产申请受理前对债务人负有债务的,可以向管理人主张抵销,但以下三种情形不得抵销:①债务人的债务人在破产申请受理后取得他人对债务人的债权的。②债权人已知债务人有不能清偿到期债务或者破产申请的事实,对债务人负担债务的;但是,债权人因为法律规定或者有破产申请1年前所发生的原因而负担债务的除外。③债务人的债务人已知债务人有不能清偿到期债务或者破产申请的事实,对债务人取得债权的;但是,债务人的债务人因为法律规定或者有破产申请1年前所发生的原因而取得债权的除外。

(2) 债务人在破产申请受理后至破产程序终结前所取得的财产,是指在债务人的财务报表上作为债权或预期收益加以反映,但在破产申请受理时,债务人并未实际取得,而在破产程序终结前取得的财产。其包括因债务人的债务人清偿债务而取得的财产;因管理人决定继续履行债务人未履行的合同所得到的财产;由于债务人的无效行为或可撤销行为而由管理人追回的财产等。

根据《企业破产法》第 33 条的规定,涉及债务人财产的下列行为无效:为逃避债务而隐匿、转移财产的;虚构债务或者承认不真实的债务的。该法第 31 条则规定了,人民法院受理破产申请前 1 年内,管理人可请求法院撤销的涉及债务人财产的行为:①无偿转让财产的;②以明显不合理的价格进行交易的;③对没有财产担保的债务提供财产担保的;④对未到期的债务提前清偿的;⑤放弃债权的。人民法院受理破产申请前 6 个月,债务人有不能清偿到期债务,并且资产不足以清偿全部债务或者明显缺乏清偿能力的情形,对个别债权人进行清偿的,管理人也有权请求人民法院予以撤销,但个别清偿使债务人财产受益的除外。

(3) 担保物的价款超过担保债务数额部分的担保财产。债务人的财产中已作为担保物的财产不属于债务人财产;担保物的价款超过其所担保的债务数额的,超过部分仍属于债务人财产。

(4) 应当由债务人行使权利的其他财产权,包括应当由债务人行使的物权、债权、知识产权、证券权利、股东出资缴纳请求权、投资收益权,以及由债务人享有的、可以用财产价值衡量并可以变现为金钱利益的其他任何财产权利。

债务人的董事、监事等利用职权从企业获取的非正常收入和侵占的企业财产,应由管理人追回作为债务人财产。

六、破产费用和共益债务

1. 破产费用

破产费用是指人民法院受理破产申请后发生的费用,包括:

(1) 破产案件的诉讼费用;

(2) 管理、变价和分配债务人财产的费用;

(3) 管理人执行职务的费用、报酬和聘用工作人员的费用。

2. 共益债务

共益债务是指人民法院受理破产申请后发生的下列债务,包括:

(1) 因管理人或者债务人请求对方当事人履行双方均未履行完毕的合同所产生的债务;

(2) 债务人财产受无因管理所产生的债务;

(3) 因债务人不当得利所产生的债务;

(4) 为债务人继续营业而应支付的劳动报酬和社会保险费用以及由此产生的其他债务;

(5) 管理人或者相关人员执行职务致人损害所产生的债务;

(6) 债务人财产致人损害所产生的债务。

【案例讨论】

2017 年 9 月 2 日,人民法院裁定受理债务人甲公司的破产申请,并指定 A 律师事务所担任破产管理人。在 12 月 10 日召开的第一次债权人会议上,管理人在汇报有关情况时提及:人民法院的诉讼费用 30 万元,管理人报酬 20 万元,为继续营业而支付的职工工资及社会保险费用40万元。

问题：上述哪些属于破产费用？哪些属于共益债务？

七、债权申报

人民法院受理破产申请后，应当确定债权人申报债权的期限，申报期限自人民法院发布受理破产申请公告之日起计算，最短不少于30日，最长不超过3个月。在债权申报期限内，债权人应向管理人申报债权，未申报债权的，可以在破产财产最后分配前补充申报；但已经进行的分配，不再对其补充分配。连带债权人可以由其中一人代表全体连带债权人申报债权，也可以共同申报债权。

可以申报的债权类型有：

（1）附条件、附期限的债权和诉讼、仲裁未决的债权。

（2）保证人承担保证义务对债务人形成的债权。债务人的保证人或者其他连带债务人已经代替债务人清偿的，以其对债务人的求偿权申报债权。

（3）保证人因承担保证义务对债务人形成的将来债权。债务人的保证人或者其他连带债务人尚未代替债务人清偿债务的，以其对债务人的将来求偿权申报债权。但是，债权人已经向管理人申报全部债权的除外。

（4）解约损害赔偿请求权。管理人或者债务人依照破产法规定解除合同的，对方当事人以因合同解除所产生的损害赔偿请求权申报债权。

（5）债务人的受托人处理委托事务形成的债权。债务人是委托合同的委托人，被裁定适用破产法规定的程序，受托人不知该事实，继续处理委托事务的，受托人以由此产生的请求权申报债权。

（6）付款人对债务人所出的票据付款或承兑而形成的债权。

不必申报的债权类型有：债务人所欠职工的工资和医疗、伤残补助、抚恤费用，所欠的应当划入职工个人账户的基本养老保险、基本医疗保险费用，以及法律、行政法规规定应当支付给职工的补偿金。

【随堂练习】

某实业有限公司因不能清偿到期债务而申请破产救济，各债权人纷纷向清算组申报债权。下列哪些选项属于破产债权？（　　）

A. 甲公司要求收回其租赁给某实业有限公司的一套设备

B. 乙银行因派员参与破产程序花去的差旅费5万元

C. 丙银行贷给某实业有限公司的50万元贷款，但尚未到还款期

D. 丁银行行使抵押权后债权已被全部清偿

答案：C

【案例讨论】

A公司因不能清偿到期债务，被债权人B公司申请破产，人民法院指定甲律师事务所为管理人。经查明：

(1) A公司因从事非法营业,市公安局对其罚款1万元,限7日内缴纳。

(2) A公司还有一批购买的正在运输途中的但尚未付清货款的货物。

(3) A公司与某旅行社签订的合同,因公司被宣告破产而终止,旅行社要求赔偿由此造成的损失18 000元。

问题:上述事项中哪些是可申报的破产债权?

第三节 债权人会议和债权人委员会

一、债权人会议

1. 债权人会议的概念

债权人会议是依法申报债权的债权人参加破产程序并集体行使权利的决议机构。它是在破产财产处理过程中,集中体现全体债权人意志的一种临时性的组织形式,也是在人民法院的监督下讨论决定破产事宜的最高决策机构。债务人的财产无法满足所有债权人的清偿请求时,各个债权人之间不可避免地存在利益冲突,债权人会议制度就是为了化解债权人之间的矛盾和增进彼此合作,以保证破产程序的公平、公正和高效。

2. 债权人会议的组成

债权人会议由依法申报债权的债权人组成。不论债权人享有的债权属于何种性质,数额多寡,均为债权人会议成员。其成员分为两类:

(1) 有表决权的成员,包括无财产担保的普通债权人、放弃了优先受偿权利的有财产担保的债权人、有优先受偿的权利但优先权的行使未能就担保物获得足额清偿的债权人、代替债务人清偿了债务的保证人等。

(2) 无表决权的成员,根据《企业破产法》的规定,无表决权的债权人包括:债权尚未确定的债权人,除人民法院能够为其行使表决权而临时确定债权额的外,不得行使表决权;对债务人的特定财产享有担保的债权人,未放弃优先受偿权利的,不享有表决通过和解协议和通过破产财产的分配方案的权利。

3. 债权人会议的召开

破产程序开始后,根据破产法的规定应当召开债权人会议。召开债权人会议分为两种情况:一是法律规定必须召开的债权人会议,如第一次债权人会议;二是在必要时召开的债权人会议,如管理人提议时召开的债权人会议。

第一次债权人会议由人民法院召集,自债权申报期限届满之日起15日内召开。除第一次债权人会议外,其他的债权人会议只在破产程序进行中必要时召开。根据《企业破产法》的规定,应当召开债权人会议的情形:一为法院认为必要时;二为管理人、债权人委员会、占债权总额1/4以上的债权人向债权人会议主席提议时。值得注意的是,这里不是指债权人人数总和的1/4以上,而是指代表债权总额1/4以上数额的债权人。

4. 债权人会议的职权

根据《企业破产法》的规定,债权人会议在法定议事范围内讨论决定事务的权限主要为:

(1) 核查债权。确认债权有无财产担保及其数额,这是债权人会议的首要职权。债权人会议对债权存有疑问或异议时,可以向申报人提出询问,由债权人会议最终加以定夺。

(2) 监督权。《企业破产法》授予了债权人会议对管理人和债权人委员会成员的监督权,主要包括:申请人民法院更换管理人,审查管理人的费用和报酬,监督管理人,选任和更换债权人委员会成员。

(3) 通过和解协议。和解协议通常是因优先权人作出让步而达成的,因此应当通过债权人的集体行为来实现,所以对于和解协议草案,不得以债权人的私下意思表示或人民法院的决定来代替债权人会议的决定。

(4) 决定债务人营业并通过债务人财产的管理方案。《企业破产法》规定了债权人会议有权决定债务人是继续营业还是停止营业,并授予了债权人会议通过债务人财产的管理方案的权利。

(5) 通过破产财产的变价和分配方案。《企业破产法》区分了债务人财产和破产财产,债务人财产只有在债务人被宣告破产后才成为破产财产。破产财产变价方案是管理人对破产财产作出清理、变卖等处分行为的具体方法。破产财产分配方案是对破产财产依照法定清偿顺序进行分配的具体办法。管理人应当及时拟订破产财产变价和分配方案,提交债权人会议讨论通过,债权人会议通过破产财产分配方案后,由管理人将该方案提请人民法院裁定认可,后由管理人执行。

(6) 通过重整计划。根据《企业破产法》的规定,债务人或者管理人应当自人民法院裁定债务人重整之日起6个月内,同时向人民法院和债权人会议提交重整计划草案。债权人会议中不同债权的各表决组均通过重整计划草案时,重整计划即通过。表决组按照下列债权分类:对债务人的特定财产享有担保权的债权;债务人所欠职工的工资和医疗、伤残补助、抚恤费用,所欠的应当划入职工个人账户的基本养老保险、基本医疗保险费用,以及法律、行政法规规定应当支付给职工的补偿金;债务人所欠税款;普通债权。

5. 债权人会议的决议

(1) 债权人会议决议规则。合法有效的债权人会议决议应具备两个要件:第一,决议的内容以债权人会议的职权范围为限;第二,决议必须达到一定数量的票额才能获得通过。一般性的决议,应当由过半数的出席会议的有表决权的债权人通过,并且其所代表债权额,必须占无财产担保债权总额的1/2以上,即同时满足"人数"和"债权额"过半数。这样,既可以照顾有表决权的多数债权人的利益,又可以保护那些债权数额较大的债权人的利益。而涉及全体债权人重大利益的事项,如通过和解协议草案的决议,不仅要求"人数"过半数,还要求他们所代表的债权总额占无财产担保债权数额的2/3以上。

(2) 可由人民法院裁定的决议事项。两种情形下人民法院可对决议事项作出裁定:一是债务人财产的管理方案或破产财产的变价方案,债权人会议若未表决通过,可由人民法院裁定;二是债权人会议二次表决仍未通过破产财产的分配方案的,也由人民法院裁定。债权人若对第一种情形的裁定不服的,或债权额占无财产担保债权总额1/2以上的债权人对第二种情形的裁定不服的,可以自裁定宣布之日或者收到通知之日起15日内向该人民法院申请复议。复议期间不停止裁定的执行。

(3) 债权人会议决议的约束力。债权人会议一旦形成决议,全体债权人都必须遵守。

不管是否出席债权人会议,或是否同意债权人会议的决议。

如果债权人认为债权人会议决议违反法律规定、损害其利益的,可以自债权人会议作出决议之日起 15 日内,请求人民法院裁定撤销该决议。

【随堂练习】

债权人会议是以召集方式活动的机构。关于第一次债权人会议的召集表述正确的是(　　)。

A. 由人民法院召集　　　　　　　B. 由债权人委员会召集
C. 由管理人召集　　　　　　　　D. 由债务人召集

答案:A

二、债权人委员会

根据《企业破产法》的规定,债权人会议可以决定设立债权人委员会。债权人委员会由债权人会议选任的债权人代表和 1 名债务人的职工代表或者工会代表组成。债权人委员会成员不得超过 9 人。债权人委员会成员应当经人民法院书面决定认可。债权人委员会主要发挥监督职能,行使下列职权:

(1) 监督债务人财产的管理和处分;

(2) 监督破产财产分配;

(3) 提议召开债权人会议;

(4) 债权人会议委托的其他职权。

【随堂练习】

关于债权人委员会,下列选项说法不正确的是(　　)。

A. 债权人会议可以决定设立债权人委员会
B. 债权人会议应当设立债权人委员会
C. 债权人委员会成员应当经人民法院书面认可
D. 债权人委员会由债权人会议选定的债权人代表和 1 名债务人的职工代表或者工会代表组成

答案:B

第四节　重整与和解

一、重整

1. 重整的概念

重整是指不对无偿付能力债务人的财产立即进行清算,而是在法院的主持下由债务人与债权人达成协议,制订重整计划,规定在一定的期限内,债务人按一定的方式全部或部分地清偿债务,同时债务人可以继续经营其业务的制度。作为一种再建型的债务清偿程序,在促进债务人复兴的立法目的指导下构建的重整制度,是一个国际化的潮流,它使得破产法不仅仅是一部市场退出法、死亡法、淘汰法,还是一部企业更生法、恢复生机法、拯救法。在提出破产申请后,陷入困境的企业依然有可能通过有效的重整避免破产。

2. 重整申请和重整期间

重整申请有三种情形:一是债务人直接向人民法院提出申请;二是债权人直接向人民法院提出申请;三是债权人申请对债务人进行破产清算,在人民法院受理破产申请后、宣告破产前,债务人或者出资额占债务人注册资本1/10以上的出资人,可以向人民法院申请重整。自人民法院裁定债务人重整之日起至重整程序终止,为重整期间。

3. 重整计划

(1) 重整计划草案的制定。谁管理、经营债务便由谁提交重整计划草案。债务人或者管理人应当自人民法院裁定债务人重整之日起6个月内,同时向人民法院和债权人会议提交重整计划草案。重整计划草案应当包括的内容有:①债务人的经营方案;②债权分类;③债权调整方案;④债权受偿方案;⑤重整计划的执行期限;⑥重整计划执行的监督期限;⑦有利于债务人重整的其他方案。

(2) 重整计划草案的通过。人民法院应当自收到重整计划草案之日起30日内召开债权人会议,对重整计划草案进行表决。债权人按不同的优先权进行分组,各组分别对草案进行表决,出席会议的同一表决组的债权人过半数同意重整计划草案,并且其所代表的债权额占该组债权人无财产担保债权总额的2/3以上的,即为该组通过重整计划草案。

各表决组均通过重整计划草案时,重整计划即为通过。部分表决组未通过重整计划草案的,债务人或者管理人可以同未通过重整计划草案的表决组协商。该表决组可以在协商后再表决一次。双方协商的结果不得损害其他表决组的利益。未通过重整计划草案的表决组拒绝再次表决或者再次表决仍未通过重整计划草案,在符合法律规定的条件下,债务人或者管理人可以申请人民法院批准重整计划草案。

(3) 批准重整计划。自重整计划通过之日起10日内,债务人或者管理人应当向人民法院提出批准重整计划的申请。人民法院经审查认为符合企业破产法规定的,应当自收到申请之日起30日内裁定批准,终止重整程序,并予以公告。

重整计划草案未获得通过,且也未获得人民法院批准,或者已通过的重整计划未获得批准的,人民法院应当裁定终止重整程序,并宣告债务人破产。

(4) 重整计划的效力。经人民法院裁定批准的重整计划,对债务人和全体债权人均有约束力。重整计划排除了未按法律规定申报债权的债权人在该计划执行期间主张权利的效力,在重整计划执行完毕后,此类债权人可以按照重整计划规定的同类债权的清偿条件行使权利。

(5) 重整计划的执行。重整计划由债务人负责执行。在重整计划规定的监督期内,管理人监督重整计划的执行。债务人不能执行或者不执行重整计划的,人民法院经管理人或者利害关系人请求,应当裁定终止重整计划的执行,并宣告债务人破产。

【随堂练习】

债权人会议讨论重整计划草案时,应当如何表决?(　　)

A. 由全体出席债权人会议的1/2以上债权人表决通过即为通过

B. 由代表全部债权额2/3以上份额的债权人表决通过即为通过

C. 由各债权人根据债权种类分组表决

D. 由各债权人自由分组后进行表决

答案:C

二、和解

1. 和解的概念

和解是指债务人不能清偿到期债务,但仍有挽救希望,为了免其破产,由债务人和债权人相互间达成解决债务问题的一揽子谅解协议,并经人民法院裁定认可的法律程序。和解制度成本较小,有利于社会经济秩序的稳定。

2. 和解的程序

(1) 申请和解。债务人可以依照破产法规定,直接向人民法院申请和解;也可以在人民法院受理破产申请后、宣告债务人破产前,向人民法院申请和解。债务人申请和解,应当提出和解协议草案。

(2) 法院裁定和解。人民法院审查后认为和解申请符合法律规定的,应当裁定和解,予以公告,并由债权人会议讨论和解协议草案。

(3) 通过和解协议。债权人会议通过和解协议的决议,由出席会议的有表决权的债权人过半数同意,并且其所代表的债权额占无财产担保债权总额的2/3以上。债权人会议通过和解协议的,由人民法院裁定认可,终止和解程序,并予以公告。

和解协议草案经债权人会议表决未获得通过,或者已经债权人会议通过的和解协议未获得人民法院认可的,人民法院应当裁定终止和解程序,并宣告债务人破产。此外,《企业破产法》还规定了破产程序中的和解:人民法院受理破产申请后,债务人与全体债权人就债权债务的处理自行达成协议的,可以请求人民法院裁定认可,并终结破产程序。

3. 和解协议

和解协议是债务人与债权人双方就债务的延期、分期偿付或免除而成立的合同。它作为一种特殊合同,特征主要有:①和解协议的当事人是债务人和全体债权人。和解债权人是指人民法院受理破产申请时对债务人享有无财产担保债权的人。②和解协议的内容主要有:清偿债务的财产来源;清偿债务的办法;清偿债务的期限等。③和解协议的生效以法院裁定认可为要件。因债务人的欺诈或者其他违法行为而成立的和解协议,人民法院应当裁定无效,并宣告债务人破产。法院对和解协议只能在认可与不认可之间择一裁定,而无权裁定修改其内容。

4. 和解的效力

和解的效力,是和解协议生效所产生的法律后果,主要有以下几个方面:

(1) 中止破产程序。中止的起始时间与和解协议的生效时间一致，即法院公告之日。

(2) 解除对债务人的破产保全。破产保全解除后，作为原保全标的的财产可继续为债务人占用和正常处分。

(3) 变更债权债务关系。和解生效后，原有债权债务关系变更为和解债权债务关系，即原有债权债务按和解协议重新确定，当事人双方均只能按和解协议的规定索偿和清偿。

(4) 对未申报债权的和解债权人的效力。和解协议执行期间，未申报债权的和解债权人不得行使权利；在和解协议执行完毕后，可以按照和解协议规定的清偿条件行使权利。

5. 和解的终结

(1) 和解协议执行完毕后的终结。债务人严格按照和解协议条件清偿债务，则协议执行完毕也意味着和解的当然终结。按照和解协议减免的债务，自和解协议执行完毕时起，债务人不再承担清偿责任。

(2) 和解协议未执行完毕的终结。债务人不能执行或者不执行和解协议的，人民法院经和解债权人请求，应当裁定终止和解协议的执行，并宣告债务人破产。和解债权人因执行和解协议所受的清偿仍然有效，和解债权未受清偿的部分作为破产债权。

第五节 破产清算

破产清算主要包括破产宣告、破产财产的变价和分配、破产程序的终结三个阶段。

一、破产宣告

1. 破产宣告的概念及特征

破产宣告，是人民法院对债务人不能清偿到期债务的事实作出的法律上的认定。根据《企业破产法》的规定，有下列情形之一的，由人民法院裁定宣告企业破产：

(1) 债务人在重整期间因法定事由，被人民法院裁定终止重整程序；

(2) 债务人或管理人未按期提出重整计划草案，被人民法院裁定终止重整程序；

(3) 重整计划草案未获通过且未被批准，或者重整计划已通过但未被批准，被人民法院裁定终止重整程序；

(4) 债务人不能执行或不执行重整计划的，经管理人或利害关系人请求，人民法院裁定终止重整计划的执行；

(5) 债务人不能清偿债务且与债权人达成和解协议的；

(6) 和解协议草案经债权人会议表决未获通过，或者已获通过但未获得人民法院认可的，被人民法院裁定终止和解程序；

(7) 因债务人的欺诈或其他违法行为而成立的和解协议，被人民法院裁定无效；

(8) 债务人不执行或者不能执行和解协议的。

破产宣告是一项司法行为，产生一系列法律效果，它标志着企业破产程序进入实质性阶段，是整个破产程序中最重要的阶段和环节。破产宣告的裁定一旦作出，破产企业应当立即停止生产经营活动，进入破产清算程序。

破产宣告具有以下基本特征：

(1) 破产宣告的适用对象是不能清偿到期债务的债务人。对于一般的债务人，能够清偿债务而拒不清偿的，可通过民事诉讼和执行程序强制其清偿债务，不能宣告债务人破产。

(2) 破产宣告的机关是人民法院。破产宣告对债权人和债务人的利益有着重大影响，且具有不可逆转的性质。破产宣告是人民法院行使破产案件专属管辖权的具体形态，人民法院以外的国家行政机关或者其他任何机构，都没有权力对债务人不能清偿债务作出具有法律意义的判定。

(3) 破产宣告是破产清算开始的标志。唯有债务人经人民法院确认被宣告破产，才能开始破产清算，对债务人所有的财产进行处分。

2. 破产宣告的法律效力

破产宣告的法律效力，是指破产宣告对被宣告破产的债务人、债权人等所产生的法律后果。其主要有以下几个方面：对债务人而言，债务人被宣告破产后，债务人称为破产人；在破产清算期间，破产人只能从事清算范围内的活动，即清算未了事务的活动以及为清算所必需的一些经营活动；这些经营活动不是由破产人的原机关而是由管理人实施；债务人财产成为破产财产，破产财产在归属、用途和处置方法上都服从于实现财产清算的目的。

二、破产财产的变价和分配

1. 破产财产

破产财产，是指破产宣告时至破产程序终结期间，归管理人占有、支配并用于破产分配的破产人的全部财产的总和。它作为破产宣告后继续进行破产程序的财产基础而存在，决定着破产债权的受偿程度和破产关系中有关主体的利益分配。破产宣告后，债务人财产转为破产财产。

2. 变价

(1) 拟订变价方案。管理人应当及时拟订破产财产变价方案，提交债权人会议讨论通过；债权人会议表决未通过的，由人民法院裁定。

(2) 变价出售破产财产。管理人应当根据债权人会议通过或人民法院裁定的破产财产变价方案，适时变价出售破产财产。除非债权人会议另有决议，变价出售破产财产应当通过拍卖进行。

(3) 变价出售方法。破产企业可以全部或者部分变价出售。企业变价出售时，可以将其中的无形资产和其他财产单独变价出售。按照国家规定不能拍卖或者限制转让的财产，应当按照国家规定的方式处理。

3. 分配

除非债权人会议另有决议，破产财产的分配应当以货币分配方式进行。

(1) 财产分配顺序。破产财产在优先清偿破产费用和共益债务后，依照下列顺序清偿：①破产人所欠职工的工资和医疗、伤残补助、抚恤费用，所欠的应当划入职工个人账户的基本养老保险、基本医疗保险费用，以及法律、行政法规规定应当支付给职工的补偿金。②破产人欠缴的除前项规定以外的社会保险费用和破产人所欠税款。③普通破产债权。破产财产不足以清偿同一顺序的清偿要求的,按照比例分配。破产企业的董事、监事和高级管理人员的工资按照该企业职工的平均工资计算。

(2) 分配过程。管理人拟订破产财产分配方案,提交债权人会议讨论;债权人会议通过该方案后,由管理人将该方案提请人民法院裁定认可;人民法院认可后,由管理人执行。

(3) 分配过程中的公告。管理人按照破产财产分配方案实施多次分配的,应当公告本次分配的财产额和债权额。管理人实施最后分配的,应当在公告中指明。

(4) 分配过程中的提存。在以下三种情况下应提存:①对于附生效条件或者解除条件的债权,管理人应当将其分配额提存;②债权人未受领的破产财产分配额,管理人应当提存;③破产财产分配时,对于诉讼或者仲裁未决的债权,管理人应当将其分配额提存。

(5) 追加分配。因债务人财产不足以支付破产费用,或破产人无财产可供分配,或破产财产分配完毕后,有下列情形之一的,债权人可以请求人民法院按照破产财产分配方案进行追加分配:①发现依照法律有涉及债务人财产可撤销或无效的规定应当追回的财产的;②发现破产人有应当供分配的其他财产的。

当然,如果追回的财产数量不足以支付分配费用的,则不再进行追加分配,由人民法院将其上交国库。

【随堂练习】

某建筑公司因严重资不抵债向人民法院申请破产救济。关于该案破产财产范围和清偿顺序等,下列说法正确的是(　　)。

A. 该公司所欠民工工资应当列入破产费用先行清偿
B. 该公司租用甲公司的一套建筑设备不能列入破产财产
C. 该公司的一批脚手架已抵押给某银行,该批脚手架不能列入破产财产
D. 该公司员工对该公司的投资款只能作为普通债权受偿

答案:B

三、破产程序的终结

破产程序的终结发生于以下三种情形:

(1) 破产人脱离破产困境。其主要有:①第三人为债务人提供足额担保或者为债务人清偿全部到期债务的;②债务人已清偿全部到期债务的。

(2) 财产不够分配。在债务人财产不足以支付破产费用或者破产人无财产可分配的情况下,管理人应当请求人民法院裁定终结破产程序。

(3) 管理人在最后分配完结后,应当及时向人民法院提交破产财产分配报告,并提请人民法院裁定终结破产程序。

破产程序的终结应当由人民法院作出裁定,并予以公告。

管理人应当自破产程序终结之日起 10 日内,持人民法院终结破产程序的裁定,向破

产人的原登记机关办理注销登记。管理人于办理注销登记完毕的次日终止执行职务。但存在诉讼或者仲裁未决情况的除外。

四、取回权、别除权、抵销权、追回权

(1) 取回权。《企业破产法》第38条规定:"人民法院受理破产申请后,债务人占有的不属于债务人的财产,该财产的权利人可以通过管理人取回。但是,本法另有规定的除外。"在人民法院受理破产申请后,由管理人占有管理的财产中,混杂的本属其他人的财产,如企业借用、租用的属于他人的财产,所有人可依法通过破产管理人取回,这种权利便是取回权。

(2) 别除权,即优先受偿权。别除权是指不依破产程序而能从破产企业的特定财产得到单独优先受偿的权利。根据《企业破产法》第109条的规定,对破产人的特定财产享有担保权的权利人,对该特定财产享有优先受偿的权利。别除权表明了担保物权优于债权的一般原理,有以下法律特征:①别除权以担保权为基础权利;②别除权以实现债权为目的;③别除权以破产人的特定财产为标的物;④别除权的行使不参加集体清偿程序;⑤别除权的标的不列入破产财产。

(3) 抵销权。根据《企业破产法》的规定,债权人在破产申请受理前对债务人负有债务的,可以不论债的种类和到期时间,在清算分配前以破产债权向管理人主张抵销其所负债务的权利。当破产企业的债权人恰恰又是破产企业的债务人时,双方的债务可以相互抵销。行使抵销权的主张由债务人的债权人向管理人提出。

(4) 追回权。追回权是指对于债务人或破产人在破产宣告前一定期间内所为的有害于债权人的行为进行否认,使其归于无效,并将无效或被撤销的行为处分的财产追回,并入破产财产的权利。法律关于追回权的规定是为了否认与破产制度相违背的行为,保障债权人的利益。

本章课后习题

A公司是国有企业,因经营不善已经资不抵债,有意向人民法院申请破产,并聘请律师代理破产中的法律事务。律师代理案件后,掌握如下情况:

(1) A公司是B省市场监督管理局注册登记的公司。

(2) A公司欠当地工商银行贷款2200万元,贷款时曾提供一套进口生产流水线做抵押,该套设备现值1500万元。

(3) A公司曾为甲公司向当地建设银行一笔500万元的贷款作为保证人,现甲公司未偿还该笔贷款。

(4) A公司欠C公司货款120万元,C公司欠A公司100万元。

问题:

(1) A公司申请破产应由谁受理?

(2) 工商银行2200万元的贷款应如何处理?

（3）建设银行能否参加破产程序和申报破产债权？为什么？
（4）A公司和C公司的债务关系应如何处理？

即 测 即 练

第七章 保险法律制度

【案例导读】

高某为自己向保险公司投保了重大疾病险,保险公司予以承保,高某交纳了保险费,保险公司签发了保险单,双方保险合同成立。高某在保险期限内患病,经三家医院诊断,一致认为其患有急性心肌梗死。高某心想自己刚好有保险,算是不幸中的万幸,随即向保险公司提出理赔,要求保险公司给付保险金。保险公司明确答复:拒绝给付。保险公司认为高某虽患心肌梗死,但其病不符合其保险条款中关于"心肌梗死应同时具备的3项医学指标"的要求,故根据合同规定,如不能同时具备上述3项医学指标,保险公司应当免除赔付的责任。通过法医鉴定得出了不利于高某的结论:她所患的心肌梗死确有一项不符合保险条款规定的指标。高某却认为,在订立合同时保险公司并未对"心肌梗死应同时具备的3项医学指标"规定作出说明,自己并不知道3项指标的医学含义,因此该项条款无效。特别是该份保险单在字面上没有对保险公司的免责条款作出着重说明,未做清楚的交代。保险公司辩解称,订立合同时,本公司已将免责条款对投保人进行了口头说明,该免责条款是有效的。高某向人民法院提起诉讼,人民法院判决支持了高某的诉讼请求。

第一节 保险法概述

一、保险的概念及特征

1. 保险的概念

"保险"一词源自西方国家的舶来品。在经济学意义上,保险是指面临同样危险的众多的社会单位或个人,集中一定的资产建立保险基金,以此对因该事故的发生而造成的特定社会单位和个人的经济损失予以补偿的经营性活动。而在法律意义上,保险则是指投保人与保险人之间建立的一种合同关系。根据《保险法》的规定,保险是指投保人根据合同约定,向保险人支付保险费,保险人对于合同约定的可能发生的事故因其发生所造成的财产损失承担赔偿保险金责任,或者当被保险人死亡、伤残、疾病或者达到合同约定的年龄、期限等条件时承担给付保险金责任的商业保险行为。

理解《保险法》所规定的"保险"概念,应该注意三个方面:①保险是发生在保险人与投保人、被保险人或受益人之间的权利义务关系;②保险的适用范围涵盖人身保险和财产保险两大类,前者是以被保险人的寿命或身体作为保险标的的保险关系,后者则是以财产及其有关利益作为保险标的的保险关系;③《保险法》规定的保险仅限于商业保险,也即社会保险不属于《保险法》的规范调整范围。

2. 保险的特征

根据《保险法》的规定,保险作为一项社会经济制度具有如下法律特征:

(1)保险是以约定的危险作为对象的。正因为社会生活中存在相应的危险,才产生了用于处置这些危险的保险制度。也可以说,保险正是针对危险而建立的一种经济和法律制度,离开了危险,保险就失去了存在的价值。

(2)保险是以危险的集中和转移作为运行机制的。就保险人的角度来说,保险的本质是将社会中大量存在的、分散的、每个社会单位或个人所面临的危险集中到保险人处,由其作为机构对集中到名下的这些危险实施专业化的管理和处置。就投保人和被保险人的角度来看,保险则是将本应由其独立承受的危险转移给别人,并通过保险人的经营行为转移给全体投保人,由大家来分担危险后果。

(3)保险是以科学的数理计算为依据的。保险人经营保险业务并不是盲目地蛮干,也不能仅凭主观臆断,而必须以科学的数理计算为依据。具体来说,保险人经营的保险业务需要运用概率理论和大数法则,对个别危险事故发生的频次进行总结,发现其规律,并将其掌握的这种客观规律作为确定保险业务的科学依据。

3. 保险的分类

根据不同的标准可以将保险分成不同的类型。依保险标的的不同,可以将保险分为人身保险与财产保险;依保险人承担责任的次序不同,可以将保险分为原保险与再保险;依保险实施方式的不同,可以将保险分为自愿保险和强制保险;依同一保险利益所投保的次数不同,可以将保险分为单保险和重复保险。

二、保险法

保险法是以保险为规范对象的一切法律规范的总称,包括保险公法和保险私法。广义的保险法,包括保险业法、保险契约法、保险特别法。狭义的保险法一般指保险契约法。

我国于1995年6月30日通过《保险法》,并于2002年、2009年、2014年和2015年进行了四次修改,现行《保险法》于2015年4月24日起施行,共8章185条,包括总则、保险合同、保险公司、保险经营规则、保险代理人和保险经纪人、保险业监督管理、法律责任和附则。就内容来看,其包括了保险契约法和保险业法。

三、保险法的基本原则

保险法的基本原则是各方当事人在进行保险活动时必须遵循的基本准则。《保险法》的基本原则有四个。

1. 最大诚信原则

最大诚信原则是诚实信用原则在保险法中的延伸和升华,其内容可以表述为:保险合同的各方当事人在签订保险合同时都必须最大限度地按照诚实信用的精神,将个人的有关事实告知对方,如实陈述,不得不予告知、隐瞒、谎报或诈欺;同时,在保险合同生效后各方当事人应当按照信用的精神,认真行使各自的权利和履行各自的义务;不论哪一方当事人违反最大诚信原则,另一方当事人都有权依法解除保险合同。《保险法》第5条规定,保险活动当事人行使权利、履行义务应当遵循诚实信用原则。

《保险法》中的最大诚信原则,包括如实告知、保证、禁止反言三项内容。如实告知是投保人在订立保险合同时应当将与保险标的有关的重要事项如实告知保险人。《保险法》第16条全面规定了投保人承担的如实告知义务,第17条规定了保险人的条款说明义务。保证是保险人和投保人在保险合同中约定投保人担保对某一事项作为或不作为,或担保某一事项的真实性,比如,海上保险合同的投保人承诺投保船舶不超越规定航区的"适航保证"。禁止反言,是保险人对于自己已经放弃的权利,将来不得反悔从而再向投保人主张。比如,投保人在投保时填写的"健康通知书"告知患有高血压病,但保险人因为疏忽而未严格审查便按照一般条件予以承保并签发了保险单。这就意味着保险人放弃了其在签约过程中享有的加费承保或拒绝承保的权利,基于禁止反言规则,保险人不得在保险事故发生时主张增加保险费或保险合同无效。

2. 保险利益原则

保险利益是投保人或者被保险人对保险标的具有的法律上承认的利益。投保人对保险标的具有保险利益,是保险合同成立和生效的条件,只有对保险标的有保险利益的人才具有投保人的资格,否则保险合同无效。各国保险法普遍将保险利益原则作为保险合同订立和履行的依据。《保险法》第12条有关投保人或者被保险人应当对保险标的具有保险利益的规定,为保险利益原则。保险利益原则的适用应当具备如下条件:①保险利益应当是法律承认的经济利益,也即,必须是法律承认的合法利益,违反法律的利益、通过不正当手段获取的利益,不构成保险利益。②保险利益是确定存在的经济利益。其一般衡量的标准是能够运用货币予以计量的、确定的、客观存在的经济利益,并非主观臆断、推测可能获得的利益,包括现实利益、期待利益和责任利益等。

人身保险的投保人对下列人员具有保险利益:本人;配偶、子女、父母;前项以外与投保人有抚养、赡养或者扶养关系的家庭其他成员、近亲属;与投保人有劳动关系的劳动者。除前述规定外,被保险人同意投保人为其订立合同的,视为投保人对被保险人具有保险利益。对于财产保险的保险利益,《保险法》未做明确规定,理论上一般认为财产的所有人、保管人对自己所有、保管的财产具有保险利益。

保险利益原则的适用具有重要现实意义,主要体现在两方面。一方面,保险利益原则可以杜绝投机分子利用保险进行赌博,防止道德危险,有利于维护保险秩序,促进保险市场的良性发展。如果投保人对保险标的始终没有保险利益而能够获得保险赔付的话,实际上保险就是一种赌博行为,并诱使投保人为图谋保险赔偿而故意损坏保险标的。另一方面,保险利益原则具有限制保险人赔偿责任范围的功能,可以防止超额保险,充分发挥保险合同的保险保障功能。保险人承担赔偿责任的最终目的是补偿被保险人的保险利益,故而保险利益是保险人履行赔偿责任的依据,是实施保险赔偿的最高限额。而如果保险合同的保险金额超过被保险人对保险标的的保险利益,则超过部分无效。

3. 损失补偿原则

损失补偿原则指当保险事故发生使被保险人遭受损失时,保险人在其责任范围内对被保险人所遭受的实际损失进行赔偿。该原则要求被保险人只有遭受约定的保险危险所造成的损失时才能获得赔偿,赔偿的量以保险标的因保险事故遭受的实际损失为限,投保人不能因保险事故而获得额外收益。理解损失补偿原则的法律内涵,应该把握如下三个要点:①保险人的保险赔偿是以被保险人遭受实际损失为前提的,故而,无实际损失,则无保险赔偿。②保险人的保险赔偿是以保险责任为根据的,从而,保险责任是界限,无保险责任的损失部分,则无保险赔偿。③保险人的保险赔偿是以保险金额为限度的,保险人作为保险商品的提供者,只对保险金额范围内的保险利益提供保险保障。总的来说,损失补偿原则的着眼点是平衡保险人与投保人、被保险人的利益冲突,维持保险制度的保障功能。

就适用范围而言,囿于财产保险合同的补偿性,一般认为损失补偿原则当然适用于财产保险合同领域。针对定值保险合同,保险人按照双方约定的保险金额进行保险赔偿。针对不定值保险合同,保险人按照实际损失进行赔偿。针对超额保险合同,保险金额大于保险标的价值的部分,被保险人无保险利益,因此,遵循损失补偿原则的要求,各国均作出限制性规定。而由于人身保险合同的给付性和返还性,普遍认为损失补偿原则不适用于人身保险合同。

4. 近因原则

近因原则源于海上保险,在英美法系中称为近因原则,在我国称因果关系,指通过判断保险事故与保险标的损失之间的因果关系,从而确定保险赔偿责任的一项基本原则。近因不一定是时间上最接近损失结果的原因。近因是指引起一系列事件发生,由此出现某种后果的能动的、起决定作用的因素。在这一因素的作用过程中,没有来自新的独立渠道的能动力量的介入。简言之,近因就是除非存在该原因,否则损失根本不可能发生或几乎不可能发生。

根据近因原则的要求,认定近因的关键在于寻找致损的因果关系。对此,各国保险实践总结出若干行之有效的认定近因的规则。具体来说,若导致保险标的损失的原因只有一个,那么该原因就是近因。如果是多种原因导致保险标的损失的,就应该从多种致损原因中确认处于支配地位、具有决定性作用的原因作为近因。

【随堂练习】

我国法学理论中所称的因果关系,在英美法系的保险法中被称为(　　)。

A. 最大诚信原则　　　　　　　　　　B. 近因原则
C. 保险利益原则　　　　　　　　　　D. 因果相对原则

答案:B

【案例讨论】

2010年4月1日生病在家的李小姐,与上门推销保险的业务员签订了保险合同。李小姐请业务员代填投保书。投保书健康询问栏的事项为:0:健康。1:残疾。2:低能。3:癌症、肝硬化、癫痫病、严重脑震荡、精神病、心脏病、高血压。业务员觉得这些与李小姐情况不符,就留了空白,没有填写。李小姐阅后,没有异议,签了字。保险公司在核对时,也没有注意这一点,签发了保险单。2011年3月15日,李小姐因病亡故。受益人向保险公司申请给付保险金。保险公司在审核时发现,李小姐在投保时就已经重病在家,而李小姐没有将真实情况告知保险公司。

问题:保险公司是否应当给付保险金?

第二节 保险合同制度

一、保险合同

1. 保险合同的概念及特征

保险合同是投保人与保险人约定保险权利及义务关系的协议。保险人和投保人是保险合同的双方当事人。保险合同具有以下特征：

（1）保险合同是双务、有偿、诺成合同。保险合同中投保人为了转嫁风险需要支付保险费，保险人则在收取保险费之后承担保险责任。可见保险合同中投保人和保险人互负义务，为双务、有偿合同。同时，保险合同经双方意思表示一致即可成立，不以交付保险费或者其他实物为必要，故是诺成合同。

（2）保险合同是射幸合同。射幸合同是指当事人一方是否履行合同义务有赖于偶然事件出现的一种合同。保险合同中投保人是否能获得保险金、保险人是否需要支付保险金额，均取决于保险事故的发生与否，具有偶然性。

（3）保险合同是附合合同。保险合同订立时一般由保险人提供事先拟定好的格式保险合同，投保人对保险人提供的格式保险合同一般只有同意与否的权利，而不能依自己的意思与保险人自由协商确定保险条款。即使确需修改保险合同的某项内容，也是采用保险人事先准备的附加条款的形式。

（4）保险合同是不要式合同。《保险法》第13条规定："投保人提出保险要求，经保险人同意承保，保险合同成立。"保险实践中，保险人签发的保险单或者其他保险凭证，只是对双方当事人达成的保险合同内容的记载，而非保险合同本身。将保险合同定位为不要式合同，有助于避免保险人借保险单或者其他保险凭证的签发而推脱保险责任。

2. 保险合同的构成

保险合同作为民商合同的具体类型，由合同主体、合同客体和合同标的等各部分构成。

保险合同的主体是指参与保险合同关系的各方当事人，是构成保险合同的首要因素。其具体包括保险人一方和作为非保险人一方的投保人、被保险人和受益人。

保险人是指与投保人订立保险合同，有权收取约定的保险费，并在保险事故发生造成保险标的损失时履行保险责任的人。正如《保险法》第10条第3款的规定，保险人是"与投保人订立保险合同，并按照合同约定承担赔偿或者给付保险金责任的保险公司"。需要指出的是，必须符合法律规定的资格条件，才能成为保险人，具体包括：①必须具备《保险法》与《公司法》规定的法定条件，经法定程序而被批准设立，具有主管机关颁发的经营保险业务许可证和工商营业执照，取得保险资格；②必须具有经营相关保险业务的资格。

投保人是与保险人订立保险合同，按照合同约定向保险人缴纳保险费的当事人，即《保险法》第10条第2款规定的"与保险人订立保险合同，并按照合同约定负有支付保险费义务的人"。在保险实践中，投保人可以是公民个人、法人或者其他组织。投保人订立保险合同，可以是为自己利益，也可以是为他人的利益。成为投保人，必须满足两项基本条件：①应当具有法定的订约能力,即投保人必须依法具有民事行为能力。②投保人依法应当对保险标的具有保险利益,否则,无资格作为投保人与保险人订立保险合同。

被保险人是在保险合同关系中,以其财产或者人身接受保险合同的保障,享有保险金请求权的当事人。可以说,被保险人是保险合同中直接取得保险保障的对象,基于保险合同向社会公众提供保险保障的目的,被保险人成为保险合同必不可少的主体。作为保险保障的承受者,被保险人的资格条件包括：①必须与保险标的之间具有保险利益。②被保险人应当符合具体险种险别规定的承保范围。保险人在各个险种险别中的承保范围不尽相同,有关主体必须符合保险人设计的具体要求,才能成为相应险种险别的被保险人。③被保险人资格的取得不得违反《保险法》或保险合同条款的禁止性规定。

受益人是指在保险合同关系中依法被指定的享有保险金请求权的当事人。按照《保险法》第18条第3款的规定,受益人是指"人身保险合同中由被保险人或者投保人指定的享有保险金请求权的人"。由此可见,在我国保险制度中,受益人的范围只限于人身保险合同,而不适用于财产保险合同。

保险合同的客体是保险合同的各方当事人的权利和义务共同指向的对象。一般认为,保险合同的客体是保险标的,即作为保险对象的人的寿命和身体或者财产及其有关利益。

3. 保险合同的订立、生效、变更、解除、终止

保险合同的订立是保险合同双方当事人就保险合同事项协商一致、达成合意的过程。订立保险合同,应当协商一致,遵循公平原则确定各方的权利和义务。除法律、行政法规规定必须投保的外,保险合同自愿订立。保险合同的订立需经要约(投保)和承诺(承保),根据《保险法》的规定,投保人提出保险要求,经保险人同意承保,保险合同成立。具体来说,投保是指投保人向保险人提出保险要求的行为。一般做法是,投保人到保险人或者保险代理人的营业场所阅读所欲投保的格式合同条款,必要时向其营业人员了解合同条款的含义。在认为符合自己投保需要的情况下,向保险人提出保险要求,填写投保单。承保是指保险人审核投保人的保险要求,向投保人表示接受其投保的意思表示。

一般情况下,保险合同依法成立即产生法律效力,双方当事人、关系人依合同约定享有权利、承担义务。但投保人和保险人也可以对合同的效力约定附条件或者附期限,对附条件合同和附期限合同的生效,遵循《民法典》中有关附条件合同和附期限合同的规定来确定其生效时间。

保险合同的变更是保险合同成立之后、尚未履行或者履行完毕之前,由当事人按照法定程序、条件对原合同条款进行修改和补充,包括主体的变更和内容的变更。主体的变更可能涉及保险人、投保人、被保险人或受益人的变更,内容的变更则表现为保险合同条款事项发生变更。《保险法》规定,投保人和保险人可以协商变更合同内容。

保险合同的解除是保险合同依法成立之后,期限尚未届满之前,当事人提前终止合同法律效力的行为。保险合同有任意解除、法定解除、约定解除三种方式。任意解除是法律允许合同当事人根据自己的意愿解除合同,如《保险法》第15条规定了投保人的任意解除权。法定解除是在法律规定的原因出现之时,合同一方有权解除合同,如《保险法》第16条第2款赋予保险人在投保人违反如实告知义务时享有合同解除权。约定解除是合同双方可以在合同中约定合同解除的条件,待条件成立时,合同一方或双方有权解除合同。

保险合同的终止导致合同当事人之间的权利和义务消灭。保险合同因下列事项而导致终止:合同期限届满;保险人履行合同或者给付全部保险金之后合同终止;保险合同因解除而终止;保险合同因保险标的灭失而终止。

4. 保险合同的内容

根据保险合同条款的产生依据,保险合同的内容分为法定保险条款和特约保险条款。

法定保险条款是根据有关保险立法,保险合同应当具备的保险条款。根据《保险法》第18条的规定,保险合同应当包括下列事项:保险人的名称和住所;投保人、被保险人的姓名或者名称、住所,以及人身保险的受益人的姓名或者名称、住所;保险标的;保险责任和责任免除;保险期间和保险责任开始时间;保险金额;保险费以及支付办法;保险金赔偿或者给付办法;违约责任和争议处理;订立合同的年、月、日。投保人和保险人可以约定与保险有关的其他事项。

特约保险条款是指经双方当事人意愿和实际需要而协商拟定的保险合同条款,也称为任选保险条款。保险实践中,特约保险条款一般由保险人在法定条款以外根据具体保险险种的需要而订入相应的保险合同。比如,双方拟定的保险金额限制条款、免赔额条款、保证条款等。

5. 保险合同条款的解释

根据《民法典》的规定,当事人对合同条款的理解有争议的,应当按照所使用的词句,结合相关条款、行为的性质和目的、习惯以及诚信原则,确定意思表示的含义。合同文本采用两种以上文字订立并约定具有同等效力的,对各文本使用的词句推定具有相同含义。各文本使用的词句不一致的,应当根据合同的目的予以解释。保险合同作为合同之一种,发生争议时自然应该遵循《民法典》规定的解释规则。同时,保险合同作为一种特殊的合同,《保险法》对保险合同条款的解释又做了特殊规定。采用保险人提供的格式条款订立的保险合同,保险人与投保人、被保险人或者受益人对合同条款有争议的,应当按照通常理解予以解释。对合同条款有两种以上解释的,人民法院或者仲裁机构应当作出有利于被保险人和受益人的解释。

二、人身保险合同

1. 人身保险合同概述

人身保险合同是以人的寿命和身体为保险标的的保险合同。根据人身保险合同,凡因合同约定范围内的意外事故、意外灾害或疾病、年老等原因,导致被保险人死亡、伤残或丧失劳动能力或合同约定期限届满的,保险人按照约定,向被保险人或受益人给付保险金。

人身保险合同具有以下特征:

(1)人身保险合同主要是定额保险合同。人身保险合同以被保险人的寿命或身体作为保险标的,而人的生命和身体本身不是商品,不能用货币来衡量,不存在保险价值,因此其保险金额无法以保险标的的价值为依据,而是由保险人事先综合各种因素进行科学计算确定一个固定金额,由投保人协商适用,保险人据此固定数额履行保险责任。

(2) 人身保险合同属于给付性合同。人身保险合同的保险保障职能,是通过保险人给付保险金来实现的。根据人身保险合同,只要保险事故发生或者合同约定的期限届满,保险人均按照约定金额向被保险人或受益人给付保险金,而不以被保险人的实际损失为前提,也不论被保险人或者受益人是否从其他途径取得补偿。

(3) 人身保险合同是以长期合同为主的保险合同。大多数人身保险合同,尤其是人寿保险合同,都是长期性的,历经几年、几十年甚至终身。

(4) 人身保险合同具有储蓄性、返还性。人身保险合同主要是投保人多次缴纳的保险费集中起来,构成人身保险责任准备金,并最终以保险金的形式返还给被保险人或受益人。人身保险合同期限届满后保险人返还的保险金相当于保险费总和加上一定比例的利息。

(5) 人身保险合同的适用是以生命表作为承保基础。生命表又称死亡表,是一个国家或一个区域的人口生死存亡规律的统计表,由此反映相应地区的社会成员生存或死亡的规律。

(6) 人身保险合同的保险标的是被保险人的寿命或身体。相应地,作为此类保险标的的承受者的被保险人也就只限于自然人。

根据保障范围的不同,人身保险合同分为人寿保险合同、健康保险合同和意外伤害保险合同。《保险法》第95条第1款第1项按此标准,规定了保险公司经营人身保险业务的范围。

人寿保险合同,是以被保险人在保险期间内的死亡或者生存作为给付条件的人身保险合同。它是人身保险合同中最基本的险种,是人身保险合同诸多特点的典型表现。人寿保险合同通常又根据约定的保险事故分为死亡保险、生存保险或者生死两全保险。

健康保险合同,又称为疾病保险合同,是以被保险人患病、分娩或因此所致死亡或残疾作为给付条件的人身保险合同,具体包括工资收入保险合同、医疗费用保险合同、专业技术人员劳务收入保险合同和死亡保险合同。

意外伤害保险合同,是以被保险人在保险有效期间内因遭受意外事故导致其伤害、残疾或死亡作为保险金给付条件的人身保险合同。其按承保条件,又分为普通意外伤害保险合同和特种意外伤害保险合同。前者适用于被保险人在保险期间因发生意外事故所致伤害;后者仅适用于因特定意外事故在特定地点造成的被保险人伤害。比如,旅游意外伤害保险、航空旅客意外伤害保险等。

2. 人身保险合同的特有条款

(1) 不可争条款。不可争条款又称两年后不可否定条款、不可抗辩条款,是指在保险合同生效后的一定期限后,保险人不得以投保人在订立保险合同时违反如实告知义务而主张解除合同。《保险法》规定,投保人申报的被保险人年龄不真实,并且其真实年龄不符合合同约定的年龄限制的,保险人可以解除合同,并按照合同约定退还保险单的现金价值。保险人行使合同解除权,适用《保险法》的规定,即自合同成立之日起超过2年的,保险人不得解除合同;发生保险事故的,保险人应当承担赔偿或者给付保险金的责任。

(2) 宽限期条款。宽限期条款多见于长期寿险合同中,是指在保险合同中所做的允许投保人在一定期限内和一定条件下缓交保险费而使保险合同继续有效的一种约定。《保险法》第36条规定,合同约定分期支付保险费,投保人支付首期保险费后,除合同另有约定外,投保人自保险人催告之日起超过30日未支付当期保险费,或者超过约定的期限60日未支付当期保险费的,合同效力中止,或者由保险人按照合同约定的条件减少保险金额。被保险人在前款规定期限内发生保险事故的,保险人应当按照合同约定给付保险金,但可以扣减欠交的保险费。

(3) 复效条款。复效条款指在人身保险合同中所约定的,因投保人不能如期交付保险费致使合同效力中止的,投保人在一定条件下可以请求恢复保险合同效力的条款。《保险法》规定,合同效力依《保险法》第36条规定中止的,经保险人与投保人协商并达成协议,在投保人补交保险费后,合同效力恢复。但是,自合同效力中止之日起满2年双方未达成协议的,保险人有权解除合同。

(4) 年龄误报条款。在人身保险合同中,被保险人的年龄是一个重要的告知事项,足以影响保险人是否提高保险费率。因此,各国保险法一般都有关于年龄误报的规定。《保险法》规定,投保人申报的被保险人年龄不真实,并且其真实年龄不符合合同约定的年龄限制的,保险人可以解除合同,并按照合同约定退还保险单的现金价值。投保人申报的被保险人年龄不真实,致使投保人支付的保险费少于应付保险费的,保险人有权更正并要求投保人补交保险费,或者在给付保险金时按照实付保险费与应付保险费的比例支付。投保人申报的被保险人年龄不真实,致使投保人支付的保险费多于应付保险费的,保险人应当将多收的保险费退还投保人。

(5) 不丧失价值条款。不丧失价值条款是指长期人身保险单因投保人缴纳保险费而具有现金价值的条款。《保险法》规定,投保人解除合同的,保险人应当自收到解除合同通知之日起30日内,按照合同约定退还保险单的现金价值。

(6) 自杀免责条款。自杀免责条款是在以死亡为给付保险金条件的合同中,对于被保险人在保险单有效期内的一定时期里故意结束自己的生命,保险人免于承担保险金给付义务的条款。《保险法》规定,以被保险人死亡为给付保险金条件的合同,自合同成立或者合同效力恢复之日起2年内,被保险人自杀的,保险人不承担给付保险金的责任,但被保险人自杀时为无民事行为能力人的除外。

【案例讨论】

甲于2003年7月30日投保人寿保险10万元,甲的妻子乙为受益人,保险费缴纳日期为7月30日,按年缴付保险费,宽限期为60天。2005年已经过了宽限期,甲未缴纳保险费。2005年10月30日,甲提出保险合同复效申请,保险公司于当日就同意了甲的申请,甲也缴纳了当年的保险费和利息。保险合同效力恢复。2006年,甲又未缴纳保险费。11月13日,甲因车祸死亡,甲的妻子乙作为受益人,向保险公司申请领取保险金。保险公司以超过宽限期仍然未缴保险费,保险合同已经失效为由,拒付保险金,并向乙发出拒赔通知书,退还了保险单的现金价值。乙遂起诉于法院。

问题:保险公司是否承担保险责任?

三、财产保险合同

1. 财产保险合同概述

财产保险合同是以财产及其相关利益为保险标的的保险合同,大多数财产保险合同属于损失补偿性质的合同。

财产保险合同具有以下特征:

(1) 财产保险合同的保险标的是广义的财产,包括物质财产以及与物质财产有关的利益。前者是指有形财产,后者则涉及相关经济利益或损害赔偿法律责任等无形财产,比如责任保险合同、保证保险合同等。

(2) 财产保险合同是补偿性合同。用保险赔偿金补偿被保险人的保险财产损失是财产保险合同的目的,也即在财产保险合同中,保险人承担的保险责任是以赔偿保险标的因保险事故所致损失为内容。因此,财产保险合同的适用严格遵守损害补偿原则。

(3) 财产保险合同是根据保险标的的价值确定保险金额的。与人身保险合同不同,财产保险合同的金额决定于保险财产本身具有的实际经济价值。基于财产保险合同的补偿性质,保险人与投保人应在保险财产的实际价值范围内约定保险金额,保险人只在保险财产的实际价值范围内承担保险赔偿责任。

(4) 财产保险合同一般是短期性保险合同。在市场经济条件下,财产保险合同承保的各类财产都是具有使用价值和交换价值的商品,这决定了其在市场经济活动中的流动性。因此,一般是按年度测算财产的损益结果,保险人往往是按年约定财产保险合同的保险期限。

(5) 代位求偿和委付是财产保险合同特有的理赔环节。财产保险合同的补偿性使其理赔中适用代位求偿和委付等特有制度。它们的核心内容都是着眼于被保险人因发生保险事故而遭受财产损失时,通过财产保险合同取得不超过保险金额的保险赔偿,以便补偿实际的财产损失,同时防止被保险人利用财产保险合同攫取额外利益。

2. 财产保险合同的赔偿标准

财产保险合同作为保险合同的一大基本种类,其保险保障的基本方式是损失补偿。保险人履行保险赔偿责任时,应当符合以下标准:

(1) 以保险标的实际损失为限进行补偿。保险财产必须是因保险事故而遭受实际损失时,保险人才履行保险赔偿责任,且须按照保险财产实际损失数额支付保险赔偿金。保险标的无损失的,保险人无须履行保险赔偿责任。

(2) 以保险金额为限进行保险赔偿。双方当事人在财产保险合同中约定的保险金额是保险人承担保险赔偿责任的最高限额。保险人针对保险财产的实际损失实际支付的保险赔偿金只能低于或等于保险金额,不能高于保险金额。

(3) 以被保险人对保险标的拥有的保险利益为限进行保险赔偿。财产保险合同保障的是被保险人对保险标的存在的保险利益,为了防止出现不当得利、道德危险,保险人向被保险人支付的保险赔偿金不能超过被保险人对保险具有的保险利益。

(4) 被保险人不得利用保险赔偿获取额外利益。

3. 代位求偿权

代位求偿权,指因第三者损害保险标的而造成保险事故的,保险人自向被保险人赔偿保险金之日起,在保险赔偿金额范围内代位行使被保险人对第三者请求赔偿的权利。保险代位求偿权发生在保险事故因第三者的违约或者侵权而对保险标的造成损害的财产保险合同中。

根据《保险法》的规定,保险人行使代位求偿权须具备以下几个条件:①保险人与被保险人之间存在保险合同关系;②保险标的因第三人的违约行为或者侵权行为而产生损害;③第三人因对保险标的的损害而负有向被保险人承担损害赔偿的义务;④第三人对保险标的的损害属于保险事故;⑤保险人行使代位求偿权须以其已经履行了保险金赔偿义务为前提。

4. 委付

委付是财产保险合同独有的制度,是指在保险标的因发生保险事故造成推定全损时,被保险人明确表示将该保险标的的一切权利转移给保险人,而请求保险人全额赔偿的制度。作为被保险人处理保险标的损失的手段和保险人进行保险赔偿的具体方式,委付关涉各方当事人的经济利益,必须满足如下条件:①委付限于保险标的推定全损,因为委付包含全额赔偿和转移保险标的一切权利的双重内容。②委付适用于保险标的的整体,具有不可分性。被保险人要求委付的,必须是针对推定全损的保险标的整体。如果被保险人仅就保险标的的受损部分申请委付,而就该保险标的的其他未受损部分不适用委付的话,依法不构成委付。③被保险人应当在法定时间内向保险人提出委付申请。若被保险人不在法定时间内提出委付申请,便丧失委付申请权。④被保险人必须将保险标的的一切权利转移给保险人,并且不得附加条件。在保险标的推定全损的情况下,被保险人基于委付要求获得全额赔偿的对价条件,就是不附带任何条件地转移保险标的的一切权利归保险人。⑤委付必须经保险人承诺接受才能成立,也即,委付是否成立还取决于保险人的意志。保险人可以选择接受委付,也可以选择不接受委付,但委付一经接受就不得撤回。

委付依法成立即对保险人和被保险人产生法律约束力。就被保险人而言,其必须将存在于保险标的之上的一切权利,诸如所有权、担保物权和债权等转归保险人。就保险人而言,其必须按照财产保险合同约定的保险金额向被保险人进行全额赔偿。

【随堂练习】

潘某向保险公司投保了家庭财产保险。某日,潘某一家外出,嘱托保姆看家。后保姆外出忘记锁门,导致潘某家财物被盗。下列哪项表述正确?( )

A. 保险公司对被盗财物应该赔偿,赔偿后无权向保姆追偿
B. 损失是因保姆过错所致,保险公司不承担赔偿责任
C. 潘某应向保险公司索赔,不能要求保姆承担赔偿责任
D. 潘某只能要求保姆赔偿,不能向保险公司索赔

答案:A

第三节 保险业法律制度

一、保险业法

保险业法是国家对保险企业、保险市场实施监督管理的法律,包括保险公司法律制度、保险经营法律制度、保险监管法律制度等。

二、保险公司

保险公司是依法设立、经营保险业务、以营利为目的的企业法人。按照现行《保险法》的规定,保险公司的组织形式直接适用《公司法》的规定。

1. 保险公司的设立

设立保险公司应经国务院保险监督管理机构批准并具备下列条件:主要股东具有持续盈利能力,信誉良好,最近3年内无重大违法违规记录,净资产不低于人民币2亿元;有符合《保险法》和《公司法》规定的章程;注册资本最低限额为人民币2亿元,且为实缴货币资本;有具备任职专业知识和业务工作经验的董事、监事和高级管理人员;有健全的组织机构和管理制度;有符合要求的营业场所和与经营业务有关的其他设施;法律、行政法规和国务院保险监督管理机构规定的其他条件。

2. 保险公司的变更

保险公司成立之后依法可以变更,保险公司变更下列事项的,应当经保险监督管理机构批准:变更名称;变更注册资本;变更公司或者分支机构的营业场所;撤销分支机构;公司分立或者合并;修改公司章程;变更出资额占有限责任公司资本总额5%以上的股东或者变更持有股份有限公司股份5%以上的股东;国务院保险监督管理机构规定的其他情形。

3. 保险公司的解散和清算

保险公司因分立、合并需要解散,或者股东会、股东大会决议解散,或者公司章程规定的解散事由出现,经国务院保险监督管理机构批准后解散。但经营有人寿保险业务的保险公司,除因分立、合并或者被依法撤销外,不得解散。保险公司解散,应当依法成立清算组进行清算。

三、保险经营规则

保险经营规则是保险人在保险经营活动中应该遵守的行为规范。《保险法》对保险经营做了详细规定。

1. 保险经营原则

(1)分业经营原则。分业经营原则是指保险业与其他金融业实行分业经营、分业管理的原则。为了与《证券法》《商业银行法》等法律相协调,现行《保险法》对分业经营原则予以确认,规定保险业和银行业、证券业、信托业实行分业经营、分业管理,保险公司与银行、证券、信托业务机构分别设立。国家另有规定的除外。

(2)禁止兼业原则。禁止兼业指同一保险人不得同时兼营财产保险业务和人身保业务。《保险法》明确规定,保险人不得兼营人身保险业务和财产保险业务。但是,经营财产保险业务的保险公司经国务院保险监督管理机构批准,可以经营短期健康保险业务和意外伤害保险业务。

(3) 保险专营原则。该原则指保险业务只能由依法设立的保险公司以及法律、行政法规规定的其他保险组织经营,其他单位和个人不得经营保险业务。

2. 保险公司偿付能力的维持

保险公司偿付能力是保险公司对被保险人、受益人履行合同约定的赔偿或者给付保险金责任的能力。偿付能力是国家对保险公司进行监管的核心内容。为了保证保险公司正常的偿付能力,《保险法》规定了保险公司需提取的各类基金,主要有保险保证金、保险责任准备金、保险公司公积金、保险保障基金等。

3. 保险资金运用

保险资金运用是保险公司将自有资金和各类提取的准备金通过法律允许的投资渠道进行投资以获取收益的活动。保险资金的运用应该遵循安全性、稳健性、流动性和盈利性四个原则。保险公司的资金运用限于:银行存款;买卖债券、股票、证券投资基金份额等有价证券;投资不动产及国务院规定的其他资金运用形式。

四、保险监管

1. 保险监督管理机构的监管

保险监管的主体是保险监督管理机构,包括国务院保险监督管理机构及其设在地方的分支机构。我国当前的保险监督管理机构是银保监会。保险监督管理机构依照法定职责,遵循依法、公开、公正的原则,对保险业实施监督管理,维护保险市场秩序,保护投保人、被保险人和受益人的合法权益。

2. 行业自律

行业自律是政府监管的有效补充。保险行业协会是对保险业实施自律管理、不以营利为目的的社会团体法人。《保险法》规定,保险公司应当加入保险行业协会。保险代理人、保险经纪人、保险公估机构可以加入保险行业协会。

【随堂练习】

下列选项中,属于保险公司资金可以投入的领域的有( )。
A. 银行存款   B. 买卖金融机构债券
C. 买卖政府债券   D. 向其他企业投资
答案:ABC

本章课后习题

2020年7月5日,甲纺织厂与乙保险公司签订了企业财产保险合同。保险金额为人民币100万元,保险期限为1年,即自2020年7月6日0时起至2021年7月5日24时止。2020年8月10日,甲纺织厂失火,厂方领导积极组织进行扑火,但由于火势太大,扑救工作困难,结果花去人民币10万元。事故发生后,甲纺织厂立即向保险公司报案,保险公司委托有关部门进行调查,调查结论为:火灾系天气太热,纺织厂仓库底部货物突然自燃所引起,事故发生前企业财产价值人民币90万元。此次调查费用共计人民币5万元。

问题:

(1) 扑救火灾的费用应由谁负责?为什么?

(2) 有关部门的调查费用应由谁负责?为什么?

(3) 保险公司应向纺织厂支付多少保险赔偿金?

即 测 即 练

第八章

证券法律制度

【案例导读】

2006年7月,黄某以旗下的A投资入股B股份公司,持有29.58%的股份。在收购完成之后,B股份公司又进行了一系列债务重组和资产重组,其股票出现大幅波动。2007年4月27日至6月27日间,黄某作为B股份公司实际控制人、董事,在B股份公司与A投资进行资产置换过程中,决定并指令他人使用其实际控制的龙某等6人的股票账户,累计买入B股份公司股票976万余股,成交额9310万余元。至2007年6月28日公告上述事宜时,6个股票账户的账面收益额为384万余元。2007年8月13日至9月28日间,在B股份公司收购某地产全部股权的过程中,黄某决定并指令他人使用其实际控制的曹某等79人的股票账户,累计买入B股份公司股票1.04亿余股,成交额13.22亿余元。至2008年5月7日公告日时,79个股票账户的账面收益额为人民币3.06亿余元。2008年10月,中国证监会将该案移送公安部,11月某市公安局立案侦查。2010年5月,在某市第二中级人民法院一审宣判:黄某因内幕交易罪获刑9年,并处罚金6亿元,与非法经营罪和单位行贿罪合并执行有期徒刑14年,并处罚金6亿元,没收个人部分财产2亿元。2010年8月,某市高级人民法院对该案维持一审判决。

第一节 证券法概述

一、证券的概念及特征

证券是以证明或设定一定权利为目的的书面凭证。广义的证券包括资本证券、货币证券和商品证券。资本证券是表明持券人享有一定权利的书面凭证,代表持券人对一定本金带来的收益享有的请求权,如股票、债券、证券投资基金等;货币证券是证明持券人有一定货币请求权的书面凭证,如汇票、本票、支票等;商品证券是证明持券人拥有某种商品或财产的所有权或使用权的凭证,如提单、仓单、货运单等。证券法所称的证券指资本证券,即狭义的证券。

证券法所指称的证券不同于经济学中的证券,具有如下法律特征:①是一种投资凭证。证券是投资者权利的载体,投资者的权利通过证券记载并凭借证券获取相应的收益。②是一种权益凭证。证券代表着一种权益,如股票代表所有权、债券代表债权。③是可转让的权利凭证。证券具有流通性,其持有者可以随时将证券转让出售以实现自身权利。

二、证券法及其适用范围

证券法是调整与证券活动相关的法律关系的法律规范的总称。狭义的证券法专指由国家立法机关制定的以证券法命名的证券法典。在我国,其是指1998年12月29日通过的《中华人民共和国证券法》。2019年12月28日,《证券法》进行了一次系统性修订,最新的《证券法》于2020年3月1日起正式实施。目前,该法已经进行了三次修正和两次修订工作。

《证券法》适用于在我国境内发行和交易的股票、公司债券、存托凭证及国务院依法认定的其他证券。政府债券、证券投资基金份额的上市交易,适用《证券法》;其他法律、行政法规另有规定的,适用其规定。资产支持证券、资产管理产品发行、交易的管理办法,由国务院依照《证券法》的原则规定。可见,证券法所调整的证券包括股票、公司债券、存托凭证、政府债券、证券投资基金、资产支持证券、资产管理产品。

第二节 证券发行制度

一、证券发行概述

证券发行是指具有证券发行资格的主体为筹措资金而依法定程序向特定或不特定的对象发售证券的行为。证券的发行依不同标准可做不同的分类,其中,依证券发行对象的多少,可以分为公开发行和非公开发行。

根据《证券法》的规定,有下列情形之一的,为公开发行:①向不特定对象发行证券;②向特定对象发行证券累计超过200人,但依法实施员工持股计划的员工人数不计算在内;③法律、行政法规规定的其他发行行为。

非公开发行证券,不得采用广告、公开劝诱和变相公开方式。

二、证券发行条件

(一)股票发行条件

根据发行时间不同,股票发行可分为公司设立时的发行和公司成立以后的发行,不同的发行需满足不同的条件。

1. 公司设立时发行股票的条件

设立股份有限公司时公开发行股票,应符合《公司法》规定的条件和经国务院批准的国务院证券监督管理机构规定的其他条件。

《公司法》规定的条件为:应当有2人以上200人以下为发起人,其中须有半数以上的发起人在中国境内有住所。股份有限公司采取发起设立方式设立的,注册资本为在公司登记机关登记的全体发起人认购的股本总额。股份有限公司采取募集方式设立的,注册资本为在公司登记机关登记的实收股本总额。法律、行政法规以及国务院决定对股份有限公司注册资本实缴、注册资本最低限额另有规定的,从其规定。发起人认购的股份不得少于公司股份总数的35%。有符合法定要求的公司名称、章程、住所和组织机构。

2. 公司成立后发行新股的条件

新股发行因采取公开发行和非公开发行的不同方式而需满足不同的条件。

（1）公开发行新股应满足如下条件：具备健全且运行良好的组织机构；具有持续经营能力；最近3年财务会计报告被出具无保留意见审计报告；发行人及其控股股东、实际控制人最近3年不存在贪污、贿赂、侵占财产、挪用财产或者破坏社会主义市场经济秩序的刑事犯罪；经国务院批准的国务院证券监督管理机构规定的其他条件。公开发行存托凭证的，应当符合首次公开发行新股的条件以及国务院证券监督管理机构规定的其他条件。

（2）非公开发行新股应满足的条件：我国现行法律只规定了上市公司非公开发行新股应符合国务院证券监督管理机构规定的条件；对非上市公司非公开发行新股未做具体规定。

3. 首次公开发行股票（IPO）的条件

首次公开发行股票，应符合《证券法》《公司法》《首次公开发行股票并上市管理办法》规定的发行条件。

（二）债券发行条件

根据《证券法》的规定，公开发行公司债券，应符合下列条件：具备健全且运行良好的组织机构；最近3年平均可分配利润足以支付公司债券1年的利息；国务院规定的其他条件。具体来说，公开发行公司债券筹集的资金，必须按照公司债券募集办法所列资金用途使用；改变资金用途，必须经债券持有人会议作出决议。公开发行公司债券筹集的资金，不得用于弥补亏损和非生产性支出。

上市公司发行可转换为股票的公司债券，除应当符合公开发行公司债券规定的条件外，还应当遵守上市公司发行新股规定的条件。但是，按照公司债券募集办法，上市公司通过收购本公司股份的方式进行公司债券转换的除外。

三、证券发行程序

根据《证券法》规定，证券发行程序大致包括以下几个阶段。

（一）提出申请

设立股份有限公司公开发行股票，应当向国务院证券监督管理机构报送募股申请和下列文件：①公司章程；②发起人协议；③发起人姓名或者名称，发起人认购的股份数、出资种类及验资证明；④招股说明书；⑤代收股款银行的名称及地址；⑥承销机构名称及有关的协议。依照本法规定聘请保荐人的，还应当报送保荐人出具的发行保荐书。法律、行政法规规定设立公司必须报经批准的，还应当提交相应的批准文件。

公司公开发行新股，应当向国务院证券监督管理机构报送募股申请和下列文件：①公司营业执照；②公司章程；③股东大会决议；④招股说明书或者其他公开发行募集文件；⑤财务会计报告；⑥代收股款银行的名称及地址。依照本法规定聘请保荐人的，还应当报送保荐人出具的发行保荐书。依照本法规定实行承销的，还应当报送承销机构名称及有关的协议。

发行人申请首次公开发行股票的,在提交申请文件后,应当按照国务院证券监督管理机构的规定预先披露有关申请文件。

(二) 保荐机构保荐

发行人申请公开发行股票、可转换为股票的公司债券,依法采取承销方式的,或者公开发行法律、行政法规规定实行保荐制度的其他证券的,应当聘请证券公司担任保荐人。保荐人应当遵守业务规则和行业规范,诚实守信,勤勉尽责,对发行人的申请文件和信息披露资料进行审慎核查,督导发行人规范运作。

(三) 注册

公开发行证券,必须符合法律、行政法规规定的条件,并依法报经国务院证券监督管理机构或者国务院授权的部门注册。未经依法注册,任何单位和个人不得公开发行证券。证券发行注册制的具体范围、实施步骤,由国务院规定。

有下列情形之一的,为公开发行:①向不特定对象发行证券;②向特定对象发行证券累计超过200人,但依法实施员工持股计划的员工人数不计算在内;③法律、行政法规规定的其他发行行为。非公开发行证券,不得采用广告、公开劝诱和变相公开方式。

(四) 公开发行文件

证券发行申请经注册后,发行人应当依照法律、行政法规的规定,在证券公开发行前公告公开发行募集文件,并将该文件置备于指定场所供公众查阅。发行证券的信息依法公开前,任何知情人不得公开或者泄露该信息。发行人不得在公告公开发行募集文件前发行证券。

(五) 发行证券

我国目前法律规定证券发行采用间接发行方式,即证券发行必须由证券公司承销。承销是指证券经营机构依照协议包销或者代销发行人向社会公开发行的证券的行为。证券公司应当依照法律、行政法规的规定承销发行人向社会公开发行的证券。证券的承销包括代销和包销两种方式。证券代销是指证券公司代发行人发售证券,在承销期结束时,将未售出的证券全部退还给发行人的承销方式。证券包销分两种情况:一是证券公司将发行人的证券按照协议全部购入,然后再向投资者销售,当卖出价高于购入价时,其差价归证券公司所有;当卖出价低于购入价时,其损失由证券公司承担。二是证券公司在承销期结束时,将售后剩余证券全部自行购入。在这种承销方式下,证券公司要与发行人签订合同,在承销期内,是一种代销行为;在承销期满后,是一种包销行为。我国只有具备法定条件的证券公司,才有证券承销资格。

我国证券承销的具体规定为:

(1) 发行人向不特定对象发行的证券,法律、行政法规规定应当由证券公司承销的,发行人应当同证券公司签订承销协议。证券承销业务采取代销或者包销方式。

(2) 公开发行证券的发行人有权依法自主选择承销的证券公司。

(3) 证券公司承销证券,应当同发行人签订代销或者包销协议。

(4) 证券公司承销证券,应当对公开发行募集文件的真实性、准确性、完整性进行核查。发现有虚假记载、误导性陈述或者重大遗漏的,不得进行销售活动;已经销售的,必须立即停止销售活动,并采取纠正措施。

(5) 向不特定对象发行证券聘请承销团承销的,承销团应当由主承销和参与承销的证券公司组成。

(6) 证券的代销、包销期限最长不得超过 90 日。证券公司在代销、包销期内,对所代销、包销的证券应当保证先行出售给认购人,证券公司不得为本公司预留所代销的证券和预先购入并留存所包销的证券。

(7) 股票发行采取溢价发行的,其发行价格由发行人与承销的证券公司协商确定。

(8) 股票发行采用代销方式,代销期限届满,向投资者出售的股票数量未达到拟公开发行股票数量70%的,为发行失败。发行人应当按照发行价并加算银行同期存款利息返还股票认购人。

(9) 公开发行股票,代销、包销期限届满,发行人应当在规定的期限内将股票发行情况报国务院证券监督管理机构备案。

(六)补救措施与法律责任

国务院证券监督管理机构或者国务院授权的部门对已作出的证券发行注册的决定,发现不符合法定条件或者法定程序,尚未发行证券的,应当予以撤销,停止发行。已经发行尚未上市的,撤销发行注册决定,发行人应当按照发行价并加算银行同期存款利息返还证券持有人;发行人的控股股东、实际控制人以及保荐人,应当与发行人承担连带责任,但是能够证明自己没有过错的除外。

(七)投资风险的承担

股票依法发行后,发行人经营与收益的变化,由发行人自行负责;由此变化引致的投资风险,由投资者自行负责。

第三节 证券交易制度

一、证券交易一般规则

证券交易当事人买卖的证券,必须是依法发行并交付的证券。非依法发行的证券,不得买卖。依法发行的证券,《公司法》和其他法律对其转让期限有限制性规定的,在限定的期限内不得转让。上市公司持有5%以上股份的股东、实际控制人、董事、监事、高级管理人员,以及其他持有发行人首次公开发行前发行的股份或者上市公司向特定对象发行的股份的股东,转让其持有的本公司股份的,不得违反法律、行政法规和国务院证券监督管理机构关于持有期限、卖出时间、卖出数量、卖出方式、信息披露等规定,并应当遵守证券交易所的业务规则。

公开发行的证券,应当在依法设立的证券交易所上市交易或者在国务院批准的其他全国性证券交易场所交易。非公开发行的证券,可以在证券交易所、国务院批准的其他全国性证券交易场所、按照国务院规定设立的区域性股权市场转让。证券在证券交易所上市交易,应当采用公开的集中交易方式或者国务院证券监督管理机构批准的其他方式。

证券交易场所、证券公司和证券登记结算机构的从业人员,证券监督管理机构的工作人员以及法律、行政法规规定禁止参与股票交易的其他人员,在任期或者法定限期内,不得直接或者以化名、借他人名义持有、买卖股票或者其他具有股权性质的证券,也不得收受他人赠送的股票或者其他具有股权性质的证券。任何人在成为前述所列人员时,其原已持有的股票或者其他具有股权性质的证券,必须依法转让。实施股权激励计划或者员工持股计划的证券公司的从业人员,可以按照国务院证券监督管理机构的规定持有、卖出本公司股票或者其他具有股权性质的证券。

上市公司、股票在国务院批准的其他全国性证券交易场所交易的公司持有5%以上股份的股东、董事、监事、高级管理人员,将其持有的该公司的股票或者其他具有股权性质的证券在买入后6个月内卖出,或者在卖出后6个月内又买入,由此所得收益归该公司所有,公司董事会应当收回其所得收益。但是,证券公司因购入包销售后剩余股票而持有5%以上股份,以及有国务院证券监督管理机构规定的其他情形的除外。公司董事会不按照上述规定执行的,股东有权要求董事会在30日内执行。公司董事会未在上述期限内执行的,股东有权为了公司的利益以自己的名义直接向人民法院提起诉讼。

二、证券上市交易规则

证券上市是指依法公开发行的证券在证券交易所挂牌进行集中竞价交易的行为。根据法律规定,申请证券上市交易必须符合一定的条件并遵循一定的程序。

申请证券上市交易,应当向证券交易所提出申请,由证券交易所依法审核同意,并由双方签订上市协议。证券交易所根据国务院授权的部门的决定安排政府债券上市交易。申请证券上市交易,应当符合证券交易所上市规则规定的上市条件。证券交易所上市规则规定的上市条件,应当对发行人的经营年限、财务状况、最低公开发行比例和公司治理、诚信记录等提出要求。

上市交易的证券,有证券交易所规定的终止上市情形的,由证券交易所按照业务规则终止其上市交易。证券交易所决定终止证券上市交易的,应当及时公告,并报国务院证券监督管理机构备案。对证券交易所作出的不予上市交易、终止上市交易决定不服的,可以向证券交易所设立的复核机构申请复核。

三、禁止的交易行为

1. 内幕交易

内幕交易是内幕信息的知情人和非法获取内幕信息的人利用内幕信息从事的证券交易活动。《证券法》明确禁止内幕交易行为。根据该法的规定,证券交易内幕信息的知情人包括以下人员:

(1) 发行人及其董事、监事、高级管理人员;
(2) 持有公司百分之五以上股份的股东及其董事、监事、高级管理人员,公司的实际控制人及其董事、监事、高级管理人员;
(3) 发行人控股或者实际控制的公司及其董事、监事、高级管理人员;
(4) 由于所任公司职务或者因与公司业务往来可以获取公司有关内幕信息的人员;
(5) 上市公司收购人或者重大资产交易方及其控股股东、实际控制人、董事、监事和高级管理人员；

（6）因职务、工作可以获取内幕信息的证券交易场所、证券公司、证券登记结算机构、证券服务机构的有关人员；

（7）因职责、工作可以获取内幕信息的证券监督管理机构工作人员；

（8）因法定职责对证券的发行、交易或者对上市公司及其收购、重大资产交易进行管理可以获取内幕信息的有关主管部门、监管机构的工作人员；

（9）国务院证券监督管理机构规定的可以获取内幕信息的其他人员。

证券交易活动中，涉及发行人的经营、财务或者对该发行人证券的市场价格有重大影响的尚未公开的信息为内幕信息。证券交易内幕信息的知情人和非法获取内幕信息的人，在内幕信息公开前，不得买卖该公司的证券，或者泄露该信息，或者建议他人买卖该证券。内幕交易行为给投资者造成损失的，应当依法承担赔偿责任。

禁止证券交易场所、证券公司、证券登记结算机构、证券服务机构和其他金融机构的从业人员、有关监管部门或者行业协会的工作人员，利用因职务便利获取的内幕信息以外的其他未公开的信息，违反规定，从事与该信息相关的证券交易活动，或者明示、暗示他人从事相关交易活动。利用未公开信息进行交易给投资者造成损失的，应当依法承担赔偿责任。

2．操纵市场

操纵市场是指为谋取不正当利益或转嫁风险，利用资金、信息或持股优势或者滥用职权影响证券交易价格或证券交易量，诱使投资者买卖证券，扰乱证券市场秩序、侵害投资者权益的行为。

《证券法》禁止任何人以下列手段操纵证券市场：

（1）单独或者通过合谋，集中资金优势、持股优势或者利用信息优势联合或者连续买卖；

（2）与他人串通，以事先约定的时间、价格和方式相互进行证券交易；

（3）在自己实际控制的账户之间进行证券交易；

（4）不以成交为目的，频繁或者大量申报并撤销申报；

（5）利用虚假或者不确定的重大信息，诱导投资者进行证券交易；

（6）对证券、发行人公开作出评价、预测或者投资建议，并进行反向证券交易；

（7）利用在其他相关市场的活动操纵证券市场；

（8）操纵证券市场的其他手段。

操纵证券市场行为给投资者造成损失的，应当依法承担赔偿责任。

3．虚假陈述

禁止任何单位和个人编造、传播虚假信息或者误导性信息，扰乱证券市场。禁止证券交易场所、证券公司、证券登记结算机构、证券服务机构及其从业人员，证券业协会、证券监督管理机构及其工作人员，在证券交易活动中作出虚假陈述或者信息误导。

各种传播媒介传播证券市场信息必须真实、客观，禁止误导。传播媒介及其从事证券市场信息报道的工作人员不得从事与其工作职责发生利益冲突的证券买卖。编造、传播虚假信息或者误导性信息，扰乱证券市场，给投资者造成损失的，应当依法承担赔偿责任。

4. 证券欺诈

《证券法》禁止证券公司及其从业人员从事下列损害客户利益的行为：

(1) 违背客户的委托为其买卖证券；

(2) 不在规定时间内向客户提供交易的确认文件；

(3) 未经客户的委托，擅自为客户买卖证券，或者假借客户的名义买卖证券；

(4) 为牟取佣金收入，诱使客户进行不必要的证券买卖；

(5) 其他违背客户真实意思表示，损害客户利益的行为。

欺诈客户行为给客户造成损失的，行为人应当依法承担赔偿责任。

【随堂练习】

根据《证券法》的规定，下列尚未公开的信息中，属于内幕信息的有（　　）。

A. 公司营业用主要资产的抵押一次达到该资产的20％

B. 公司经理的行为可能依法承担重大损害赔偿责任

C. 上市公司董事长发生变动

D. 公司债务担保的重大变更

答案：BCD

四、上市公司收购规则

上市公司收购是指收购人通过收购上市公司股权从而取得或巩固其对目标公司控制权的一系列行为和安排。上市公司收购按收购方式不同可分为要约收购与协议收购；按收购是否具有强制性可分为自愿收购与强制收购；按收购份额的多少可分为全面收购与部分收购；按目标公司与收购方是否配合可分为敌意收购与友好收购。《证券法》主要对要约收购和协议收购做了具体规定。具体来说，要约收购是指投资者向目标公司的所有股东发出要约，表明愿意以要约中的条件购买目标公司的股票，以期达到对目标公司控制权的获得和巩固。要约收购可以分为强制要约收购和自愿要约收购，《证券法》规定的是强制要约收购，强制要约收购是指投资者持有一个上市公司的股份达到一定比例时，如果愿意继续购入该公司的股份，应当依法向该上市公司的所有股东发出收购要约，表示愿意以收购要约中的条件购买该上市公司的股份。协议收购是指投资者在证券交易所外与目标公司的股东(主要是持股比例较高的大股东)进行私下协商，购买目标公司的股票，以期达到对目标公司控制权的获得和巩固。

1. 要约收购的基本规则

(1) 大宗持股变动披露规则。依据《证券法》，通过证券交易所的证券交易，投资者持有或者通过协议、其他安排与他人共同持有一个上市公司已发行的有表决权股份达到5％时，应当在该事实发生之日起3日内，向国务院证券监督管理机构、证券交易所作出书面报告，通知该上市公司，并予公告，在上述期限内不得再行买卖该上市公司的股票，但国务院证券监督管理机构规定的情形除外。投资者持有或者通过协议、其他安排与他人共同持有一个上市公司已发行的有表决权股份达到5％后，其所持该上市公司已发行的有表决权股份比例每增加或者减少5％，应当依照前款规定进行报告和公告，在该事实发生之日起至公告后3日内,不得再行买卖该上市公司的股票,但国务院证券监督管理机构规定的情形除外。投资者持有或者通过协议、其他安排与他人共同持有一个上市公司已发行的有表决权股份达到5%后,其所持该上市公司已发行的有表决权股份比例每增加或者减少1%,应当在该事实发生的次日通知该上市公司,并予公告。违反上述规定买入上市公司有表决权的股份的,在买入后的36个月内,对该超过规定比例部分的股份不得行使表决权。

(2) 强制要约收购规则。通过证券交易所的证券交易,投资者持有或者通过协议、其他安排与他人共同持有一个上市公司已发行的有表决权股份达到30%时,继续进行收购的,应当依法向该上市公司所有股东发出收购上市公司全部或者部分股份的要约。收购上市公司部分股份的要约应当约定,被收购公司股东承诺出售的股份数额超过预定收购的股份数额的,收购人按比例进行收购。

2. 协议收购的基本规则

以协议方式收购上市公司时,达成协议后,收购人必须在3日内将该收购协议向国务院证券监督管理机构及证券交易所作出书面报告,并予公告。通过协议收购,收购人持有目标公司股份达到该公司已发行有表决权股份的30%时,继续进行收购的,应该转为要约的方式并按照要约程序进行收购,但收购人可以向国务院证券监督管理机构申请免除发出要约。

3. 其他规则

① 收购期限届满,被收购公司股权分布不符合证券交易所规定的上市交易要求的,该上市公司的股票应当由证券交易所依法终止上市交易;其余仍持有被收购公司股票的股东,有权向收购人以收购要约的同等条件出售其股票,收购人应当收购。②收购行为完成后,被收购公司不再具备股份有限公司条件的,应当依法变更企业形式。③在上市公司收购中,收购人持有的被收购的上市公司的股票,在收购行为完成后的18个月内不得转让。④收购行为完成后,收购人与被收购公司合并,并将该公司解散的,被解散公司的原有股票由收购人依法更换。⑤收购行为完成后,收购人应当在15日内将收购情况报告国务院证券监督管理机构和证券交易所,并予公告。⑥上市公司分立或者被其他公司合并,应当向国务院证券监督管理机构报告,并予公告。

【随堂练习】

在上市公司收购中,收购人持有的被收购公司的股票,在收购行为结束后(　　)个月内不得转让。

A. 2　　　　　　B. 6　　　　　　C. 12　　　　　　D. 18

答案:D

【案例讨论】

A公司为我国境内上市公司,已发行股份为1万万股,假设在本案发生过程中A公司股本总额没有发生变化。B公司为我国境内的一家有限责任公司。B公司通过证券交易所的证券交易,逐步购买A公司的股票。

问题：

（1）B公司持有A公司股份500万股时，应遵守什么行为规范？

（2）当B公司通过证券交易所的证券交易，持有A公司股份3 000万股时，若B公司欲继续收购A公司股份，应当怎么做？

（3）当收购要约的期限届满，B公司持有A公司已发行股份达到多少万股时，A公司股票应当在证券交易所终止上市？

第四节　信息披露制度

一、信息披露的基本要求

信息披露是指有关当事人在证券活动中需依法将与证券有关的可能影响投资者决策的重大信息予以公开。发行人及法律、行政法规和国务院证券监督管理机构规定的其他信息披露义务人，应当及时依法履行信息披露义务。信息披露义务人披露的信息，应当真实、准确、完整，简明清晰，通俗易懂，不得有虚假记载、误导性陈述或者重大遗漏。证券同时在境内境外公开发行、交易的，其信息披露义务人在境外披露的信息，应当在境内同时披露。

上市公司、公司债券上市交易的公司、股票在国务院批准的其他全国性证券交易场所交易的公司，应当按照国务院证券监督管理机构和证券交易场所规定的内容和格式编制定期报告，并按照以下规定报送和公告：在每一会计年度结束之日起4个月内，报送并公告年度报告，其中的年度财务会计报告应当经符合《证券法》规定的会计师事务所审计；在每一会计年度的上半年结束之日起2个月内，报送并公告中期报告。

依法披露的信息，应当在证券交易场所的网站和符合国务院证券监督管理机构规定条件的媒体发布，同时将其置备于公司住所、证券交易场所，供社会公众查阅。

二、重大事件的披露规则

1. 股票交易重大事件披露规则

发生可能对上市公司、股票在国务院批准的其他全国性证券交易场所交易的公司的股票交易价格产生较大影响的重大事件，投资者尚未得知时，公司应当立即将有关该重大事件的情况向国务院证券监督管理机构和证券交易场所报送临时报告，并予公告，说明事件的起因、目前的状态和可能产生的法律后果。

下列事件属于对股票交易价格产生较大影响的重大事件：

（1）公司的经营方针和经营范围的重大变化；

（2）公司的重大投资行为，公司在1年内购买、出售重大资产超过公司资产总额30%，或者公司营业用主要资产的抵押、质押、出售或者报废一次超过该资产的30%；

（3）公司订立重要合同、提供重大担保或者从事关联交易，可能对公司的资产、负债、权益和经营成果产生重要影响；

（4）公司发生重大债务和未能清偿到期重大债务的违约情况；

(5) 公司发生重大亏损或者重大损失；

(6) 公司生产经营的外部条件发生的重大变化；

(7) 公司的董事、1/3以上监事或者经理发生变动,董事长或者经理无法履行职责；

(8) 持有公司5%以上股份的股东或者实际控制人持有股份或者控制公司的情况发生较大变化,公司的实际控制人及其控制的其他企业从事与公司相同或者相似业务的情况发生较大变化；

(9) 公司分配股利、增资的计划,公司股权结构的重要变化,公司减资、合并、分立、解散及申请破产的决定,或者依法进入破产程序、被责令关闭；

(10) 涉及公司的重大诉讼、仲裁,股东大会、董事会决议被依法撤销或者宣告无效；

(11) 公司涉嫌犯罪被依法立案调查,公司的控股股东、实际控制人、董事、监事、高级管理人员涉嫌犯罪被依法采取强制措施；

(12) 国务院证券监督管理机构规定的其他事项。

公司的控股股东或者实际控制人对重大事件的发生、进展产生较大影响的,应当及时将其知悉的有关情况书面告知公司,并配合公司履行信息披露义务。

2. 债券交易重大事件披露规则

发生可能对上市交易公司债券的交易价格产生较大影响的重大事件,投资者尚未得知时,公司应当立即将有关该重大事件的情况向国务院证券监督管理机构和证券交易场所报送临时报告,并予公告,说明事件的起因、目前的状态和可能产生的法律后果。这些重大事件包括：公司股权结构或者生产经营状况发生重大变化；公司债券信用评级发生变化；公司重大资产抵押、质押、出售、转让、报废；公司发生未能清偿到期债务的情况；公司新增借款或者对外提供担保超过上年末净资产的20%；公司放弃债权或者财产超过上年末净资产的10%；公司发生超过上年末净资产10%的重大损失；公司分配股利,作出减资、合并、分立、解散及申请破产的决定,或者依法进入破产程序、被责令关闭；涉及公司的重大诉讼、仲裁；公司涉嫌犯罪被依法立案调查,公司的控股股东、实际控制人、董事、监事、高级管理人员涉嫌犯罪被依法采取强制措施；国务院证券监督管理机构规定的其他事项。

三、信息披露义务人及其法律责任

发行人的董事、高级管理人员应当对证券发行文件和定期报告签署书面确认意见。发行人的监事会应当对董事会编制的证券发行文件和定期报告进行审核并提出书面审核意见。监事应当签署书面确认意见。发行人的董事、监事和高级管理人员应当保证发行人及时、公平地披露信息,所披露的信息真实、准确、完整。董事、监事和高级管理人员无法保证证券发行文件和定期报告内容的真实性、准确性、完整性或者有异议的,应当在书面确认意见中发表意见并陈述理由,发行人应当披露。发行人不予披露的,董事、监事和高级管理人员可以直接申请披露。

信息披露义务人披露的信息应当同时向所有投资者披露,不得提前向任何单位和个人泄露。但是,法律、行政法规另有规定的除外。任何单位和个人不得非法要求信息披露义务人提供依法需要披露但尚未披露的信息。任何单位和个人提前获知的前述信息,在依法披露前应当保密。

除依法需要披露的信息之外,信息披露义务人可以自愿披露与投资者作出价值判断和投资决策有关的信息,但不得与依法披露的信息相冲突,不得误导投资者。发行人及其控股股东、实际控制人、董事、监事、高级管理人员等作出公开承诺的,应当披露。不履行承诺给投资者造成损失的,应当依法承担赔偿责任。

信息披露义务人未按照规定披露信息,或者公告的证券发行文件、定期报告、临时报告及其他信息披露资料存在虚假记载、误导性陈述或者重大遗漏,致使投资者在证券交易中遭受损失的,信息披露义务人应当承担赔偿责任;发行人的控股股东、实际控制人、董事、监事、高级管理人员和其他直接责任人员以及保荐人、承销的证券公司及其直接责任人员,应当与发行人承担连带赔偿责任,但是能够证明自己没有过错的除外。

【案例讨论】

上市公司 A 在股票发行申报材料中,对当地国土管理部门未批准处置的两块土地做了违规处理,按照评估结果计入公司总资产,由此虚增公司无形资产 1 000 万元;在公司股票发行材料中,将公司国家股、法人股和内部职工股数额做了相应缩减,该事实在 A 公司股票发行文件中未做披露;公司股票申请发行前,已将其内部职工股在某产权交易报价系统挂牌交易,对此,A 公司未在招股说明中披露。

问题:A 公司违反了哪些法律规定?其法律责任应如何承担?

第五节 投资者保护

一、证券投资者

证券投资者是指以取得利息、股息或资本收益为目的而买入证券的机构和个人。证券投资者是资金供给者,也是金融工具的购买者。投资者的种类较多,既有个人投资者,也有机构投资者。各投资者的目的也各不相同,有些意在长期投资,以获取高于银行利息的收益或参与股份有限公司的经营管理;有些则企图投机,通过买卖证券时机的选择,以赚取市场价差。个人投资者是证券市场最广泛的投资者,具有分散性和流动性。不论男女老幼,也不分文化职业,只要有起码的购买能力和投资欲望,都可在证券市场上一试身手。由于个人投资者的目的是获利,所以任何投资者都可根据市场变化状况及自己的需要变换证券种类。虽然每个个人投资者因投资能力所限,单笔投资额不可能很大,但由于社会公众的广泛性,其集合总额却是比较可观的。机构投资者主要是证券公司、共同基金等金融机构和企业、事业单位、社会团体等。

《证券法》根据财产状况、金融资产状况、投资知识和经验、专业能力等因素,将投资者分为普通投资者和专业投资者。专业投资者的标准由国务院证券监督管理机构规定。

二、证券投资者保护规则

2020 年 3 月 1 日正式实施的新《证券法》在证券投资者保护方面取得重大突破,该法

第六章"投资者保护"专章规定了证券投资者保护的基本规则。

（1）证券公司销售责任条款。证券公司向投资者销售证券、提供服务时，应当按照规定充分了解投资者的基本情况、财产状况、金融资产状况、投资知识和经验、专业能力等相关信息；如实说明证券、服务的重要内容，充分揭示投资风险；销售、提供与投资者上述状况相匹配的证券、服务。投资者在购买证券或者接受服务时，应当按照证券公司明示的要求提供前款所列真实信息。拒绝提供或者未按照要求提供信息的，证券公司应当告知其后果，并按照规定拒绝向其销售证券、提供服务。证券公司违反上述规定导致投资者损失的，应当承担相应的赔偿责任。

（2）普通投资者举证责任倒置条款。普通投资者与证券公司发生纠纷的，证券公司应当证明其行为符合法律、行政法规以及国务院证券监督管理机构的规定，不存在误导、欺诈等情形。证券公司不能证明的，应当承担相应的赔偿责任。

（3）公开征集股东权利条款。上市公司董事会、独立董事、持有1%以上有表决权股份的股东或者依照法律、行政法规或者国务院证券监督管理机构的规定设立的投资者保护机构（以下简称"投资者保护机构"），可以作为征集人，自行或者委托证券公司、证券服务机构，公开请求上市公司股东委托其代为出席股东大会，并代为行使提案权、表决权等股东权利。依照上述规定征集股东权利的，征集人应当披露征集文件，上市公司应当予以配合。禁止以有偿或者变相有偿的方式公开征集股东权利。公开征集股东权利违反法律、行政法规或者国务院证券监督管理机构有关规定，导致上市公司或者其股东遭受损失的，应当依法承担赔偿责任。

（4）利润分配条款。上市公司应当在章程中明确分配现金股利的具体安排和决策程序，依法保障股东的资产收益权。上市公司当年税后利润，在弥补亏损及提取法定公积金后有盈余的，应当按照公司章程的规定分配现金股利。

（5）债券持有人保护条款。公开发行公司债券的，应当设立债券持有人会议，并应当在募集说明书中说明债券持有人会议的召集程序、会议规则和其他重要事项。公开发行公司债券的，发行人应当为债券持有人聘请债券受托管理人，并订立债券受托管理协议。受托管理人应当由本次发行的承销机构或者其他经国务院证券监督管理机构认可的机构担任，债券持有人会议可以决议变更债券受托管理人。债券受托管理人应当勤勉尽责，公正履行受托管理职责，不得损害债券持有人利益。债券发行人未能按期兑付债券本息的，债券受托管理人可以接受全部或者部分债券持有人的委托，以自己名义代表债券持有人提起、参加民事诉讼或者清算程序。

（6）先行赔付条款。发行人因欺诈发行、虚假陈述或者其他重大违法行为给投资者造成损失的，发行人的控股股东、实际控制人、相关的证券公司可以委托投资者保护机构，就赔偿事宜与受到损失的投资者达成协议，予以先行赔付。先行赔付后，可以依法向发行人以及其他连带责任人追偿。

（7）法律救济条款。投资者与发行人、证券公司等发生纠纷的，双方可以向投资者保护机构申请调解。普通投资者与证券公司发生证券业务纠纷，普通投资者提出调解请求的，证券公司不得拒绝。投资者保护机构对损害投资者利益的行为，可以依法支持投资者向人民法院提起诉讼。发行人的董事、监事、高级管理人员执行公司职务时违反法律、行政法规或者公司章程的规定给公司造成损失,发行人的控股股东、实际控制人等侵犯公司合法权益给公司造成损失,投资者保护机构持有该公司股份的,可以为公司的利益以自己的名义向人民法院提起诉讼,持股比例和持股期限不受《中华人民共和国公司法》规定的限制。

(8) 代表人诉讼条款。投资者提起虚假陈述等证券民事赔偿诉讼时,诉讼标的是同一种类,且当事人一方人数众多的,可以依法推选代表人进行诉讼。对按照前款规定提起的诉讼,可能存在有相同诉讼请求的其他众多投资者的,人民法院可以发出公告,说明该诉讼请求的案件情况,通知投资者在一定期间向人民法院登记。人民法院作出的判决、裁定,对参加登记的投资者发生效力。投资者保护机构受50名以上投资者委托,可以作为代表人参加诉讼,并为经证券登记结算机构确认的权利人依照前款规定向人民法院登记,但投资者明确表示不愿意参加该诉讼的除外。

第六节　主要证券机构

一、证券交易所

证券交易所是为证券集中交易提供场所和设施,组织和监督证券交易,实行自律管理的法人,分为会员制证券交易所和公司制证券交易所两种形式。会员制证券交易所是以会员协会形式成立的不以营利为目的的法人组织,其会员主要为证券商,只有会员以及有特许权的经纪人,才有资格在交易所中交易。会员制证券交易所实行会员自治、自律、自我管理。目前大多数国家的证券交易所都实行会员制。公司制证券交易所是以营利为目的的公司法人。公司制证券交易所对在本所内的证券交易负有担保责任。公司制证券交易所的证券商及其股东不得担任证券交易所的董事、监事或经理。我国现有的上海证券交易所和深圳证券交易所均为会员制交易所,二者分别于1990年11月26日和1990年12月1日设立。

1. 证券交易所的设立

证券交易所的设立和解散由国务院决定。设立证券交易所应该具备以下条件:有自己的名称;有自己的章程;有必要的场所、设施和运营资金;有一定数量的会员;有符合法律规定的组织机构。

2. 证券交易所的组织机构

(1) 理事会。理事会是证券交易所的决策机构,每届任期3年。理事会由7至13人组成,其中非会员理事人数不少于理事会成员总数的1/3,不超过理事会成员总数的1/2。

(2) 总经理。证券交易所设总经理1人,由国务院证券监督管理机构任免。总经理为证券交易所的法定代表人,主持证券交易所的日常管理工作。证券交易所可根据需要设立专门委员会,如证券发行审核委员会、监察委员会等。

3. 证券交易所的职能

证券交易所应当创造公开、公平的市场环境,提供便利条件保证证券交易的正常运行。证券交易所的职责主要包括:提供股票交易的场所和设施;制定证券交易所的业务规则;审核批准股票的上市申请;组织、监督股票交易活动;提供和管理证券交易所的市场信息等。

二、证券公司

证券公司是指依照《公司法》和《证券法》规定设立的经营证券业务的有限责任公司或者股份有限公司。

1. 证券公司的设立

设立证券公司,应当具备下列条件:①有符合法律、行政法规规定的公司章程;②主要股东及公司的实际控制人具有良好的财务状况和诚信记录,最近3年无重大违法违规记录;③有符合《证券法》规定的公司注册资本;④董事、监事、高级管理人员、从业人员符合《证券法》规定的条件;⑤有完善的风险管理与内部控制制度;⑥有合格的经营场所、业务设施和信息技术系统;⑦法律、行政法规和经国务院批准的国务院证券监督管理机构规定的其他条件。

未经国务院证券监督管理机构批准,任何单位和个人不得以证券公司名义开展证券业务活动。

国务院证券监督管理机构应当自受理证券公司设立申请之日起6个月内,依照法定条件和法定程序并根据审慎监管原则进行审查,作出批准或者不予批准的决定,并通知申请人;不予批准的,应当说明理由。

证券公司设立申请获得批准的,申请人应当在规定的期限内向公司登记机关申请设立登记,领取营业执照。

证券公司应当自领取营业执照之日起15日内,向国务院证券监督管理机构申请经营证券业务许可证。未取得经营证券业务许可证,证券公司不得经营证券业务。

2. 证券公司的业务范围

经国务院证券监督管理机构核准,证券公司可以经营下列部分或者全部业务:①证券经纪;②证券投资咨询;③与证券交易、证券投资活动有关的财务顾问;④证券承销与保荐;⑤证券融资融券;⑥证券做市交易;⑦证券自营;⑧其他证券业务。其中,证券公司经营第①~③项业务的,注册资本最低限额为人民币5000万元;经营第④~⑧项业务之一的,注册资本最低限额为人民币1亿元;经营第④~⑧项业务中两项以上的,注册资本最低限额为人民币5亿元。证券公司的注册资本应当是实缴资本。国务院证券监督管理机构根据审慎监管原则和各项业务的风险程度,可以调整注册资本最低限额,但不得少于规定的限额。

三、证券登记结算机构

证券登记结算机构是为证券交易提供集中登记、存管与结算服务,不以营利为目的的法人。设立证券登记结算机构必须具备下列条件:自有资金不少于人民币2亿元;具有证券登记、存管和结算服务所必需的场所和设施;国务院证券监督管理机构规定的其他条件。证券登记结算机构的名称中应当标明证券登记结算字样。

证券登记结算机构履行下列职能:证券账户、结算账户的设立;证券的存管和过户;

证券持有人名册登记;证券交易的清算和交收;受发行人的委托派发证券权益;办理与上述业务有关的查询、信息服务;国务院证券监督管理机构批准的其他业务。

四、证券交易服务机构

根据证券投资和证券交易业务的需要,可以设立专业的证券投资咨询机构、资信评估机构。证券投资咨询机构、资信评估机构的设立条件、审批程序和业务规则,由国务院证券监督管理机构规定。专业的证券投资咨询机构、资信评估机构的业务人员,必须具备证券专业知识和从事证券业务二年以上经验。认定其从事证券业务资格的标准和管理办法,由国务院证券监督管理机构制定。

证券投资咨询机构的从业人员不得从事下列行为:①代理委托人从事证券投资;②与委托人约定分享证券投资收益或者分担证券投资损失;③买卖本咨询机构提供服务的上市公司股票;④法律、行政法规禁止的其他行为。

专业的证券投资咨询机构和资信评估机构,应当按照国务院有关管理部门规定的标准或者收费办法收取服务费用。为证券的发行、上市或者证券交易活动出具审计报告、资产评估报告或者法律意见书等文件的专业机构和人员,必须按照执业规则规定的工作程序出具报告,对其所出具报告内容的真实性、准确性和完整性进行核查和验证,并就其负有责任的部分承担连带责任。

五、证券业协会

证券业协会是证券市场的自律性监管机构。我国证券业协会成立于1991年8月28日,履行下列职责:教育和组织会员及其从业人员遵守证券法律、行政法规,组织开展证券行业诚信建设,督促证券行业履行社会责任;依法维护会员的合法权益,向证券监督管理机构反映会员的建议和要求;督促会员开展投资者教育和保护活动,维护投资者合法权益;制定和实施证券行业自律规则,监督、检查会员及其从业人员行为,对违反法律、行政法规、自律规则或者协会章程的,按照规定给予纪律处分或者实施其他自律管理措施;制定证券行业业务规范,组织从业人员的业务培训;组织会员就证券行业的发展、运作及有关内容进行研究,收集整理、发布证券相关信息,提供会员服务,组织行业交流,引导行业创新发展;对会员之间、会员与客户之间发生的证券业务纠纷进行调解;证券业协会章程规定的其他职责。

六、证券监督管理机构

国务院证券监督管理机构依法对全国证券市场实行集中统一的监督管理,我国具体由中国证券监督管理委员会(简称中国证监会)行使该职权。

国务院证券监督管理机构依法对证券市场实行监督管理,维护证券市场秩序,保障其合法运行,在监管中履行下列职责:依法制定有关证券市场监督管理的规章、规则,并依法进行审批、核准、注册,办理备案;依法对证券的发行、上市、交易、登记、存管、结算等行为,进行监督管理;依法对证券发行人、证券公司、证券服务机构、证券交易场所、证券登记结算机构的证券业务活动,进行监督管理;依法制定从事证券业务人员的行为准则,并监督实施；依法监督检查证券发行、上市、交易的信息披露；依法对证券业协会的自律管理活动进行指导和监督；依法监测并防范、处置证券市场风险；依法开展投资者教育；依法对证券违法行为进行查处；法律、行政法规规定的其他职责。

国务院证券监督管理机构可以和其他国家或地区的证券监督管理机构建立监督管理合作机制，实施跨境监督管理。

国务院证券监督管理机构依法履行职责，有权采取下列措施：①对证券发行人、证券公司、证券服务机构、证券交易场所、证券登记结算机构进行现场检查。②进入涉嫌违法行为发生场所调查取证。③询问当事人和与被调查事件有关的单位和个人，要求其对与被调查事件有关的事项作出说明；或者要求其按照指定的方式报送与被调查事件有关的文件和资料。④查阅、复制与被调查事件有关的财产权登记、通讯记录等文件和资料。⑤查阅、复制当事人和与被调查事件有关的单位和个人的证券交易记录、登记过户记录、财务会计资料及其他相关文件和资料；对可能被转移、隐匿或者毁损的文件和资料，可以予以封存、扣押。⑥查询当事人和与被调查事件有关的单位和个人的资金账户、证券账户、银行账户以及其他具有支付、托管、结算等功能的账户信息，可以对有关文件和资料进行复制；对有证据证明已经或者可能转移或者隐匿违法资金、证券等涉案财产或者隐匿、伪造、毁损重要证据的，经国务院证券监督管理机构主要负责人或者其授权的其他负责人批准，可以冻结或者查封，期限为6个月；因特殊原因需要延长的，每次延长期限不得超过3个月，冻结、查封期限最长不得超过2年。⑦在调查操纵证券市场、内幕交易等重大证券违法行为时，经国务院证券监督管理机构主要负责人或者其授权的其他负责人批准，可以限制被调查的当事人的证券买卖，但限制的期限不得超过3个月；案情复杂的，可以延长3个月。⑧通知出境入境管理机关依法阻止涉嫌违法人员、涉嫌违法单位的主管人员和其他直接责任人员出境。为防范证券市场风险，维护市场秩序，国务院证券监督管理机构可以采取责令改正、监管谈话、出具警示函等措施。

本章课后习题

2019年12月6日，某报头版头条发布了"A公司致函本报向社会收购B上市公司股票"的消息，并全文刊载了A公司的函件。函件称，至12月6日下午收市，A公司持有B公司已发行股份的5%，并表示按法定程序继续收购B公司的股票。经查，A公司为赚取利润，董事会决定投资股票市场。A公司将1000万元人民币分别存在证券公司开设的数个个人账户中，具体由公司职工赵某操作。赵某为了替公司赚更多的钱，在不具备收购B公司条件的情况下致函某报，某报未经核实即登载于头版头条。此后，B公司股票在证券交易市场剧烈波动，赵某又与孙某、钱某等联手，集中资金优势，约定时间和价格，不断拉高B公司股票价格，从中获利近千万元。其后，赵某将本金及利润全部上交A公司。

问题：
根据《证券法》的规定，上述案件中存在哪些违法事实？

即 测 即 练

第九章

银行法律制度

【案例导读】

甲公司系中外合资经营企业,主要生产塑胶玩具。甲公司与乙公司签订了租赁塑胶生产线的融资租赁合同,约定承租方支付出租方租金共 200 万美元。出租方同时提出需由银行提供担保。当地县政府因急于发展外向型经济,遂指令中国人民银行县支行予以担保。县支行向乙公司出具了《不可撤销的经济担保书》。融资租赁合同签订后,乙公司交付了租赁设备,而甲公司仅交付了租金 18 万美元。偿还期限届满后,乙公司向承租人和担保人催收租金未果,遂以县支行为第一被告向人民法院提起诉讼,请求人民法院判令县支行承担支付租金的连带责任。人民法院审理后,判决认为县支行属于国家机关,其保证行为无效,但应承担其过错行为给乙公司造成经济损失的赔偿责任。

第一节 银行法概述

一、银行

银行是经营存款、贷款、汇兑、结算等业务,起信用和支付媒介作用的金融机构。银行是商品经济发展最早产生的金融组织,在现代金融体系中居中心地位。1694 年,英国以股份制形式建立的英格兰银行被认为是现代银行的始创。英格兰银行的建立标志着新兴的资本主义银行制度的诞生。

近代银行经过几百年的发展,逐步成为功能齐全、渗透到社会各部门的经济支柱。其主要功能有以下几个方面:

(1)信用中介。银行一方面以存款的形式吸收社会大量闲置资金,另一方面以贷款的形式将集中的货币资金提供给生产和流通等部门使用,从而充当货币资金供给者与使用者的信用中介。

(2)支付中介。银行保管着存款人的存款资金和贷款人的转存款,为客户办理收付、转账结算等金融服务业务,充当社会支付的中介。

(3)信用创造。银行可以创造代替金融铸币流通的信用工具,如银行券、支票、汇票等。银行发行各种信用流通工具,不仅大大节约了金属铸币所需花费的非生产性流通费用,而且更能满足流通过程对流通手段和支付手段的需要。

(4)金融服务。银行利用其方便的条件和设施为客户提供多种金融服务。

(5)国家调控经济。各类银行配合政府的宏观经济政策,直接参与对社会经济的调控。中央银行的货币政策是国家调控经济、达到社会经济总量增长和结构平衡的最有效的政策措施。

二、银行法

银行法是调整银行组织机构、业务经营和监督管理过程中发生的各种社会关系的法律规范的总称。就其调整对象而言，可以说，银行法是银行体制的法制化，即国家通过立法对各类银行及非银行金融机构的种类、性质、地位、职能、作用、组织、业务及其相互关系予以规定或确认，并严格依法规范和管理的一种制度体系。银行体制是一国金融体制的核心，没有银行体制也就无所谓金融体制。就功能而言，金融活动主要是通过各类银行和非银行金融机构来进行的。因而，银行法也就成为金融法律的核心与基础。

1995年3月18日，第八届全国人民代表大会第三次会议通过《中华人民共和国中国人民银行法》(2003年12月27日中华人民共和国第十届全国人民代表大会常务委员会第六次会议进行了修订)；1995年5月10日，第八届全国人民代表大会常务委员会第十三次会议通过《中华人民共和国商业银行法》(2003年12月27日第十届全国人民代表大会常务委员会第六次会议对该法进行了第一次修正，2015年8月29日第十二届全国人民代表大会常务委员会第十六次会议进行了第二次修正)；2003年12月27日，第十届全国人民代表大会常务委员会第六次会议通过《中华人民共和国银行业监督管理法》(2006年10月31日第十届全国人民代表大会常务委员会第二十四次会议进行了修订)，构成与市场经济体制相适应的我国银行法律制度的基本框架。

第二节　中央银行法

中央银行法，在我国即为《中国人民银行法》，是规定和确认中国人民银行地位、组织、货币政策、金融监管等的法律。在一国的银行体系中，中央银行处于核心地位；它制定和执行货币政策，并通过各种货币政策工具实现对经济的宏观调控；它与中国银行保险监督管理委员会(以下简称"银保监会")协调、配合，履行必要的金融监管职责。

一、中国人民银行的性质与法律地位

(一) 中国人民银行的性质

中国人民银行的性质是指中国人民银行区别于其他金融机构的根本属性，具体指中国人民银行是属于国家行政机关，还是属于企业或其他市场主体，或者二者兼而有之。一般来说，各国中央银行既是特殊金融机构，又是特殊国家行政机关。说其是特殊金融机构，是因为它多数是由国家出资设立，属于国家所有的金融机构，同时它为政府办理金融业务，接受国家最高权力机关和行政机关双重领导。说其是特殊的国家行政机关，是因为它不同于其他普通国家行政机关，是办理金融业务的具有特殊地位的国家行政机关；中央银行履行职能主要靠经济手段，通过调节和控制货币信用活动来实现。中央银行在履行职能时有自己的收入，并实行资产负债管理等。依照《中国人民银行法》的规定，中国人民银行的性质体现在以下几个方面。

1. 中国人民银行是政府的银行

中国人民银行是政府的银行是指中国人民银行是国务院的职能部门,负责发布与履行其职责有关的命令和规章;依法制定和执行货币政策;监督管理银行间同业拆借市场和银行间债券市场;实施外汇管理,监督管理银行间外汇市场;监督管理黄金市场;持有、管理、经营国家外汇储备、黄金储备;经理国库;维护支付、清算系统的正常运行;指导、部署金融业反洗钱工作,负责反洗钱的资金监测;负责金融业的统计、调查、分析和预测;作为国家的中央银行,从事有关的国际金融活动。

虽然中国人民银行是政府的职能部门,但它与一般行政机关又有所区别,这主要表现在:中国人民银行作为一个银行,要办理金融业务,提供金融服务,如办理对其他银行和金融机构及政府的存贷款业务、清算业务、发行业务等,并且有大量的经营收益。这与完全依靠国家财政拨付经费的政府机关不同。中国人民银行的金融管理主要靠经济手段,这与主要依靠行政手段进行管理的一般行政机关也是不同的。

2. 中国人民银行是发行的银行

中国人民银行是发行的银行,是全国的货币发行机关。中国人民银行根据国家的授权,统一印制和掌管人民币的发行工作,建立统一的发行机构。

3. 中国人民银行是银行的银行

中国人民银行是银行的银行,是指中央银行同商业银行之间的特殊业务关系,中国人民银行在我国银行体系中居于主导地位。中央银行的业务关系对象不是一般的企业和个人,而是商业银行。中国人民银行作为中央银行与其他银行是有所区别的,主要表现在:中国人民银行不经营商业银行的对企业存放款业务,而以政府和银行为开展业务活动的对象;中国人民银行不以盈利为目的,不与商业银行争利;商业银行是服务性企业,但中国人民银行是金融监督管理机关,主要任务是监督管理金融。

依照法律规定,各商业银行不得将其存款全部贷出,而要向中国人民银行交纳存款准备金,中国人民银行是商业银行存款准备金的最终保管者。存款准备金的比率由中国人民银行规定。

当商业银行遇到资金周转上的困难,在同业银行间也难拆借融通时,可以向中国人民银行申请短期贷款的再贴现。中国人民银行是商业银行的最后贷款人。

中国人民银行是唯一代表国家进行金融机构控制和金融管理的特殊金融机构,它不仅经营对商业银行的存款、贷款、清算业务,而且要监督管理金融。中国人民银行统一检查监督执行有关存款准备金管理规定的行为;执行与中国人民银行特种贷款有关的行为;执行有关人民币管理规定的行为;执行有关银行间同业拆借市场、银行间债券市场管理规定的行为;执行有关外汇管理规定的行为;执行有关黄金管理规定的行为;执行有关清算管理规定的行为等。

(二)中国人民银行的法律地位

中国人民银行的法律地位,是指通过法律形式规定中国人民银行在国家机构体系中的地位,即其与政府、其他职能部门的关系,实质便是中国人民银行的独立性问题。

中央银行的独立性是指中央银行独立于政府,不受政治干预,具有执行法定职责的充分自主权。强调中央银行独立于政府的根本原因是政府为了达到经济增长的目的,可能不顾通货膨胀的风险,而采取货币扩张政策,所以中央银行制定和实施货币政策的权力必须免受政府的左右和影响。但是,中央银行的独立性不是绝对的,法律必须建立中央银行的问责机制,也就是中央银行必须对其他机构负责,以限制其自由裁量权的无限扩张。

一部中央银行法是否赋予了中央银行以独立性,可以从中央银行法是否为中央银行的独立性在组织和功能上提供了保障来判断。组织保障是指中央银行法在中央银行的组织以及其与政府之间的关系方面为中央银行的独立性提供了保障;功能保障是指中央银行法对中央银行履行职责的独立性提供了保障。

1. 组织保障

1) 任命

根据《中国人民银行法》第10条的规定,中国人民银行行长的人选,根据国务院总理的提名,由全国人民代表大会决定;全国人民代表大会闭会期间,由全国人民代表大会常务委员会决定,由中华人民共和国主席任免。中国人民银行副行长由国务院总理任免。第11条进一步规定,中国人民银行实行行长负责制。行长领导中国人民银行的工作,副行长协助行长工作。

2) 任期

《中国人民银行法》没有对中国人民银行行长、副行长的任期作出规定,其结果是随着政府的换届,中国人民银行行长和副行长也往往更换,这在一定程度上会损害中国人民银行政策尤其是货币政策的连续性和统一性。

3) 免职

《中国人民银行法》并没有明确规定中国人民银行行长、副行长免职的原因,但是规定了给予行政处分和追究刑事责任的行为。按通常的理解,如果他们的行为构成了犯罪,自然要被免职;但在受到行政处分的情况下,他们并不一定要被免职。《中国人民银行法》第48条规定,中国人民银行违反规定向地方政府、各级政府部门、非银行金融机构、其他单位和个人提供贷款的,或者对单位和个人提供担保的,或者擅自动用发行基金的,对负有直接责任的主管人员和其他直接责任人员,依法给予行政处分;构成犯罪的,依法追究刑事责任。第50条、第51条规定了中国人民银行的工作人员泄露国家秘密或者所知悉的商业秘密、贪污受贿、徇私舞弊、滥用职权、玩忽职守,构成犯罪的,依法追究刑事责任;尚不构成犯罪的,依法给予行政处分。

4) 适格性

中央银行官员尤其是高级官员应该具有与履行其职责相适应的专业知识和技能,这是"职业独立性"的基础。职业独立性在很大程度上能保障中央银行的独立性,因为中央银行官员如果缺乏专业知识,就存在被其他个人或机关左右的可能性。

《中国人民银行法》并没有规定中央银行工作人员的任职条件,但国务院1997年颁布的《中国人民银行货币政策委员会条例》第8条、第9条对货币政策委员会委员的任职条件做了规定:①年龄一般在65周岁以下,具有中华人民共和国国籍;②公正廉洁,忠于职守,无违法、违纪记录;③具有宏观经济、货币、银行等方面的专业知识和实践经验,熟悉有关法律、法规和政策。货币政策委员会中的金融专家还应当具备下列条件:①具有高级专业技术职称,从事金融研究工作10年以上;②非国家公务员,并且不在任何营利性机构任职。

5) 任职期间的禁止性行为

《中国人民银行法》对中国人民银行工作人员在任职时的禁止性行为做了规定。第14条规定,中国人民银行的行长、副行长及其他工作人员应当恪尽职守,不得滥用职权、徇私舞弊,不得在任何金融机构、企业、基金会兼职。第15条规定,中国人民银行的行长、副行长及其他工作人员,应当依法保守国家秘密,并有责任为与履行其职责有关的金融机构及当事人保守秘密。

2. 功能保障

1) 对政府贷款

《中国人民银行法》对中央银行向政府部门的贷款做了禁止性的规定。第29条明确规定,中国人民银行不得对政府财政透支,不得直接认购、包销国债和其他政府债券。第30条又规定,中国人民银行不得向地方政府、各级政府部门提供贷款。不得向任何单位和个人提供担保。但作为货币政策工具之一,在公开市场上买卖国债则为中央银行法所许可;同时,中国人民银行还可以作为代理机构代理国务院财政部门向各金融机构组织发行、兑付国债和其他政府债券。

2) 财务自主权

中央银行的独立性还可以通过中央银行法赋予中央银行财务和预算自主权得到加强。《中国人民银行法》赋予了中国人民银行很大的财务预算自主权,其中第38条规定中国人民银行实行独立的财务预算管理制度。中国人民银行的预算经国务院财政部门审核后,纳入中央预算,接受国务院财政部门的预算执行监督。

3) 决策自主权

在中央银行决策形成过程中,中央银行与政府部门的关系无疑是决定中央银行独立性的一个重要方面。我国中央银行法对中国人民银行的决策形成做了双重的规定。首先,《中国人民银行法》第2条第2款规定,中国人民银行在国务院领导下,制定和执行货币政策,防范和化解金融风险,维护金融稳定。第5条更加明确了中国人民银行和国务院的关系,即中国人民银行就年度货币供应量、利率、汇率和国务院规定的其他重要事项作出的决定,报国务院批准后执行。中国人民银行就前款规定以外的其他有关货币政策事项作出决定后,即予执行,并报国务院备案。其次,除接受国务院的领导外,中国人民银行在制定政策和履行职责时不受其他任何机构的领导。《中国人民银行法》第7条对此做了明确规定:中国人民银行在国务院领导下依法独立执行货币政策,履行职责,开展业务,不受地方政府、各级政府部门、社会团体和个人的干涉。

二、中国人民银行的职责

中国人民银行的职责是其性质与职能的具体化。根据《中国人民银行法》第4条的规定,中国人民银行的职责包括:

(1) 发布与履行其职责有关的命令和规章;

(2) 依法制定和执行货币政策;

(3) 发行人民币,管理人民币流通;

(4) 监督管理银行间同业拆借市场和银行间债券市场；

(5) 实施外汇管理，监督管理银行间外汇市场；

(6) 监督管理黄金市场；

(7) 持有、管理、经营国家外汇储备、黄金储备；

(8) 经理国库；

(9) 维护支付、清算系统的正常运行；

(10) 指导、部署金融业反洗钱工作，负责反洗钱的资金监测；

(11) 负责金融业的统计、调查、分析和预测；

(12) 作为国家的中央银行，从事有关的国际金融活动；

(13) 国务院规定的其他职责。

三、中国人民银行货币政策工具

货币政策，是指中央银行为实现其特定的目标而采取的各种控制和调节货币供应量或信用总量的方针和措施的总称，这里"特定的目标"就是货币政策的目标。货币政策工具是中央银行为达到货币政策目标所采取的手段。如果把货币政策的目标界定为保持币值稳定，那么，货币政策工具实际上就是那些能够保证币值稳定的调节货币供应的措施。通常，货币政策工具包括法定存款准备金、再贴现和公开市场操作。《中国人民银行法》第23条规定，中国人民银行为执行货币政策，可以运用下列货币政策工具：

(1) 要求银行业金融机构按照规定的比例交存存款准备金；

(2) 确定中央银行基准利率；

(3) 为在中国人民银行开立账户的银行业金融机构办理再贴现；

(4) 向商业银行提供贷款；

(5) 在公开市场上买卖国债、其他政府债券和金融债券及外汇；

(6) 国务院确定的其他货币政策工具。

（一）存款准备金

存款准备金是金融机构为应付客户提取存款和资金清偿而准备的货币资金，它包括三个部分：一是库存现金；二是按一般存款的一定比例向中央银行交存的存款，即法定存款准备金；三是在中央银行存款中超过法定存款准备金的部分，称为超额准备金。作为货币政策工具的存款准备金是指法定存款准备金，中央银行通过规定交存准备金的范围、存款准备金率以及惩罚方法来影响投放市场的货币供应量。要求交存存款准备金的存款范围越大，或者存款准备金率越高，商业银行可以用于创造信用的货币和创造的派生存款就越少，从而减少了货币供应量；反之，则增加了货币供应量。我国中央银行法把交存存款准备金的对象限定为"银行业金融机构"。据《中国人民银行法》第52条的解释，"银行业金融机构"是指在中华人民共和国境内设立的商业银行、城市信用合作社、农村信用合作社等吸收公众存款的金融机构以及政策性银行，不包括证券公司和保险公司，所以其范围要小于"金融机构"。

（二）中央银行基准利率

基准利率是中央银行对金融机构的存、贷款利率，它通常是整个社会利率体系中处于最低水平同时也是核心地位的利率,它的变动会引起其他利率如商业银行利率、市场利率的变化。中央银行基准利率作为货币政策工具对货币供应量的调节机理是,当中央银行提高基准利率时,就会增加金融机构筹措资金的成本,这样其对外贷款的利率也要相应提高,结果借款人的贷款数额就会减少,从而引发整个社会的货币供应量下降。相反,如果中央银行降低基准利率,就会减少金融机构筹资成本和借款人的贷款成本,进而增加整个社会的货币供应量。

(三) 再贴现

再贴现,就是在中央银行开立账户的银行业金融机构,以未到期票据,向中央银行融通资金,中央银行扣除从贴现日至票据到期日的利息后,以票面余额付给申请贴现的金融机构资金的行为。我国的中央银行法把办理再贴现的对象限定为"银行业金融机构",而不是旧中央银行法的"金融机构",从而缩小了可以申请再贴现的机构范围。作为货币政策工具,再贴现主要是通过中央银行调整再贴现率来调节社会货币供应量。如果中央银行调低再贴现率,则意味着商业银行被中央银行扣除的利息少,从而可以获得较多数额的资金,同时也刺激商业银行向中央银行申请再贴现,从而增加了整个社会货币供应量;相反,如果中央银行提高再贴现率,商业银行从中央银行通过票据贴现获得资金的成本就增加,从而抑制其信贷需要,减少货币供给。

(四) 再贷款

再贷款是中央银行对商业银行提供的贷款。作为货币政策工具,它对社会货币供应量的调节机理与再贴现相同,即中央银行通过对再贷款的数额、期限、利率和方式的规定,调整基础货币的投放量。

(五) 公开市场操作

公开市场操作是中央银行通过金融市场公开买卖证券和外汇的活动。中央银行买入证券和外汇,意味着向市场注入基础货币,增加了市场的货币供应量;而卖出证券或外汇,则意味着基础货币从市场回到了中央银行,减少了市场中的货币总量。我国中央银行法规定的公开市场操作的工具是国债、其他政府债券和外汇以及金融债券。

【随堂练习】

下列哪些是中国人民银行可以从事的行为?(　　)

A. 向商业银行提供贷款　　　　　　　　B. 向非金融机构提供贷款

C. 直接认购和包销国债　　　　　　　　D. 公开买卖证券和外汇

答案:AD

四、中国人民银行金融监管

金融监管是中央银行的一项重要职能。考虑到中国人民银行制定和执行货币政策,防范和化解金融风险,维护金融稳定的需要,现行法律授予中国人民银行如下监管职责。

(1) 监督管理银行间同业拆借市场、银行间债券市场、银行间外汇市场和黄金市场。

(2) 中国人民银行有权对金融机构以及其他单位和个人的下列行为进行检查监督:

①执行有关存款准备金管理规定的行为。②与中国人民银行特种贷款有关的行为。③执行有关人民币管理规定的行为。④执行有关银行间同业拆借市场、银行间债券市场管理规定的行为。⑤执行有关外汇管理规定的行为。⑥执行有关黄金管理规定的行为。⑦代理中国人民银行经理国库的行为。⑧执行有关清算管理规定的行为。⑨执行有关反洗钱规定的行为。

(3) 中国人民银行根据执行货币政策和维护金融稳定的需要,可以建议国务院银行业监督管理机构对银行业金融机构进行检查监督。国务院银行业监督管理机构应当自收到建议之日起 30 日内予以回复。

(4) 当银行业金融机构出现支付困难,可能引发金融风险时,为了维护金融稳定,中国人民银行经国务院批准,有权对银行业金融机构进行检查监督。中国人民银行应当建立、健全本系统的稽核、检查制度,加强内部的监督管理。

(5) 中国人民银行根据履行职责的需要,有权要求银行业金融机构报送必要的资产负债表、利润表以及其他财务会计、统计报表和资料。中国人民银行应当和国务院银行业监督管理机构、国务院其他金融监督管理机构建立监督管理信息共享机制。中国人民银行负责统一编制全国金融统计数据、报表,并按照国家有关规定予以公布。

(6) 中国人民银行应当组织或者协助组织银行业金融机构相互之间的清算系统,协调银行业金融机构相互之间的清算事项,提供清算服务。具体办法由中国人民银行制定。中国人民银行会同国务院银行业监督管理机构制定支付结算规则。

第三节 商业银行法

一、商业银行和商业银行法

商业银行是指依《商业银行法》和《公司法》设立的吸收公众存款、发放贷款、办理结算等业务的企业法人。商业银行法是规范商业银行的法人资格、业务范围、经营原则,银行的设立、变更和终止,清算和解散的条件、程序,银行业务的监督和管理以及银行的法律责任的法律规范。在我国,商业银行法主要是指《商业银行法》。《商业银行法》适用于在我国境内设立的所有商业银行,包括国有商业银行、外资银行、中外合作银行、中外合资银行、外国银行分行和其他商业银行。

二、商业银行的经营范围

根据《商业银行法》第 3 条的规定,商业银行可以经营下列部分或者全部业务:
(1) 吸收公众存款;
(2) 发放短期、中期和长期贷款;
(3) 办理国内外结算;
(4) 办理票据承兑与贴现;
(5) 发行金融债券;
(6) 代理发行、代理兑付、承销政府债券;

(7) 买卖政府债券、金融债券；

(8) 从事同业拆借；

(9) 买卖、代理买卖外汇；

(10) 从事银行卡业务；

(11) 提供信用证服务及担保；

(12) 代理收付款项及代理保险业务；

(13) 提供保管箱服务；

(14) 经国务院银行业监督管理机构批准的其他业务。

商业银行的具体经营范围由商业银行章程规定,报国务院银行业监督管理机构批准。此外,商业银行经中国人民银行批准,也可以经营结汇、售汇业务。

三、商业银行的设立

设立商业银行,应当经国务院银行业监督管理机构审查批准。未经批准,任何单位和个人不得从事吸收公众存款等商业银行业务,任何单位不得在名称中使用"银行"字样。

根据《商业银行法》的规定,设立商业银行,必须具备下列条件：①有符合《商业银行法》和《公司法》规定的章程；②有符合《商业银行法》规定的注册资本最低限额；③有具备任职专业知识和业务工作经验的董事、高级管理人员；④有健全的组织机构和管理制度；⑤有符合要求的营业场所、安全防范措施和与业务有关的其他设施。

商业银行符合上述条件,在筹建就绪时,应向国务院银行业监督管理机构提出申请,并提交如下文件、资料：依照《公司法》的规定拟订的章程草案；拟任职的董事、高级管理人员的资格证明；法定验资机构出具的验资证明；股东名册及其出资额、股份；持有注册资本5%以上的股东的资信证明和有关资料；经营方针和计划；营业场所、安全防范措施和与业务有关的其他设施的有关资料；国务院银行业监督管理机构规定的其他文件、资料。经批准设立的商业银行,由国务院银行业监督管理机构颁发经营许可证,并凭该许可证向工商行政管理部门办理登记,领取营业执照。

设立商业银行的注册资本最低限额为10亿元人民币；城市合作商业银行的注册资本最低限额为1亿元；农村合作商业银行的注册资本最低限额为5 000万元。国务院银行业监督管理机构根据经济发展可以调整设立商业银行的注册资本最低限额。

【随堂练习】

根据《商业银行法》的规定,设立全国性商业银行的注册资本最低限额为人民币（　　）元。

A. 5 000万　　　　　B. 1亿　　　　　C. 10亿　　　　　D. 100亿

答案：C

四、商业银行组织结构

商业银行是经营货币和资金业务的金融企业,一般采用有限责任公司或股份有限公司的组织形式。有限责任公司形式为我国大型专业商业银行的组织形式,如中国银行、中国工商银行、中国农业银行、中国建设银行等,依照《公司法》,它们属于有限责任公司中的国有独资公司;另外,我国的中外合资银行也采取有限责任公司的形式。

商业银行在国内设立分支机构,必须经中国人民银行审查批准。对设立的分支机构,商业银行应当按照规定向其拨付与其经营规模相适应的营运资金。其总和不得超过总行资本金额的60%。商业银行对其分支机构实行统一核算、统一调度资金、分级管理的财务制度。商业银行的分支机构不具有法人资格,在总行授权范围内依法开展业务,其民事责任由总行承担。

【案例讨论】

某股份制商业银行资本金总额为25亿元,总资产已超过100亿元,因开展业务需要,欲在湖北武汉、江西南昌等城市同时设立分支机构,拨付资本金16亿元。然而,其在向银行业监督管理机构申请批准时,被告知违反法律规定。其被银行业监督管理机构纠正后取得经营许可证,并领取了营业执照。2019年,该行设在湖北武汉的分支机构在办理结算业务时,将甲公司委托划转到乙公司的一笔款项错误地划转到了丙公司。由于乙公司没有收到预付款,甲乙之间的买卖合同解除。甲公司因此产生的损失高达20万元,遂将武汉分支机构告上人民法院,要求其赔偿损失。

问题:

(1)某股份制商业银行设立分支机构时违反了《商业银行法》的哪项规定?

(2)武汉分支机构能否独立承担责任?为什么?

五、商业银行信贷法律制度

(一)有关存款的法律规定

存款是指货币资金的所有者或持有者存入银行或非银行金融机构的货币资金。从本质上讲,存款是一种债权,而不是通常人们所想象的那样,是一种所有权。根据存款人性质的不同,可将存款分为机构存款和个人储蓄存款。

商业银行办理个人储蓄存款业务,应当遵循存款自愿、取款自由、存款有息、为存款人保密的原则。为了保障存款人的合法权益不受任何单位和个人的侵犯,《商业银行法》规定:

(1)对个人储蓄存款和单位存款,商业银行有权拒绝任何单位或者个人查询、冻结、扣划,但法律、行政法规另有规定的除外。人民法院、人民检察院、公安机关和国家安全部门等因侦查、起诉、审理案件,需要查询、冻结、扣划与案件直接有关的个人储蓄存款和单位存款,必须严格依照有关规定,按法定程序办理。

(2)商业银行应当按照中国人民银行的规定,向中国人民银行交存存款准备金,留足备付金。这是为了确保商业银行能够随时满足每一个存款人的取款要求,保证其取款自由的权利。

(3)商业银行应当保证存款本金和利息的支付,不得拖延、拒绝支付存款本金和利息。如果因商业银行无故拖延、拒绝支付存款人本息,造成存款人财产损失的,商业银行应承担民事责任。

(4)商业银行应当按照中国人民银行规定的存款利率的上下限,确定存款利率,并予以公告。这样能使存款人自由选择对自己有利的那种利率,也使商业银行不能擅自任意改变利率而侵犯存款人的利益。

(二)有关贷款的法律规定

贷款是指贷款人向借款人提供的并按约定的利率和期限由借款人还本付息的货币资金。贷款有时亦指借款人的借款行为。贷款是商业银行最主要的资产业务。贷款根据借款人是否提供担保,分为信用贷款和担保贷款。信用贷款是指贷款人不要求借款人提供担保,而仅凭借款人的资信所发放的贷款。担保贷款是指贷款人要求借款人提供担保的贷款。另外,根据贷款在再生产过程中的作用的不同,可将贷款划分为流动资金贷款和固定资金贷款;根据贷款的性质不同,可将贷款划分为商业性贷款和政策性贷款;根据贷款的期限不同,可将贷款分为中期贷款和长期贷款。

1. 商业银行发放贷款的原则

(1)接受国家产业政策指导的原则。商业银行根据国民经济和社会发展的需要,在国家产业政策指导下开展贷款业务。

(2)审贷分离、分级审批的原则。商业银行贷款,应当对借款人的借款用途、偿还能力、还款方式等情况进行严格审查,并实行审贷分离、分级审批的制度,最大限度地减少不良贷款,保证商业银行资产的安全性。

(3)担保原则。商业银行贷款,应当严格审查借款人的资信,实行担保,保证贷款按期收回。借款人应提供切实可行的担保,商业银行应当对保证人的偿还能力、抵押物、质押物的权属和价值以及实现抵押权、质权的可行性进行严格审查。当然,经商业银行审查、评估,确认借款人资信良好,确能偿还贷款的,可以不提供担保,发放信用贷款。但是,商业银行不得向关系人发放信用贷款;并且向关系人发放担保贷款的条件不得优于其他借款人同类贷款的条件。关系人是指商业银行的董事、监事、管理人员、信贷业务人员及其近亲属和以上人员投资或者担任高级管理职务的公司、企业和其他经济组织。

(4)自主经营原则。商业银行是实行自主经营、自担风险、自负盈亏、自我约束的企业法人。任何单位和个人不得强令商业银行发放贷款或者提供担保。商业银行有权拒绝任何单位和个人强令要求其发放贷款或者提供担保。经国务院批准的特定贷款项目,国有独资商业银行应当发放贷款。因贷款造成的损失,由国务院采取相应补救措施。此外,商业银行贷款还应当遵循效益性、安全性和流动性原则,遵循公平竞争、密切协作的原则,不得从事不正当竞争。

2. 借款合同

借款合同是指贷款人与借款人之间达成的,将一定数额的货币资金贷给借款人,借款人按期偿还本息的协议。根据《商业银行法》的规定,商业银行贷款,应当与借款人订立书面合同。合同应当约定贷款种类、借款用途、金额、利率、还款期限、还款方式、违约责任和双方认为需要约定的其他事项。

借款合同中的贷款利率条款一般均由商业银行事先单方面确定。因为国家实行利率管理,商业银行必须按照中国人民银行规定的贷款利率的上下限,确定不同期限贷款的利率,借款合同双方当事人只能按规定的利率签订合同,不得擅自提高或降低利率。

3. 资产负债比例管理

为了贯彻贷款的安全性原则及流动性原则,保障银行资产的安全,维持商业银行的正常运行,商业银行贷款应当遵循下列资产负债比例管理的规定:

(1) 资本充足率不得低于 8%;

(2) 流动性资产余额与流动性负债余额的比例不得低于 25%;

(3) 对同一借款人的贷款余额与商业银行资本余额的比例不得超过 10%;

(4) 国务院银行业监督管理机构对资产负债比例管理的其他规定。

(三) 有关其他业务的法律规定

1. 同业拆借管理

同业拆借是银行、非银行金融机构之间相互融通短期资金的行为。凡是经中国人民银行批准并在市场监督管理部门登记注册的金融机构均可参加同业拆借,但中国人民银行和保险公司不能参加。

同业拆借应当遵守中国人民银行规定的期限。拆借的期限最长不得超过 4 个月。禁止利用拆入资金发放固定资产贷款或者用于投资。拆出资金限于存款准备金、留足备付金和归还中国人民银行到期贷款之后的闲置资金。拆入资金弥补票据结算、联行汇差头寸的不足和解决临时性周转资金的需要。

2. 账户管理

存款人开立人民币存款账户必须按中国人民银行的《人民币银行结算账户管理办法》办理。存款账户分为基本存款账户、一般存款账户、临时存款账户和专用存款账户。基本存款账户是存款人办理日常转账结算和现金支付的账户。存款人的工资、奖金等现金账户的支取,只能通过本账户办理。一般存款账户是存款人在基本存款账户以外的银行借款转存,与基本存款账户的存款人不在同一地点的附属非独立核算单位开立的账户,存款人可以通过本账户办理转账结算和现金缴存,但是不能办理现金支取。临时存款账户是存款人因临时经营活动需要开立的账户,存款人可以通过本账户办理转账结算和根据国家现金管理的规定办理现金收付。专用存款账户则是存款人因特定用途的需要而开立的账户。

企事业单位可以自主选择一家商业银行的经营场所开立一个基本账户。存款人不得开立两个以上的基本账户。任何单位和个人不得将单位的资金以个人名义开立账户。

3. 营业时间管理

商业银行的营业时间应当方便客户,并且应当予以公告。商业银行应当在公告的营业时间内营业,不得擅自停止营业或者缩短营业时间。

六、商业银行的接管

(一) 接管的概念

接管是指国务院银行业监督管理机构为了恢复已经或可能发生信用危机的商业银行的正常经营能力所采取的措施。只有当商业银行已经或可能发生信用危机,并严重影响存款人利益时,才对其实行接管。接管的目的是对被接管的商业银行采取必要措施,以保护存款人的利益,恢复商业银行的正常经营能力。被接管的商业银行法人资格继续存在,其债权债务关系不因接管而变化。

(二)接管的决定

接管由国务院银行业监督管理机构决定并组织实施。国务院银行业监督管理机构的接管决定应当载明下列内容:被接管的商业银行名称;接管理由;接管组织;接管期限。接管决定由国务院银行业监督管理机构予以公告。接管自接管决定实施之日起开始。自接管开始之日起,由接管组织行使商业银行的经营管理权力。接管期限届满的,国务院银行业监督管理机构可以决定延期,但接管期限最长不得超过2年。

(三)接管的终止

有下列情形之一的,接管终止:

(1)接管决定规定的期限届满或者国务院银行业监督管理机构决定的接管延期届满;

(2)接管期限届满前,该商业银行已恢复正常经营能力;

(3)接管期限届满前,该商业银行被合并或者被依法宣告破产。

七、商业银行的终止

商业银行的终止是指商业银行法人资格的丧失。商业银行因解散、被撤销和被宣告破产而终止。

(一)商业银行的解散

商业银行因分立、合并或者出现公司章程规定的解散事由而需要解散的,应当向国务院银行业监督管理机构提出申请,并附解散的理由和支付存款的本息和利息等债务清偿计划。经国务院银行业监督管理机构批准后解散。商业银行解散的,应当依法成立清算组进行清算,按照清偿计划及时偿还存款本金和利息等债务。国务院银行业监督管理机构监督清算过程。

(二)商业银行的撤销

商业银行因吊销经营许可证而被撤销的,国务院银行业监督管理机构应当依法及时组织成立清算组进行清算,按照清偿计划及时偿还存款本金和利息等债务。

(三)商业银行的破产

商业银行不能支付到期债务,经国务院银行业监督管理机构同意,由人民法院依法宣告其破产。商业银行被宣告破产的,由人民法院组织国务院银行业监督管理机构等有关部门和有关人员成立清算组,进行清算。商业银行破产清算时,在支付清算费用、所欠职工工资和劳动保险费用后,应当优先支付个人储蓄存款的本金和利息。

第四节 银行业监督管理法

一、概述

银行业监管,是指一国金融当局或银行专门监管机构对商业银行及其他金融机构的组织主体和业务经营行为进行的监督和管理。银行业监管法即银行业监督管理法,是调整银行业监督管理机构在履行银行业监管职责过程中与银行业金融机构之间发生的监督管理关系的法律规范的总称。我国于 2003 年 12 月 27 日制定并颁布了《银行业监督管理法》,该法是我国对银行业实施监督管理的主要法律依据。此外,银行业监管法律制度还包括其他法律、法规——如《中国人民银行法》《商业银行法》《中华人民共和国反洗钱法》《刑法》等——中有关银行监管的法律规范。

二、监管机构

国务院银行业监督管理机构负责全国银行业金融机构及其业务活动监督管理的工作。2003 年,国务院进行机构改革,设中国银行业监督管理委员会行使中国人民银行对银行业金融机构的部分监管职责,统一监管银行、金融资产管理公司、信托投资公司及其他存款类金融机构及它们的业务活动。

2018 年 3 月,根据《第十三届全国人民代表大会第一次会议关于国务院机构改革方案的决定》,将中国银行业监督管理委员会和中国保险监督管理委员会的职责整合,组建中国银行保险监督管理委员会;将中国银行业监督管理委员会拟订银行业、保险业重要法律法规草案的职责划入中国人民银行,不再保留中国银行业监督管理委员会。

为了有效地实施对银行业的监督管理,国务院银行业监督管理机构从事监督管理工作的人员,应当具备与其任职相适应的专业知识和业务工作经验;应当忠于职守,依法办事,公正廉洁,不得利用职务便利牟取不正当的利益,不得在金融机构等企业中兼任职务;应当依法保守国家秘密,并有责任为其监督管理的银行业金融机构及当事人保守秘密。

【随堂练习】

我国负责对全国银行业金融机构及其业务活动的监督管理工作的机构是(　　)。

A. 中国人民银行　　　　　　　　　　B. 银保监会
C. 中国证监会　　　　　　　　　　　D. 审计署

答案:B

三、监管职责

银保监会作为对全国银行业金融机构进行统一监管的机构,主要履行以下监管职责:

(1) 制定并发布对银行业金融机构及其业务活动监督管理的规章、规则。

(2) 审查批准银行业金融机构的设立、变更、终止以及业务范围。

(3) 对银行业股东的资金来源、财务状况、资本补充能力和诚信状况进行审查。

（4）审查批准或接受备案银行业金融机构业务范围内的业务品种。

（5）批准设立银行业金融机构或者从事银行业金融机构的业务活动。

（6）对银行业金融机构的董事和高级管理人员实行任职资格管理。

（7）制定银行业金融机构的审慎经营规则。如风险管理、内部控制等。

四、监管措施

根据《银行业监督管理法》的规定，银保监会在进行监管时可以采取以下措施。

（1）信息取得。银行业监督管理机构根据履行职责的需要，有权要求银行业金融机构按照规定报送资产负债表、利润表和其他财务会计、统计报表、经营管理资料以及注册会计师出具的审计报告。

（2）现场检查。银行业监督管理机构根据审慎监管的要求，可以采取下列措施进行现场检查：①进入银行业金融机构进行检查；②询问银行业金融机构的工作人员，要求其对有关检查事项作出说明；③查阅、复制银行业金融机构与检查事项有关的文件、资料，对可能被转移、隐匿或者毁损的文件、资料予以封存；④检查银行业金融机构运用电子计算机管理业务数据的系统。进行现场检查，应当经银行业监督管理机构负责人批准。现场检查时，检查人员不得少于 2 人，并应当出示合法证件和检查通知书；检查人员少于 2 人或者未出示合法证件和检查通知书的，银行业金融机构有权拒绝检查。

（3）监管谈话。银行业监督管理机构根据履行职责的需要，可以与银行业金融机构董事、高级管理人员进行监督管理谈话，要求银行业金融机构董事、高级管理人员就银行业金融机构的业务活动和风险管理的重大事项作出说明。

（4）强制披露信息。银行业监督管理机构应当责令银行业金融机构按照规定，如实向社会公众披露财务会计报告、风险管理状况、董事和高级管理人员变更以及其他重大事项等信息。

（5）限制行为。银行业金融机构违反审慎经营规则的，国务院银行业监督管理机构或者其省一级派出机构应当责令限期改正；逾期未改正的，或者其行为严重危及该银行业金融机构的稳健运行、损害存款人和其他客户合法权益的，经国务院银行业监督管理机构或者其省一级派出机构负责人批准，可以区别情形，采取下列措施：①责令暂停部分业务、停止批准开办新业务；②限制分配红利和其他收入；③限制资产转让；④责令控股股东转让股权或者限制有关股东的权利；⑤责令调整董事、高级管理人员或者限制其权利；⑥停止批准增设分支机构。银行业金融机构整改后，应当向国务院银行业监督管理机构或者其省一级派出机构提交报告。国务院银行业监督管理机构或者其省一级派出机构经验收，符合有关审慎经营规则的，应当自验收完毕之日起 3 日内解除对其采取的上述规定的有关措施。

（6）接管与重组。银行业金融机构已经或者可能发生信用危机，严重影响存款人和其他客户合法权益的，国务院银行业监督管理机构可以依法对该银行业金融机构实行接管或者促成机构重组，接管和机构重组依照有关法律和国务院的规定执行。

（7）撤销。银行业金融机构有违法经营、经营管理不善等情形，不予撤销将严重危害金融秩序、损害公众利益的，国务院银行业监督管理机构有权予以撤销。

(8) 对接管、撤销的银行业金融机构董事、高级管理人员的措施。银行业金融机构被接管、重组或者被撤销的,国务院银行业监督管理机构有权要求该银行业金融机构的董事、高级管理人员和其他工作人员,按照国务院银行业监督管理机构的要求履行职责。在接管、机构重组或者撤销清算期间,经国务院银行业监督管理机构负责人批准,对直接负责的董事、高级管理人员和其他直接责任人员,可以采取下列措施:①直接负责的董事、高级管理人员和其他直接责任人员出境将对国家利益造成重大损失的,通知出境管理机关依法阻止其出境;②申请司法机关禁止其转移、转让财产或者对其财产设定其他权利。

(9) 冻结资金。经国务院银行业监督管理机构或者其省一级派出机构负责人批准,银行业监督管理机构有权查询涉嫌金融违法的银行业金融机构及其工作人员以及关联行为人的账户;对涉嫌转移或者隐匿违法资金的,经银行业监督管理机构负责人批准,可以申请司法机关予以冻结。

【随堂练习】

下列哪项属于中国人民银行和银保监会对银行业金融机构进行监管时均可采取的措施?(　　)

A. 监管谈话
B. 对银行业金融机构进行接管
C. 要求银行业金融机构报送各类报表和相关材料
D. 对违法行为进行处罚

答案:C

本章课后习题

A 公司因经营房地产业务急需资金,向其开户行 Y 银行申请贷款。Y 银行由于信贷规模有限,无法满足 A 公司的要求。A 公司经理李某与 Y 银行行长王某有近亲属关系。李某提议王某向 X 银行办理同业拆借,用同业拆借拆入的钱贷给 A 公司。Y 银行于是就从 X 银行拆入了为期 3 个月的资金。Y 银行又将拆入的资金贷给 A 公司用于房地产开发,且未要求 A 公司提供担保。

问题:

Y 银行在给 A 公司的贷款中有哪些行为违反了《商业银行法》的规定?

即测即练

第十章

税收法律制度

【案例导读】

A公司是某省甲市的成品油经销企业,同时兼营销售不应税的芳烃类化工产品。B公司是某省乙市的炼油生产企业,生产销售成品油,同时生产芳烃类化工产品。2017年3月至2018年1月,A公司从B公司购入汽油2100吨、柴油1600吨、芳烃类化工产品1900吨,然后再销售给用油企业。B公司为了避免缴纳成品油生产环节的消费税,提出给A公司开具增值税专用发票时,把销售给A公司的成品油的汽油和柴油的品名写为不用缴纳消费税的芳烃,合计每吨汽油和柴油比原价格少收102.9元。A公司同意后,从B公司购入的汽油和柴油都写为芳烃,然后再销售给用油企业,按实际货物汽油和柴油开具增值税专用发票给用油企业。2017年3月,税务局对成品油消费税风险防控范围内的企业进行随机分类排查,发现了A公司同名货物的进销存不符合"期初库存+当期购进—当期销售=期末库存"的逻辑关系,涉嫌变名销售。主管税务机关责令A公司补缴汽油消费税4430496元、柴油消费税2257920元,合计补缴消费税6688416元,并且移交公安机关继续查处。同时,向乙市B公司的主管税务机关通报了相关情况,B公司的主管税务机关继续依法查处B公司的违法行为。

第一节 税法总则

一、税收

税收是国家为了实现其职能的需要而以国家强制力向纳税人无偿征收货币或实物所形成的特定分配关系。税收具有强制性、无偿性和固定性的特征。在法定的税收构成要件达成的情形下,税收债务即发生。税收构成要件的内容包括:

(1)税收客体,又称为征税对象。

(2)税收客体的归属,即税收客体与特定纳税人之间的结合关系,通常为后者与前者在经济或法律上的联系,如所得税税收客体的归属为"所有权"。

(3)纳税人。

(4)税基,即税收客体的具体量化。

(5)税率,即税基与税额间的函数关系。

比如说,某国公民甲收入10 000元,依该国所得税法规定缴纳了1 000元个人所得税,则在此案中税收构成要件的内容包括:税收客体为收入所得;税收客体的归属为所有权关系；纳税人为甲；税基为 10 000 元；税率为 10%。

二、税法基本原则

(一) 税收法定主义原则

税收法定主义原则主要包括如下两个层次的内涵：第一，税收构成要件法定，即税收客体、税收客体的归属、纳税人、税基、税率五大构成要件都由法律明文规定，只有在满足立法规定的税收构成要件的情况下，税收债务才发生。第二，税务合法性。税务机关要严格依法征税，不得随意减停免征，更不得超出税法的规定加征。

(二) 税法公平原则

税法公平原则是指纳税人的法律地位是平等的，其核心内容是税收负担的公平，即纳税人之间的税收负担必须根据纳税人的经济负担能力或纳税能力分配。衡量负担能力大小通常有收入、财产、消费三个标准，立法上通常以三个标准综合衡量的结果确定税收负担。

(三) 税收效率原则

税收效率原则是指国家征税必须有利于资源的有效配置和经济机制的有效运行，必须有利于提高税务行政的效率，具体包括税收经济效率原则和税收行政效率原则。

1. 税收经济效率原则

税收经济效率原则侧重于考察税收对经济的影响，要求国家征税应有助于提高经济效率，保障经济的良性、有序运行，实现资源的有效配置。

2. 税收行政效率原则

税收行政效率原则侧重于对税务行政管理方面的效率考察，是指国家征税应以最小的成本去获取最大的税收收入，以使税收的名义收入与实际收入的差额最小。

税收成本，是指在税收征纳过程中所发生的各类费用支出。它有狭义和广义之分。狭义的税收成本专指征税机关为征税而花费的行政管理费用，因而也称税收征收费用，如税务机关的办公费用、税务工作人员的工薪支出等。广义的税收成本还包括纳税人因纳税所支出的各种费用，如税务代理费、申报纳税的机会成本、交通费、因逃税、避税而花费的时间、精力、交际费，以及因逃税、避税未遂而受到的惩罚及精神损害等。纳税人因纳税而支出的上述费用也称税收奉行费用。由于税收征收费用比税收奉行费用更容易确定和计算，因而一般通过税收征收费用占全部税收收入的比例来考察税收的行政效率。

为了提高税收行政效率，应注意做好以下几方面的工作：①简化税制，使税收征纳更容易执行，从而降低税收的征收费用和奉行费用；②加强税务行政管理的科学性，防止税务人员腐败，节约征收费用；③增加税务支出的透明度，加大社会公众的监督力度；④加强税收法治建设，切实加强税收法定原则。

第二节 实 体 税 法

根据征税客体的不同，中国的税收可以分为流转税、所得税、财产税和行为税。流转税是指针对商品或服务的流通交易额而征收的税，包括增值税、消费税和关税。所得税是指针对纳税人一年纳税期限的纯收益而征收的税,包括企业所得税和个人所得税。财产税是指针对某些价额较高、对国民经济影响较大的稳定财产征收的税。行为税则是指出于增加财政收入或经济调控等目的针对经济生活中纳税人的特定行为而开征的税。

一、流转税法

（一）增值税

增值税是对在中国境内销售货物或者加工、修理修配劳务,销售服务、无形资产、不动产以及进口货物的单位和个人就其实现的增值额征收的税种。我国对增值税进行系统规定的法律是《中华人民共和国增值税暂行条例》(以下简称《增值税暂行条例》)和《营业税改征增值税试点实施办法》。

1. 纳税人、计税方法及税率

增值税的纳税人是在中华人民共和国境内销售货物或者加工、修理修配劳务,销售服务、无形资产、不动产以及进口货物的单位和个人,包括一般纳税人和小规模纳税人两种。

一般纳税人是指年应税销售额超过规定的小规模纳税人标准,会计核算健全的企业和企业性单位。一般纳税人的计税方法是以纳税人一定时期内商品和劳务的销售额乘以适用税率,计算出本环节全部销项税额,然后将同期外购项目所承担的增值税额(即增值税进项税额)从销项税额中扣除,从而计算出本期应纳增值税额。增值税一般纳税人的适用税率分为以下几种情形。

(1) 纳税人销售货物、劳务、有形动产租赁服务或者进口货物,除下属第(2)项、第(4)项、第(5)项另有规定外,税率为13%。

(2) 纳税人销售交通运输、邮政、基础电信、建筑、不动产租赁服务,销售不动产,转让土地使用权,销售或者进口下列货物,税率为9%：①粮食等农产品、食用植物油、食用盐；②自来水、暖气、冷气、热水、煤气、石油液化气、天然气、二甲醚、沼气、居民用煤炭制品；③图书、报纸、杂志、音像制品、电子出版物；④饲料、化肥、农药、农机、农膜；⑤国务院规定的其他货物。

(3) 纳税人销售服务、无形资产,除第(1)项、第(2)项、第(5)项另有规定外,税率为6%。

(4) 纳税人出口货物,税率为零;但是,国务院另有规定的除外。

(5) 境内单位和个人跨境销售国务院规定范围内的服务、无形资产,税率为零。

小规模纳税人是指年销售额在规定标准以下,且会计核算不健全,无法正确核算销项税额、进项税额和应纳税额的增值税纳税人。小规模纳税人实行按照销售额和征收率计算应纳税额的简易办法,并不得抵扣进项税额。小规模纳税人增值税征收率为3%,国务院另有规定的除外。

此外,增值税存在起征点制度,但该起征点只适用于个人。当前适用的起征点幅度为：①按期纳税的,为月销售额5 000～20 000元(含本数)。②按次纳税的,为每次(日)销售额300～500元(含本数)。省级行政单位财政厅(局)和税务局应在规定幅度内,根据实际情况确定本地区适用的起征点,并报财政部、税务局备案。

2. 减免税范围

《增值税暂行条例》规定,纳税人销售额未达到国务院财政、税务主管部门规定的增值税起征点的,免征增值税;同时还明文规定下列项目免征增值税:农业生产者销售的自产农产品;避孕药品和用具;古旧图书;直接用于科学研究、科学试验和教学的进口仪器、设备;外国政府、国际组织无偿援助的进口物资和设备;由残疾人的组织直接进口的供残疾人专用的物品;销售的自己使用过的物品。

除了上述规定外,增值税的免税、减税项目由国务院规定,任何地区、部门均不得规定免税、减税项目。

【随堂练习】

关于增值税的说法,下列哪一选项是错误的?（　　）

A. 增值税的税基是销售货物或者提供加工、修理修配劳务以及进口货物的增值额

B. 增值税起征点的范围只限于个人

C. 农业生产者销售自产农业产品的,免征增值税

D. 进口图书、报纸、杂志的,免征增值税

答案：D

（二）消费税

消费税是以特定消费品的流转额为征税对象,对在中国境内生产、委托加工和进口特定消费品的单位和个人,以及国务院确定的销售特定消费品的其他单位和个人进行征收的一种税。我国对消费税进行系统规定的法律是《中华人民共和国消费税暂行条例》（以下简称《消费税暂行条例》）。

1. 税目和税率

消费税税目和税率见表 10-1。

表 10-1　消费税税目和税率

税　目				税　率
一、烟	1. 卷烟	生产环节	（1）甲类卷烟	56％加 0.003 元每支
			（2）乙类卷烟	36％加 0.003 元每支
		批发环节		11％加 0.005 元每支
	2. 雪茄烟			36％
	3. 烟丝			30％
二、酒	1. 白酒			20％加 0.5 元/500 克（或 500 毫升）
	2. 黄酒			240 元/吨
	3. 啤酒	（1）甲类啤酒		250 元/吨
		（2）乙类啤酒		220 元/吨
	4. 其他酒			10％
三、高档化妆品				15％
四、贵重首饰及珠宝玉石	1. 金银首饰、铂金首饰和钻石及钻石饰品			5％
	2. 其他贵重首饰和珠宝玉石			10％

续表

税　　目		税　　率
五、鞭炮、焰火		15%
六、成品油	1. 汽油	1.52元/升
	2. 柴油	1.20元/升
	3. 航空煤油	1.20元/升
	4. 石脑油	1.52元/升
	5. 溶剂油	1.52元/升
	6. 润滑油	1.52元/升
	7. 燃料油	1.20元/升
七、小汽车	1. 乘用车 (1) 气缸容量在1.0升(含1.0升)以下	1%
	(2) 气缸容量在1.0升以上至1.5升(含1.5升)	3%
	(3) 气缸容量在1.5升以上至2.0升(含2.0升)	5%
	(4) 气缸容量在2.0升以上至2.5升(含2.5升)	9%
	(5) 气缸容量在2.5升以上至3.0升(含3.0升)	12%
	(6) 气缸容量在3.0升以上至4.0升(含4.0升)	25%
	(7) 气缸容量在4.0升以上	40%
	2. 中轻型商用客车	5%
八、摩托车	1. 气缸容量250毫升的	3%
	2. 气缸容量在250毫升(不含)以上的	10%
九、高尔夫球及球具		10%
十、游艇		10%
十一、高档手表		20%
十二、木制一次性筷子		5%
十三、实木地板		5%
十四、电池		4%
十五、涂料		4%

2. 计税方法

(1) 一般情况下,消费税实行从价定率、从量定额或者从价定率和从量定额复合计税(以下简称复合计税)的办法计算应纳税额。应纳税额计算公式为

　　实行从价定率办法计算的应纳税额＝销售额×比例税率

　　实行从量定额办法计算的应纳税额＝销售数量×定额税率

实行复合计税办法计算的应纳税额＝销售额×比例税率＋销售数量×定额税率

销售额为纳税人销售应税消费品向购买方收取的全部价款和价外费用。

(2) 纳税人自产自用的应税消费品,按照纳税人生产的同类消费品的销售价格计算纳税;没有同类消费品销售价格的,按照组成计税价格计算纳税。

实行从价定率办法计算纳税的组成计税价格计算公式为

　　组成计税价格＝(成本＋利润)÷(1－比例税率)

实行复合计税办法计算纳税的组成计税价格计算公式为

　　组成计税价格＝(成本＋利润＋自产自用数量×定额税率)÷(1－比例税率)

（3）委托加工的应税消费品，按照受托方的同类消费品的销售价格计算纳税；没有同类消费品销售价格的，按照组成计税价格计算纳税。

实行从价定率办法计算纳税的组成计税价格计算公式为

组成计税价格＝（材料成本＋加工费）÷（1－比例税率）

实行复合计税办法计算纳税的组成计税价格计算公式为

组成计税价格＝（材料成本＋加工费＋委托加工数量×定额税率）÷（1－比例税率）

（4）进口的应税消费品，按照组成计税价格计算纳税。

实行从价定率办法计算纳税的组成计税价格计算公式为

组成计税价格＝（关税完税价格＋关税）÷（1－消费税比例税率）

实行复合计税办法计算纳税的组成计税价格计算公式为

组成计税价格＝（关税完税价格＋关税＋进口数量×消费税定额税率）÷（1－消费税比例税率）

3. 减免税范围

《消费税暂行条例》规定，纳税人自产自用的应税消费品，用于连续生产应税消费品的，不纳税。对纳税人出口应税消费品，免征消费税；国务院另有规定的除外。出口应税消费品的免税办法，由国务院财政、税务主管部门规定。

（三）关税

关税又称进出口税，是对出入关境的货物和物品征收的一种税。一般来说，税收是国家税务主管机关进行征收的，在我国表现为税务局，而唯独关税是由国家授权海关进行征收。目前我国对关税进行系统规定的法律法规包括《中华人民共和国海关法》（以下简称《海关法》）、《中华人民共和国进出口关税条例》（以下简称《进出口关税条例》）、《中华人民共和国海关进出口税则》等。

1. 税目与税率

与其他类型的税所不同的是，关税的税目和税率极为烦琐，需要借助《中华人民共和国海关进出口税则》的关税税率表进行系统查阅。我国目前实施的是以由海关合作理事会（1994年改名为世界海关组织）编制的《商品名称及编码协调制度》（简称HS）为基础的进出口税则，它采用国际公认的语言，按照商品的自然属性、成分、用途、加工程度或制造阶段等不同标志对商品进行分类编码，不同的编码实际上就是不同的关税税目。我国现行关税税则采用八位编码法，前六位等效采用HS编码，第七、八位为我国根据进出口商品的实际情况，在HS基础上延伸的两位编码，也称增列税目。

关税税率包括进口关税税率和出口关税税率两个部分。我国进口税则设有最惠国税率、协定税率、特惠税率、普通税率、关税配额等税率，对进口货物在一定期限内还可以实行暂定税率。出口关税税率没有普通税率与优惠税率之分，按不同商品实行差别比例税率。目前我国仅对少数资源性产品及需要规范出口秩序的半制成品征收出口关税。

2. 减免税范围

根据《海关法》和《进出口关税条例》的规定，下列货物、物品予以减免关税：

（1）关税税额在人民币50元以下的一票货物，免征关税；

（2）无商业价值的广告品和货样，免征关税；

(3) 外国政府、国际组织无偿赠送的物资,免征关税;

(4) 在海关放行前损失的货物,依据海关认定的受损程度减征关税;

(5) 进出境运输工具装载途中必需的燃料、物料和饮食用品,免征关税;

(6) 法律规定减征、免征关税的其他货物、物品;

(7) 中国缔结或参加的国际条约规定减征、免征关税的货物、物品;

(8) 特定地区、特定企业或有特定用途的进出口货物,可以减征或免征关税,特定减税或免税范围和办法由国务院规定;

(9) 由国务院决定的前述范围以外的临时减征或免征关税。

3. 关税特别措施

除征收一般性关税之外,对于特定类型的进口产品,政府还可能采取特别措施,以避免本国产业受到实质性损害,或者报复外国的关税歧视,这被称为关税特别措施,涉及的关税被称为特别关税。我国的关税特别措施主要包括如下几种。

(1) 反倾销措施。进口产品以倾销方式进入我国市场,并对已经建立的国内产业造成实质性损害或者产生实质性损害威胁,或者对建立国内产业造成实质性阻碍的,我国将依照《中华人民共和国反倾销条例》进行调查,采取以征收反倾销税为主的反倾销措施。

(2) 反补贴措施。进口产品存在补贴,并对已经建立的国内产业造成实质性损害或者产生实质性损害威胁,或对建立国内产业造成实质性阻碍的,我国将依照《中华人民共和国反补贴条例》进行调查,采取以征收反补贴税为主的反补贴措施。

(3) 保障措施。进口产品数量增加,并对生产同类产品或直接竞争产品的国内产业造成严重损害或者严重损害威胁的,我国将依照《中华人民共和国保障措施条例》采取保障措施。

二、所得税法

(一) 企业所得税

企业所得税是对我国企业和其他取得收入的组织的生产经营所得和其他所得征收的一种税。我国对企业所得税进行系统规定的法规有《企业所得税法》和《企业所得税法实施条例》。

1. 纳税人和税率

企业所得税的纳税人包括居民企业和非居民企业两种,二者的内涵、纳税范围和适用税率均有所不同。除此之外,立法还对符合条件的小型微利企业和需要重点扶持的高新技术企业适用特别的税率。详细情形可以参见表 10-2。

表 10-2 企业所得税纳税人及纳税范围　　　　　　　　　　　　%

类型	内涵	纳税范围	税率
居民企业	依法在中国境内成立,或者依照外国(地区)法律成立但实际管理机构在中国境内的企业	应当就其来源于中国境内、境外的所得缴纳企业所得税	25

续表

类型	内涵	纳税范围	税率
非居民企业	依照外国（地区）法律成立且实际管理机构不在中国境内，但在中国境内设立机构、场所的，或者在中国境内未设立机构、场所，但有来源于中国境内所得的企业	在中国境内设立机构、场所的，应当就其所设机构、场所取得的来源于中国境内的所得，以及发生在中国境外但与其所设机构、场所有实际联系的所得，缴纳企业所得税	25
非居民企业		在中国境内未设立机构、场所的，或者虽设立机构、场所，但取得的所得与其所设机构、场所没有实际联系的，应当就其来源于中国境内的所得缴纳企业所得税	20
特殊情形	符合条件的小型微利企业	依照居民企业和非居民企业的基本分类确定纳税范围	20
特殊情形	国家需要重点扶持的高新技术企业		15

2. 计税方法

企业每一纳税年度的收入总额，减除不征税收入、免税收入、各项扣除以及允许弥补的以前年度亏损后的余额，为应纳税所得额。企业的应纳税所得额乘以适用税率，减除依照《企业所得税法》关于税收优惠的规定减免和抵免的税额后的余额，为应纳税额。

（1）不征税收入。收入总额中的下列收入为不征税收入：①财政拨款；②依法收取并纳入财政管理的行政事业性收费、政府性基金；③国务院规定的其他不征税收入。

（2）免税收入。企业的下列收入为免税收入：①国债利息收入；②符合条件的居民企业之间的股息、红利等权益性投资收益；③在中国境内设立机构、场所的非居民企业从居民企业取得与该机构、场所有实际联系的股息、红利等权益性投资收益；④符合条件的非营利组织的收入。

（3）各项扣除以及允许弥补的以前年度亏损后的余额。

具体的扣除及结转规则可以参见表10-3。

表10-3 企业所得税各项扣除适用规则

项目	具体内容
准予扣除的范围	企业实际发生的与取得收入有关的、合理的支出，包括成本、费用、税金、损失和其他支出，准予在计算应纳税所得额时扣除
不得扣除的支出	①向投资者支付的股息、红利等权益性投资收益款项；②企业所得税税款；③税收滞纳金；④罚金、罚款和被没收财物的损失；⑤超过年度利润总额12%以外的捐赠支出；⑥赞助支出；⑦未经核定的准备金支出；⑧与取得收入无关的其他支出
企业公益性捐赠支出扣除规范	企业发生的公益性捐赠支出，在年度利润总额12%以内的部分，准予在计算应纳税所得额时扣除；超过年度利润总额12%的部分，准予结转以后3年内在计算应纳税所得额时扣除

续表

项　　目	具体内容
固定资产折旧扣除规范	在计算应纳税所得额时,企业按照规定计算的固定资产折旧,准予扣除。下列固定资产不得计算折旧扣除:①房屋、建筑物以外未投入使用的固定资产;②以经营租赁方式租入的固定资产;③以融资租赁方式租出的固定资产;④已足额提取折旧且仍继续使用的固定资产;⑤与经营活动无关的固定资产;⑥单独估价作为固定资产入账的土地;⑦其他不得计算折旧扣除的固定资产
无形资产摊销费用的扣除规范	在计算应纳税所得额时,企业按照规定计算的无形资产摊销费用,准予扣除。下列无形资产不得计算摊销费用扣除:①自行开发的支出已在计算应纳税所得额时扣除的无形资产;②自创商誉;③与经营活动无关的无形资产;④其他不得计算摊销费用扣除的无形资产
长期摊派费用的扣除规范	在计算应纳税所得额时,企业发生的下列支出作为长期待摊费用,按照规定摊销的,准予扣除:①已足额提取折旧的固定资产的改建支出;②租入固定资产的改建支出;③固定资产的大修理支出;④其他应当作为长期待摊费用的支出
投资资产成本扣除规范	企业对外投资期间,投资资产的成本在计算应纳税所得额时不得扣除
存货扣除规范	企业使用或者销售存货,按照规定计算的存货成本,准予在计算应纳税所得额时扣除
转让资产的净值扣除规范	企业转让资产,该项资产的净值,准予在计算应纳税所得额时扣除
境外亏损抵减境内盈利的禁止	企业在汇总计算缴纳企业所得税时,其境外营业机构的亏损不得抵减境内营业机构的盈利
结转年限	企业纳税年度发生的亏损,准予向以后年度结转,用以后年度的所得弥补,但结转年限最长不得超过5年

3. 税收优惠

根据《企业所得税法》的规定,除了立法确认的免税收入、小型微利企业和高新技术企业适用的较低税率外,还存在如下几种税收优惠:

(1) 减免税。可以免征、减征企业所得税的所得范围包括:①从事农、林、牧、渔业项目的所得;②从事国家重点扶持的公共基础设施项目投资经营的所得;③从事符合条件的环境保护、节能节水项目的所得;④符合条件的技术转让所得;⑤《企业所得税法》第3条第3款规定的所得,即在中国境内未设立机构、场所的,或者虽设立机构、场所但取得的所得与其所设机构、场所没有实际联系的,就其来源于中国境内的所得;⑥民族自治地方的自治机关对本民族自治地方的企业应缴纳的企业所得税中属于地方分享的部分,可以决定减征或者免征。自治州、自治县决定减征或者免征的,须报省、自治区、直辖市人民政府批准。

(2) 加计扣除。企业的下列支出,可以在计算应纳税所得额时加计扣除:①开发新技术、新产品、新工艺发生的研究开发费用;②安置残疾人员及国家鼓励安置的其他就业人员所支付的工资。

(3) 创业投资企业从事国家需要重点扶持和鼓励的创业投资,可以按投资额的一定比例抵扣应纳税所得额。

(4) 企业的固定资产由于技术进步等原因,确需加速折旧的,可以缩短折旧年限或者采取加速折旧的方法。

（5）企业综合利用资源，生产符合国家产业政策规定的产品所取得的收入，可以在计算应纳税所得额时减计收入。

（6）企业购置用于环境保护、节能节水、安全生产等专用设备的投资额，可以按一定比例实行税额抵免。

（7）根据国民经济和社会发展的需要，或者由于突发事件等原因对企业经营活动产生重大影响的，国务院可以制定企业所得税专项优惠政策，报全国人民代表大会常务委员会备案。

【随堂练习】

下列哪一项支出可以在计算企业应纳税所得额时加计扣除？（　　）
A．新技术、新产品、新工艺的研究开发费用
B．为安置残疾人员所购置的专门设施
C．赞助支出
D．职工教育经费

答案：A

（二）个人所得税

个人所得税是对在中国境内的个人取得的所得征收的一种税。我国对个人所得税进行系统规定的法规有《个人所得税法》和《中华人民共和国个人所得税法实施条例》。

1. 纳税人与税率

个人所得税的纳税人、征税范围及适用税率可参见表10-4和表10-5。

表10-4　个人所得税的纳税人和征税范围

纳税人	征税范围
在中国境内有住所的个人	从中国境内和境外取得的所得
在中国境内无住所而一个纳税年度内在中国境内居住累计满183天的个人	从中国境内和境外取得的所得
在中国境内无住所又不居住或无住所而一个纳税年度内在中国境内居住累计不满183天的个人	从中国境内取得的所得

表10-5　个人所得税税率　　　　　　　　　％

所得类型		税率	
综合所得	工资、薪金所得；劳务报酬所得；稿酬所得；特许权使用费所得	七级超额累进税率	全年应纳税所得额（下同）不超过36 000元	3
			超过36 000元至144 000元的部分	10
			超过144 000元至300 000元的部分	20
			超过300 000元至420 000元的部分	25
			超过420 000元至660 000元的部分	30
			超过660 000元至960 000元的部分	35
			超过960 000元的部分	45

续表

所得类型	税 率		
经营所得	五级超额累进税率	全年应纳税所得额(下同)不超过30 000元的	5
		超过30 000元至90 000元的部分	10
		超过90 000元至300 000元的部分	20
		超过300 000元至500 000元的部分	30
		超过500 000元的部分	35
利息、股息、红利所得 财产租赁所得 财产转让所得 偶然所得	比例税率	20	

2. 计税方法

个人所得税的计税方法为应纳税所得额乘以适用税率,应纳税所得额的计算方法适用如下规则。

第一,居民个人的综合所得,以每一纳税年度的收入额减除费用6万元以及专项扣除、专项附加扣除和依法确定的其他扣除后的余额,为应纳税所得额。

第二,非居民个人的工资、薪金所得,以每月收入额减除费用5 000元后的余额为应纳税所得额;劳务报酬所得、稿酬所得、特许权使用费所得,以每次收入额为应纳税所得额。

第三,经营所得,以每一纳税年度的收入总额减除成本、费用以及损失后的余额,为应纳税所得额。

第四,财产租赁所得,每次收入不超过4 000元的,减除费用800元;4 000元以上的,减除20%的费用,其余额为应纳税所得额。

第五,财产转让所得,以转让财产的收入额减除财产原值和合理费用后的余额,为应纳税所得额。

第六,利息、股息、红利所得和偶然所得,以每次收入额为应纳税所得额。

其中,劳务报酬所得、稿酬所得、特许权使用费所得以收入减除20%的费用后的余额为收入额。稿酬所得的收入额减按70%计算。

个人将其所得对教育、扶贫、济困等公益慈善事业进行捐赠,捐赠额未超过纳税人申报的应纳税所得额30%的部分,可以从其应纳税所得额中扣除;国务院规定对公益慈善事业捐赠实行全额税前扣除的,从其规定。

专项扣除,包括居民个人按照国家规定的范围和标准缴纳的基本养老保险、基本医疗保险、失业保险等社会保险费和住房公积金等;专项附加扣除,包括子女教育、继续教育、大病医疗、住房贷款利息或者住房租金、赡养老人等支出。

3. 减免税范围

(1) 下列各项个人所得,免纳个人所得税:省级人民政府、国务院部委和中国人民解放军军以上单位,以及外国组织、国际组织颁发的科学、教育、技术、文化、卫生、体育、环境保护等方面的奖金;国债和国家发行的金融债券利息;按照国家统一规定发给的补贴、津贴;福利费、抚恤金、救济金;保险赔款;军人的转业费、复员费;按照国家统一规定发给干部、职工的安家费、退职费、退休工资、离休工资、离休生活补助费;依照我国有关法律规定应予免税的各国驻华使馆、领事馆的外交代表、领事官员和其他人员的所得;中国政府参加的国际公约、签订的协议中规定免税的所得;经国务院财政部门批准免税的所得。

(2) 有下列情形之一的,经批准可以减征个人所得税:残疾、孤老人员和烈属的所得;因严重自然灾害造成重大损失的;其他经国务院财政部门批准减税的。

【随堂练习】

下列属于个人所得税征税范围的有(   )。
A. 王某创作小说获得稿酬 6 000 元
B. 刘某转让专利使用权取得 2 万元
C. 某出租车司机中彩票 5 万元
D. 学者段某到某高校讲学取得收入 2 000 元
答案:ABCD

【案例讨论】

中国公民李先生在甲企业任职,2020 年 1—12 月每月在甲企业取得工资薪金收入 16 000 元,无免税收入;每月缴纳三险一金 2 500 元,从 1 月份开始享受子女教育和赡养老人专项附加扣除共计 3 000 元,无其他扣除。另外,其于 2019 年 3 月取得劳务报酬收入 3 000 元、稿酬收入 2 000 元,6 月取得劳务报酬收入 30 000 元,特许权使用费收入 2 000 元。

问题:李先生 2020 年应当缴纳的个人所得税税额为多少?

三、财产税法与行为税法

(一) 概述

与流转税和所得税相比,财产税与行为税在我国财政收入中所占比例不高,且税种繁杂琐碎。我国的财产税主要包括房产税、土地增值税、城镇土地使用税、耕地占用税、契税、车船税和船舶吨税,行为税主要包括印花税、烟叶税、车辆购置税、城市维护建设税和环境保护税。除此之外,我国还存在一种资源税,是国家对开发、利用其境内资源的单位和个人,就其所开发、利用资源的数量或价值征收的一种税。资源税的征税客体为开发或利用的资源,并非纳税人拥有的财产,所以尽管通常情况下学界倾向于把资源税作为财产税的一种,但严格来说,资源税并不能被归为财产税。

(二) 财产税法

财产税的税种、税率和适用法规的情况可以参见表 10-6。

表 10-6　财产税的税种、税率和适用法规的情况

税　种	内　涵	税　率	适用法规
房产税	以房产为征税对象,依据房产价格或房产租金收入向房产所有人或经营人征收的一种税	①依照房产余值计算缴纳的,税率为1.2%;②依照房产租金收入计算缴纳的,税率为12%	《中华人民共和国房产税暂行条例》
土地增值税	对转让国有土地使用权、地上建筑物及其附着物并取得收益的单位和个人,就其转让房地产所取得的增值额征收的一种税	①增值额未超过扣除项目金额50%的部分,税率为30%;②增值额超过扣除项目金额50%、未超过扣除项目金额100%的部分,税率为40%;③增值额超过扣除项目金额100%、未超过扣除项目金额200%的部分,税率为50%;④增值额超过扣除项目金额200%的部分,税率为60%	《中华人民共和国土地增值税暂行条例》
城镇土地使用税	以城镇土地为征税对象,对拥有国有土地使用权的单位和个人征收的一种税	每平方米税额如下:①大城市1.5元至30元;②中等城市1.2元至24元;③小城市0.9元至18元;④县城、建制镇、工矿区0.6元至12元。实际税收由各地方在税额幅度内确定	《中华人民共和国城镇土地使用税暂行条例》
耕地占用税	对在我国境内占用耕地建房或从事其他非农业建设的单位和个人,按其实际占用面积定额征收的一种税	每平方米税额如下:①人均耕地不超过1亩的县级行政单位,10元至50元;②人均耕地超过1亩但不超过2亩的,8元至40元;③人均耕地超过2亩但不超过3亩的,6元至30元;④人均耕地超过3亩的,5元至25元。国务院财税主管部门确定各省级行政单位平均税额,各地在税额幅度内确定实际税收,且不得低于国务院财税主管部门确定的平均税额	《中华人民共和国耕地占用税法》
契税	以产权发生转移、变动的不动产为征税对象,向产权承受人征收的一种税	3%~5%,实际税率由各省级政府在幅度内确定	《中华人民共和国契税法》
车船税	以法律规定的车辆、船舶的所有人或管理人为纳税人所征收的一种税	依乘用车、商用车、挂车、其他车辆、摩托车、船舶的不同使用不同的年基准税额,详情参见《中华人民共和国车船税法》所附车船税税目税额表	《中华人民共和国车船税法》
资源税	国家对开发、利用其境内资源的单位和个人,就其所开发、利用资源的数量或价值征收的一种税	(1) 原油销售额的5%~10% (2) 天然气销售额的5%~10% (3) 焦煤每吨8~20元;其他煤炭每吨0.3~5元 (4) 普通非金属矿原矿每吨或者每立方米0.5~20元;贵重非金属矿原矿每千克或者克拉0.5~20元 (5) 黑色金属矿原矿每吨2~30元 (6) 有色金属矿原矿、稀土矿每吨0.4~60元;其他有色金属矿原矿每吨0.4~30元 (7) 固体盐每吨10~60元;液体盐每吨2~10元	《中华人民共和国资源税法》
船舶吨税	对自中华人民共和国境外港口进入境内港口的船舶征收的一种税	依照船舶吨位的不同设计税率,详情参见《中华人民共和国船舶吨税法》所附吨税税目税率表	《中华人民共和国船舶吨税法》

（三）行为税法

行为税的税种、税率和适用法规的情况可以参见表10-7。

表10-7 行为税的税种、税率和适用法规的情况

税 种	内 涵	税 率	适 用 法 规
印花税	对经济活动和经济交往中书立、使用、领受具有法律效力的凭证的单位和个人征收的一种税	①借款合同按借款金额的万分之零点五贴花；②融资租赁合同按租金的万分之零点五贴花；③买卖合同按价款的万分之三贴花；④承揽合同按报酬的万分之三贴花；⑤建设工程合同按价款的万分之三贴花；⑥运输合同按运输费用的万分之三贴花；⑦技术合同按价款、报酬或使用费的万分之三贴花；⑧租赁合同按租金的千分之一贴花；⑨保管合同按保管费的千分之一贴花；⑩仓储合同按仓储费的千分之一贴花；⑪财产保险合同按保险费的千分之一贴花；⑫土地使用权出让书据按价款的万分之五贴花；⑬土地使用权、房屋等建筑物和构筑物所有权转让书据按价款的万分之五贴花；⑭商标专用权、著作权、专利权、专有技术使用权转让书据按价款的万分之三贴花；营业账簿按实收资本（股本）、资本公积金合计金额的万分之二点五贴花；证券交易按成交金额的千分之一贴花	《中华人民共和国印花税法》
烟叶税	以在中国境内收购烟叶的单位为纳税人的一种税	20%，税率调整由国务院决定	《中华人民共和国烟叶税法》
车辆购置税	对在我国境内购置应税车辆的单位和个人，按其所购置的车辆价格的一定比率征收的一种税	10%	《中华人民共和国车辆购置税法》
城市维护建设税	以纳税人实际缴纳的消费税、增值税、营业税税额为计税依据并与其同时缴纳的用于加强城市维护建设的一种税	①纳税人所在地在市区的，税率为7%；②纳税人所在地在县城、镇的，税率为5%；③纳税人所在地不在市区、县城或镇的，税率为1%	《中华人民共和国城市维护建设税法》
环境保护税	为了保护和改善环境，减少污染物排放，推进生态文明建设，以在中华人民共和国领域及中华人民共和国管辖的其他海域直接向环境排放应税污染物的企业事业单位与其他生产经营者为纳税人的一种税	(1) 大气污染物每污染当量1.2～12元 (2) 水污染物每污染当量1.4～14元 (3) 固体废物，煤矸石每吨5元，尾矿每吨15元，危险废物每吨1 000元，冶炼渣、粉煤灰、炉渣、其他固体废物（含半固态、液态废物）每吨25元 (4) 工业噪声超标1～3分贝，每月350元；超标4～6分贝，每月700元；超标7～9分贝，每月1 400元；超标10～12分贝，每月2 800元；超标13～15分贝，每月5 600元；超标16分贝以上，每月11 200元	《中华人民共和国环境保护税法》

第三节　税收程序法

　　税收征收管理法是调整、规范税收征收管理的法律规范的总称。一般来说,一个系统的税收法律规范包括实体税规范和程序税规范两个方面。前文所述流转税法、所得税法、财产税法与行为税法均为实体税法律规范,而程序税法律规范则为《税收征收管理法》和《海关法》,二者分别对内地税和进出口税的程序规范进行调整。此处主要介绍《税收征收管理法》。

一、税收征收管理法律关系的主体

　　税收征收管理法律关系的主体包括纳税人、扣缴义务人、税务机关及其人员。
　　纳税人是指法律、行政法规规定负有纳税义务的单位和个人。扣缴义务人是指法律、行政法规规定负有代扣代缴、代收代缴税款义务的单位和个人。
　　纳税人和扣缴义务人负有依照法律、行政法规的规定缴纳税款,代扣代缴、代收代缴税款的义务。
　　纳税人和扣缴义务人具有以下权利:①有权向税务机关了解国家税收法律、行政法规的规定以及与纳税程序有关的情况。②有权要求税务机关为纳税人、扣缴义务人的情况保密。③纳税人依法享有申请减税、免税、退税的权利。④对税务机关所作出的决定,享有陈述权、申辩权;依法享有申请行政复议、提起行政诉讼、请求国家赔偿等权利。⑤有权控告和检举税务机关、税务人员的违法违纪行为。
　　税务机关及其人员是指各级税务局、税务分局、税务所和按照国务院规定设立的并向社会公告的税务机构及其工作人员。税务机关及其人员负有如下义务:①秉公执法,忠于职守,清正廉洁,礼貌待人,文明服务,尊重和保护纳税人、扣缴义务人的权利,依法接受监督。②税务人员不得索贿受贿、徇私舞弊、玩忽职守、不征或者少征应征税款;不得滥用职权多征税款或者故意刁难纳税人和扣缴义务人。

二、税款的缴纳程序

1. 税务登记

　　企业在外地设立的分支机构和从事生产、经营的场所,个体工商户和从事生产、经营的事业单位(以下统称从事生产、经营的纳税人)自领取营业执照之日起30日内,持有关证件,向税务机关申报办理税务登记。从事生产、经营的纳税人,税务登记内容发生变化的,自市场监督管理部门办理变更登记之日起30日内或者在向市场监督管理部门申请办理注销登记之前,持有关证件向税务机关申报办理变更或者注销税务登记。
　　从事生产、经营的纳税人应当按照国家有关规定,在银行或者其他金融机构开立基本存款账户和其他存款账户,并将其全部账号向税务机关报告。

2. 纳税申报

　　纳税人必须依照法律、行政法规规定或者税务机关依照法律、行政法规的规定确定的申报期限、申报内容如实办理纳税申报,报送纳税申报表、财务会计报表以及税务机关根据实际需要要求纳税人报送的其他纳税资料。扣缴义务人必须依照法律、行政法规规定或者税务机关依照法律、行政法规的规定确定的申报期限、申报内容如实报送代扣代缴、代收代缴税款报告表以及税务机关根据实际需要要求扣缴义务人报送的其他有关资料。

纳税人、扣缴义务人不能按期办理纳税申报或者报送代扣代缴、代收代缴税款报告表的,经税务机关核准,可以延期申报。经核准延期办理前款规定的申报、报送事项的,应当在纳税期内按照上期实际缴纳的税额或者税务机关核定的税额预缴税款,并在核准的延期内办理税款结算。

3. 缴纳税款

纳税人、扣缴义务人按照法律、行政法规的规定或者税务机关依照法律、行政法规的规定确定的期限,缴纳或者解缴税款。纳税人因有特殊困难,不能按期缴纳税款的,经省、自治区、直辖市税务局批准,可以延期缴纳税款,但是最长不得超过3个月。纳税人未按照规定期限缴纳税款的,扣缴义务人未按照规定期限解缴税款的,税务机关除责令限期缴纳外,从滞纳税款之日起,按日加收滞纳税款万分之五的滞纳金。

三、税款征收措施

为了保障税收债务的顺利实现,维护税收的强制性和神圣性,立法为税务机关确认了一系列税款征收措施。这主要包括以下几个方面。

1. 税额核定

纳税人有下列情形之一的,税务机关有权核定其应纳税额:①依照法律、行政法规的规定可以不设置账簿的;②依照法律、行政法规的规定应当设置账簿但未设置的;③擅自销毁账簿或者拒不提供纳税资料的;④虽设置账簿,但账目混乱或者成本资料、收入凭证、费用凭证残缺不全,难以查账的;⑤发生纳税义务,未按照规定的期限办理纳税申报,经税务机关责令限期申报,逾期仍不申报的;⑥纳税人申报的计税依据明显偏低,又无正当理由的;⑦未按规定办理税务登记的从事生产、经营的纳税人及临时从事经营的纳税人;⑧在关联交易下,若未按独立企业业务价款进行交易,税务机关具有"合理调整"的税额核定权。

2. 税务扣押、限期缴纳、纳税担保与税收保全

对未按照规定办理税务登记的从事生产、经营的纳税人以及临时从事经营的纳税人,由税务机关核定其应纳税款,责令缴纳;不缴纳的,税务机关可以扣押其价值相当于应纳税款的商品、货物。扣押后缴纳应纳税款的,税务机关必须立即解除扣押,并归还所扣押的商品、货物;扣押后仍不缴纳应纳税款的,经县以上税务局(分局)局长批准,依法拍卖或者变卖所扣押的商品、货物,以拍卖或者变卖所得抵缴税款。

税务机关有依据认为从事生产、经营的纳税人有逃避纳税义务行为的,可以在规定的纳税期之前,责令限期缴纳应纳税款;在限期内发现纳税人有明显的转移、隐匿其应纳税的商品、货物以及其他财产或者应纳税的收入的迹象的,税务机关可以责成纳税人提供纳税担保。如果纳税人不能提供纳税担保,经县以上税务局(分局)局长批准,税务机关可以采取下列税收保全措施:第一,书面通知纳税人开户银行或者其他金融机构冻结纳税人

的金额相当于应纳税款的存款;第二,扣押、查封纳税人的价值相当于应纳税款的商品、货物或者其他财产。

纳税人在上述规定的限期内缴纳税款的,税务机关必须立即解除税收保全措施;限期期满仍未缴纳税款的,经县以上税务局(分局)局长批准,税务机关可以书面通知纳税人开户银行或者其他金融机构从其冻结的存款中扣缴税款,或者依法拍卖或者变卖所扣押、查封的商品、货物或者其他财产,以拍卖或者变卖所得抵缴税款。个人及其所扶养家属维持生活必需的住房和用品,不在税收保全措施的范围之内。

3. 强制执行与阻止出境措施

从事生产、经营的纳税人、扣缴义务人未按照规定的期限缴纳或者解缴税款,纳税担保人未按照规定的期限缴纳所担保的税款,由税务机关责令限期缴纳,逾期仍未缴纳的,经县以上税务局(分局)局长批准,税务机关可以采取下列强制执行措施:①书面通知其开户银行或者其他金融机构从其存款中扣缴税款;②扣押、查封、依法拍卖或者变卖其价值相当于应纳税款的商品、货物或者其他财产,以拍卖或者变卖所得抵缴税款。税务机关采取强制执行措施时,对上述所列纳税人、扣缴义务人、纳税担保人未缴纳的滞纳金同时强制执行。个人及其所扶养家属维持生活必需的住房和用品,不在强制执行措施的范围之内。

欠缴税款的纳税人或其法定代表人需要出境的,应当在出境前向税务机关结清应纳税款、滞纳金或者提供担保。未结清税款、滞纳金,又不提供担保的,税务机关可以通知出境管理机关阻止其出境。

4. 税收优先权、代位权与撤销权

税务机关征收税款,税收优先于无担保债权,法律另有规定的除外;纳税人欠缴的税款发生在纳税人以其财产设定抵押、质押或者纳税人的财产被留置之前的,税收应当先于抵押权、质权、留置权执行。纳税人欠缴税款,同时又被行政机关决定处以罚款、没收违法所得的,税收优先于罚款、没收违法所得。

欠缴税款的纳税人因怠于行使到期债权,或者放弃到期债权,或者无偿转让财产,或者以明显不合理的低价转让财产而受让人知道该情形,对国家税收造成损害的,税务机关可以依照《民法典》的规定行使代位权、撤销权。税务机关依照前款规定行使代位权、撤销权的,不免除欠缴税款的纳税人尚未履行的纳税义务和应承担的法律责任。

【随堂练习】

李某是个人独资企业的业主,该企业因资金周转困难,到期不能缴纳税款。经申请,税务局批准其延期3个月缴纳。在此期间,税务局得知李某申请出国探亲,办理了签证并预订了机票。对此,税务局应采取下列哪一种处理方式?(　　)

A. 责令李某在出境前提供担保
B. 李某是在延期期间出境,无须采取任何措施
C. 告知李某:欠税人在延期期间一律不得出境
D. 直接通知出境管理机关阻止其出境

答案:A

本章课后习题

某县税务局城区分局征管人员于 2015 年 11 月 20 日对个体双定户纳税情况进行检查时,纳税人王某声称将于 2015 年 11 月 30 日前迁往外地经营,拒绝接受检查。征管人员认为王某有逃避缴纳 11 月份应纳税款的可能性,于 11 月 21 日以分局名义向王某下达限期缴纳税款通知书,责令其于 11 月 26 日前缴纳 11 月份应纳税款 300 元。

王某对此不满,并在 11 月 23 日开始租用车辆拉走部分货物。征管人员发现后于当日向王某下达提供纳税担保通知书,责令其于 11 月 24 日前提供纳税担保。王某以未到法定的纳税期限为由拒绝提供纳税担保,也拒绝缴纳税款,征管人员多次与其协商未果。

11 月 27 日经催缴王某仍未缴纳税款。28 日,某县税务局城区分局根据《税收征收管理法》的规定,经县局局长批准,对其采取税收强制执行措施,扣押、查封、依法拍卖或变卖了其部分货物,并依法对其处以 300 元罚款。

问题:
税务机关的各项处理是否正确?为什么?

即 测 即 练

第十一章 竞争法律制度

【案例导读】

2010年9月,奇虎推出"360隐私保护器",监控腾讯QQ是否侵犯用户隐私。2010年11月,腾讯向QQ用户发表公开信,要求用户在QQ软件和360软件之间只能二选一,此举导致两家公司矛盾公开化。随后,腾讯认为奇虎360此举涉嫌不正当竞争,将奇虎360告上法庭,要求其停止侵权,并索赔1.25亿元经济损失。2012年11月,360也以滥用市场支配地位为由起诉腾讯,并索赔1.5亿元。奇虎360的1.5亿元和腾讯的1.25亿元相互索赔,也成为中国互联网历史上涉及金额最大的两家公司之间的诉讼案件。2012年4月18日,奇虎360在广东省高院起诉腾讯滥用市场支配地位的诉讼率先开庭。奇虎360请求人民法院判令腾讯公司立即停止滥用市场地位,停止实施QQ软件用户不得与原告交易,并捆绑搭售行为。奇虎360称腾讯在"3Q大战"期间滥用其即时通信工具QQ的市场支配地位,强制用户卸载已安装的360软件,属垄断行为。为此,奇虎360向腾讯索赔1.5亿元,并要求其公开赔礼道歉。腾讯则请求人民法院驳回360全部诉讼请求。5个月后,腾讯起诉奇虎360的官司也有了进展。2012年9月18日,腾讯公司诉奇虎360"扣扣保镖"不正当竞争一案在广东省高级人民法院开庭。腾讯方面认为360推出的"扣扣保镖"属于不正当竞争,该软件减少了腾讯的增值业务交易机会和广告收入,给其带来了巨大的损失,由此向360索赔1.25亿元。奇虎360方面则反驳称,屏蔽广告是业界常见方式。

第一节 反不正当竞争法律制度

一、反不正当竞争概述

(一)反不正当竞争法

反不正当竞争法是调整国家在规制不正当竞争行为过程中所发生的法律关系的法律规范的总称。我国于1993年通过并施行了《反不正当竞争法》,该法于2017年进行了系统修订。现行版本为2019年再次修正后的立法。

《反不正当竞争法》第1条规定:为了促进社会主义市场经济健康发展,鼓励和保护公平竞争,制止不正当竞争行为,保护经营者和消费者的合法权益,制定本法。立法确认了在维护公平竞争秩序和打击不正当竞争行为方面的政府责任,明确规定各级人民政府应当采取措施制止不正当竞争行为,为公平竞争创造良好的环境和条件。县级以上人民政府市场监督管理部门对不正当竞争行为进行监督检查；法律、行政法规规定由其他部门查处的，依照其规定。国家鼓励、支持和保护一切组织和个人对不正当竞争行为进行社会监督。国家机关工作人员不得支持、包庇不正当竞争行为。

（二）不正当竞争行为

根据《反不正当竞争法》的规定，不正当竞争行为是指经营者在市场交易中违背自愿、平等、公平、诚实信用的基本市场交易原则以及公认的商业道德，损害其他经营者或者消费者的合法权益，扰乱社会经济秩序的行为。此定义表示不正当竞争行为具有以下特征。

（1）不正当竞争行为的实施主体为经营者。经营者是指从事商品经营或者营利性服务的法人、其他经济组织和自然人。

（2）不正当竞争行为具有违法性和背德性。违法性，是指对《反不正当竞争法》及关联法律规范的违背，从而造成了其他经营者或消费者合法权益的损害，并对社会的公平竞争秩序有所扰乱。背德性，即指不正当竞争行为违背自愿、平等、公平、诚实信用的基本市场交易原则以及公认的商业道德。

（3）不正当竞争行为的实施主体和受害人之间应当具有竞争关系。不正当竞争行为是经营者实施的损害与其具有竞争关系的其他经营者的合法权益的行为，但是，此处的"竞争关系"不应当做狭义的理解，即任何存在于整体市场（由各种产品和劳务的交易构成的市场）中的市场份额争夺关系都应当纳入广义的"竞争关系"的范畴，不能简单地以经营者之间所提供的商品不同而否定竞争关系的存在。

二、典型不正当竞争行为

根据《反不正当竞争法》的规定，典型不正当竞争行为包括商业混淆行为、商业贿赂行为、虚假宣传行为、侵犯商业秘密行为、不正当有奖销售行为、商业诽谤行为和互联网不正当竞争行为等。

（一）商业混淆行为

商业混淆行为是指经营者采用假冒的商业标志从事市场交易，使自己的商品或服务与竞争对手的商品或服务混淆，从而造成或有可能造成购买者误认、误购的行为。根据《反不正当竞争法》的规定，商业混淆行为主要包括以下四种表现形式：

（1）擅自使用与他人有一定影响的商品名称、包装、装潢等相同或者近似的标识；

（2）擅自使用他人有一定影响的企业名称（包括简称、字号等）、社会组织名称（包括简称等）、姓名（包括笔名、艺名、译名等）；

（3）擅自使用他人有一定影响的域名主体部分、网站名称、网页等；

（4）其他足以引人误认为是他人商品或者与他人存在特定联系的混淆行为。

【案例讨论】

甲公司在市场上推出一种多功能遥控器，名为"一按通"，产品外观设计成手型曲线，非常便于操作，加上色彩鲜艳，艺术感强，最终在电视和报纸广告的联合推动下，很快占领市场，受到消费者的热烈欢迎，成为家喻户晓的知名产品。乙公司看到生产和销售这种遥控器有利可图,遂仿照甲公司的产品,推出名为"易按通"的多功能遥控器,其产品名称、外观、色彩、功能、包装等与甲公司的"一按通"近似,在部分消费者中引起了混淆,甲公司产品的销售额也有所下降。甲公司发现该情况后,遂诉至人民法院。

问题:乙公司是否构成不正当竞争行为?

(二)商业贿赂行为

商业贿赂行为是指经营者为了获得超出竞争对手的不公平的交易机会或竞争优势,采用财物或者其他手段进行贿赂的行为。如果是经营者的工作人员进行贿赂的,应当认定为经营者的行为;但是,经营者有证据证明该工作人员的行为与为经营者谋取交易机会或者竞争优势无关的除外。根据《反不正当竞争法》的规定,经营者不得采用财物或者其他手段贿赂下列单位或者个人,以谋取交易机会或者竞争优势:

(1)交易相对方的工作人员;

(2)受交易相对方委托办理相关事务的单位或者个人;

(3)利用职权或者影响力影响交易的单位或者个人。

在商业贿赂行为中,回扣是一种最为典型和常见的形式,它是经营者在销售商品时账外暗中向买方退还一定比例的钱财及其他报偿,以争取有利条件和交易机会的行为。回扣与折扣不同,折扣是商品销售者以公开明示的方式在原定价格基础上给买方一定比例的价格优惠。折扣是一种合法行为,它公开给付且如实入账。除回扣和折扣外,商业竞争实务中还存在佣金。佣金是在市场交易中中间人为委托人提供中介服务而获取的报酬。接受和支付佣金也都必须公开明示且如实入账,它也是一种合法行为。依据《反不正当竞争法》的相关规定,在账外暗中给予对方单位或者个人回扣的,以行贿论处;对方单位或者个人在账外暗中收受回扣的,以受贿论处。经营者销售或者购买商品,可以以明示方式给对方折扣,可以给中间人佣金。经营者给对方折扣、给中间人佣金的,必须如实入账。接受折扣、佣金的经营者必须如实入账。回扣、折扣与佣金的具体区别见表11-1。

表 11-1 回扣、折扣与佣金的具体区别

项 目	回 扣	折 扣	佣 金
主体	销售者与购买者之间	经营者之间或经营者与一般消费者之间(即打折)	经营者与中间人之间
支付方式	通常为现金形式,且构成商品价款的一部分	一般不直接向对方支付现金,主要表现为"即时扣除"或"事后退还"	买方或卖方向中间人支付
公开性	秘密的,账目上未反映或反映不真实	公开的,账目上明确反映	公开的,账目上明确反映
目的	获取不公平交易机会	合法促销	合法劳务报酬

(三)虚假宣传行为

虚假宣传行为是指经营者对其商品的性能、功能、质量、销售状况、用户评价、曾获荣誉等做虚假或者引人误解的商业宣传,欺骗、误导消费者或经营者通过组织虚假交易等方式,帮助其他经营者进行虚假或者引人误解的商业宣传。

第十一章 竞争法律制度

【随堂练习】

根据《反不正当竞争法》的规定,下列哪一行为属于不正当竞争行为中的混淆行为?( )

A. 甲厂在其产品说明书中做夸大其词的不实说明
B. 乙厂的矿泉水使用"清凉"商标,而"清凉矿泉水厂"是本地一知名矿泉水厂的企业名称
C. 丙商场在有奖销售中把所有的奖券刮奖区都印上"未中奖"字样
D. 丁酒厂将其在当地评奖会上的获奖证书复印在所有的产品包装上

答案:B

(四)侵犯商业秘密行为

商业秘密,是指不为公众所知悉、能为权利人带来经济利益、具有实用性并经权利人采取保密措施的技术信息和经营信息。根据该定义,技术信息或经营信息只有在符合商业秘密四大特性——秘密性(不为公众所知悉)、价值性(能为权利人带来经济利益)、实用性和保密性(经权利人采取保密措施)——的情况下,才可构成商业秘密。

根据《反不正当竞争法》的规定,侵犯商业秘密包括以下四种表现形式:以盗窃、贿赂、欺诈、胁迫、电子侵入或者其他不正当手段获取权利人的商业秘密;披露、使用或者允许他人使用以前项手段获取的权利人的商业秘密;违反保密义务或者违反权利人有关保守商业秘密的要求,披露、使用或者允许他人使用其所掌握的商业秘密;教唆、引诱、帮助他人违反保密义务或者违反权利人有关保守商业秘密的要求,获取、披露、使用或者允许他人使用权利人的商业秘密。

经营者以外的其他自然人、法人和非法人组织实施上文所列违法行为的,视为侵犯商业秘密。第三人明知或者应知商业秘密权利人的员工、前员工或者其他单位、个人实施上文所列违法行为,仍获取、披露、使用或者允许他人使用该商业秘密的,视为侵犯商业秘密。

(五)不正当有奖销售行为

有奖销售是指经营者以提供金钱、物品或者其他利益作为奖励手段推销商品或者服务的经营行为。它包括附赠式有奖销售和抽奖式有奖销售两种形式。附赠式有奖销售是经营者向购买某种商品的所有购买者附加赠与金钱、物品或者其他经济利益。抽奖式有奖销售是指经营者以抽签等带有偶然性的方法决定购买者是否中奖的有奖销售形式。由于有奖销售行为有一定的偶然性和投机性,立法必须将其限定在一定的幅度内,否则不但有可能危害到公平竞争秩序,更有可能助长投机或赌博行为。根据《反不正当竞争法》的规定,经营者所从事的下列有奖销售行为是被禁止的:

(1) 所设奖的种类、兑奖条件、奖金金额或者奖品等有奖销售信息不明确,影响兑奖;
(2) 采用谎称有奖或者故意让内定人员中奖的欺骗方式进行有奖销售;
(3) 抽奖式的有奖销售,最高奖的金额超过5万元。

(六)商业诽谤行为

商业诽谤行为是指经营者捏造、散布虚假事实,损害竞争对手的商业信誉或商品声誉的不正当竞争行为。一个商业诽谤行为的成立需要满足以下构成要件。

（1）行为主体必须是经营者。如果是经营者之外的消费者或其他人对经营者进行诋毁、诽谤的，则不应认定为《反不正当竞争法》上的商业诽谤行为，而应认定为侵害名誉权的行为，从而适用《民法典》"侵权责任编"。

（2）经营者实施商业诋毁行为是出于削弱竞争对手竞争能力的目的，因此主观上通常必须具有故意。但是，考虑到在商业诽谤案件中的被害人通常难以证明被告经营者存在过错，在司法实务中常对此实行过错推定原则，即由被告负责证明自己没有过错，否则推定为存在过错。

（3）客观上采用了捏造、散布虚假事实或歪曲真实事实的做法。

（4）此行为实际损害了或可能损害竞争对手的商誉，即商业信誉或商品信誉。

【案例讨论】

小赵在某商店购买了一件貂皮大衣，后因质量问题与商店发生争执。小赵便经常守在商店门口，对欲进店的人说："这家店的衣服质量不好，很多都不是纯貂皮做的。"该商店的生意因此大受影响。现该商店欲以"诋毁商誉"为由起诉小赵。

问题：小赵的行为是否构成诋毁商誉行为？

（七）互联网不正当竞争行为

互联网不正当竞争行为是指经营者利用技术手段，通过影响用户选择或者其他方式，妨碍、破坏其他经营者合法提供的网络产品或者服务正常运行的行为。互联网不正当竞争行为是2017年《反不正当竞争法》修订时新增的一类违法行为，根据该法的规定，其主要表现有：

（1）未经其他经营者同意，在其合法提供的网络产品或者服务中，插入链接、强制进行目标跳转；

（2）误导、欺骗、强迫用户修改、关闭、卸载其他经营者合法提供的网络产品或者服务；

（3）恶意对其他经营者合法提供的网络产品或者服务实施不兼容；

（4）其他妨碍、破坏其他经营者合法提供的网络产品或者服务正常运行的行为。

三、不正当竞争行为的法律责任

经营者违反《反不正当竞争法》规定，给他人造成损害的，应当依法承担民事责任。经营者的合法权益受到不正当竞争行为损害的，可以向人民法院提起诉讼。因不正当竞争行为受到损害的经营者的赔偿数额，按照其因被侵权所受到的实际损失确定；实际损失难以计算的，按照侵权人因侵权所获得的利益确定。经营者恶意实施侵犯商业秘密行为，情节严重的，可以在按照上述方法确定数额的1倍以上5倍以下确定赔偿数额。赔偿数额还应当包括经营者为制止侵权行为所支付的合理开支。经营者实施商业混淆行为、侵犯商业秘密行为，权利人因被侵权所受到的实际损失、侵权人因侵权所获得的利益难以确定的，由人民法院根据侵权行为的情节判决给予权利人500万元以下的赔偿。

除此之外，经营者实施不正当竞争行为还需承担罚款、吊销营业执照等行政责任，构成犯罪的，还应当追究其刑事责任。

第二节　反垄断法律制度

一、反垄断概述

（一）反垄断法

反垄断法是调整国家在规制垄断行为过程中所发生的法律关系的法律规范的总称。我国2007年通过并于2008年施行了《反垄断法》，该法的立法目的是预防和制止垄断行为，保护市场公平竞争，提高经济运行效率，维护消费者利益和社会公共利益，促进社会主义市场经济健康发展。立法确认了在维护公平竞争秩序和打击垄断行为方面的政府责任，明确规定国家制定和实施与社会主义市场经济相适应的竞争规则，完善宏观调控，健全统一、开放、竞争、有序的市场体系，并赋予了经营者以公平竞争权，即不违背《反垄断法》条件下的公平竞争、自愿联合和依法实施集中的行为，从而扩大经营规模，提高市场竞争能力。

（二）反垄断法与反不正当竞争法的关系

1. 立法宗旨与法律地位上的关系

反垄断法对垄断行为的规制主要是为了维护自由竞争，这与反不正当竞争法主要为维护正当竞争的目的有所不同。但不管是自由竞争还是正当竞争，二者都是社会主义市场经济公平竞争环境的基本要求，因此，反垄断法与反不正当竞争法共同构成了竞争法体系，二者相辅相成，共同维护公平竞争的社会秩序。

2. 立法所规制的行为不同

不正当竞争行为与垄断行为分别是反不正当竞争法与反垄断法的规制对象，二者存在如下区别：其一，实施主体不同。不正当竞争行为的实施主体不一定具有经济优势，任何经营者都可以实施；但垄断行为的实施主体一般需要具有经济上的垄断地位或垄断优势。其二，行为的目的和后果不尽相同。垄断的目的是消除和排斥竞争，是以不允许竞争或限制竞争为结果的；不正当竞争的目的主要是通过不正当手段获得竞争利益，是以承认竞争为前提的。其三，实施手段不同。垄断一般是经营者凭借自己在市场中的经济地位来实施，在表面上其手段可能符合平等自愿的市场交易规则，如企业合并、垄断协议、格式合同等；但不正当竞争行为采取的是非正当的手段，如欺骗、仿冒、贿赂、低于成本销售等，来打击竞争对手，谋取竞争利益。

（三）垄断行为

依据垄断行为主体的不同，《反垄断法》将垄断行为分为经济垄断和行政垄断两种。经济垄断是由经营者所施行的排除或限制竞争的行为，包括经营者达成垄断协议、经营者滥用市场支配地位以及具有或者可能具有排除、限制竞争效果的经营者集中三种情形。行政垄断则是指行政机关和公共组织滥用行政权力排除或限制竞争而形成的垄断。

（四）相关市场

相关市场是指经营者在一定时期内就特定商品或者服务进行竞争的商品范围和地域范围。在反垄断法中，界定相关市场是认定企业是否拥有市场支配地位以及是否滥用市场支配地位的前提,在界定其他垄断行为是否违法以及对公平竞争秩序的危害程度时,相关市场界定也是一个重要的指标。根据《国务院反垄断委员会关于相关市场界定的指南》,相关市场的一般构成包括相关商品市场和相关地域市场,在必要时则须考量相关时间市场和相关技术市场。

相关商品市场,是根据商品的特性、用途及价格等因素,由需求者认为具有较为紧密替代关系的一组或一类商品所构成的市场。这些商品表现出较强的竞争关系,在反垄断执法中可以作为经营者进行竞争的商品范围。相关地域市场,是指需求者获取具有较为紧密替代关系的商品的地理区域。这些地域表现出较强的竞争关系,在反垄断执法中可以作为经营者进行竞争的地域范围。当生产周期、使用期限、季节性、流行时尚性或知识产权保护期限等已构成商品不可忽视的特征时,界定相关市场还应考虑时间性。在技术贸易、许可协议等涉及知识产权的反垄断执法工作中,可能还需要界定相关技术市场,考虑知识产权、创新等因素的影响。

二、典型垄断行为

(一) 垄断协议

垄断协议是指排除、限制竞争的协议、决定或者其他协同行为。

1. 横向垄断协议

横向垄断协议又称卡特尔,是指具有竞争关系的经营者之间达成的垄断协议。根据《反垄断法》的规定,禁止经营者之间达成下列横向垄断协议:

(1) 固定或者变更商品价格;
(2) 限制商品的生产数量或者销售数量;
(3) 分割销售市场或者原材料采购市场;
(4) 限制购买新技术、新设备或者限制开发新技术、新产品;
(5) 联合抵制交易;
(6) 国务院反垄断执法机构认定的其他垄断协议。

2. 纵向垄断协议

纵向垄断协议是指同一产业中处于不同阶段而具有交易关系的经营者与交易相对人之间达成的垄断协议。根据《反垄断法》的规定,禁止经营者与交易相对人达成下列纵向垄断协议:

(1) 固定向第三人转售商品的价格;
(2) 限定向第三人转售商品的最低价格;
(3) 国务院反垄断执法机构认定的其他垄断协议。

3. 依法豁免的垄断协议

对于根据《反垄断法》的规定应当禁止的垄断协议,如果经营者能够证明所达成的协议属于下列情形之一,可以依法得到豁免,不受《反垄断法》的禁止:

(1) 为改进技术、研究开发新产品的;
(2) 为提高产品质量、降低成本、增进效率,统一产品规格、标准或者实行专业化分工的;

(3) 为提高中小经营者经营效率,增强中小经营者竞争力的;
(4) 为实现节约能源、保护环境、救灾救助等社会公共利益的;
(5) 因经济不景气,为缓解销售量严重下降或者生产明显过剩的;
(6) 为保障对外贸易和对外经济合作中的正当利益的;
(7) 法律和国务院规定的其他情形。

但是,属于前面第(1)项至第(5)项情形,不适用《反垄断法》的规定的,经营者还应当证明所达成的协议不会严重限制相关市场的竞争,并且能够使消费者分享由此产生的利益。

【随堂练习】

根据《反垄断法》的规定,下列哪些选项不构成垄断协议?(　　)
A. 某行业协会组织本行业的公司就防止进口原料时的恶性竞争达成保护性协议
B. 3个大型房地产公司的代表聚会,就商品房价格达成共识,随后一致采取涨价行动
C. 某品牌的奶粉含有毒物质的事实被公布后,数个大型零售公司联合声明拒绝销售该产品
D. 数个大型煤炭公司就采用一种新型矿山安全生产技术达成一致意见

答案:ACD

(二) 滥用市场支配地位

1. 市场支配地位的判定

市场支配地位是指经营者在相关市场内具有能够控制商品价格、数量或者其他交易条件,或者能够阻碍、影响其他经营者进入相关市场能力的市场地位。《反垄断法》规定,认定经营者具有市场支配地位,应当依据下列因素:

(1) 该经营者在相关市场的市场份额,以及相关市场的竞争状况;
(2) 该经营者控制销售市场或者原材料采购市场的能力;
(3) 该经营者的财力和技术条件;
(4) 其他经营者对该经营者在交易上的依赖程度;
(5) 其他经营者进入相关市场的难易程度;
(6) 与认定该经营者市场支配地位有关的其他因素。

除此之外,《反垄断法》还规定,在满足几种特殊条件之一的情况下,可以推定经营者具有市场支配地位的情形,即当一个经营者在相关市场的市场份额达到1/2,或两个经营者在相关市场的市场份额合计达到2/3,或三个经营者在相关市场的市场份额合计达到3/4时,即可做此推定。但对于前述第二种和第三种情形,其中有的经营者市场份额不足1/10的,不应当推定该经营者具有市场支配地位。而且,如果被推定具有市场支配地位的经营者有证据证明不具有市场支配地位的,也不应当认定其具有市场支配地位。

2. 滥用市场支配地位的行为

经营者具有市场支配地位本身并不违法,但经营者滥用其市场支配地位的行为则应受到《反垄断法》的规制。根据《反垄断法》的规定,禁止具有市场支配地位的经营者从事

下列滥用市场支配地位的行为:

(1) 以不公平的高价销售商品或者以不公平的低价购买商品;

(2) 没有正当理由,以低于成本的价格销售商品;

(3) 没有正当理由,拒绝与交易相对人进行交易;

(4) 没有正当理由,限定交易相对人只能与其进行交易或者只能与其指定的经营者进行交易;

(5) 没有正当理由搭售商品,或者在交易时附加其他不合理的交易条件;

(6) 没有正当理由,对条件相同的交易相对人在交易价格等交易条件上实行差别待遇;

(7) 国务院反垄断执法机构认定的其他滥用市场支配地位的行为。

【随堂练习】

关于市场支配地位,下列说法正确的有( )。
A. 有市场支配地位而无滥用该地位的经营者,不为《反垄断法》所禁止
B. 市场支配地位的认定只考虑相关经营者在相关市场的份额
C. 其他经营者进入相关市场的难易程度,不影响市场支配的认定
D. 一个经营者在相关市场的市场份额达到1/2的,推定为具有市场支配地位

答案:AD

(三) 经营者集中

经营者集中是指经营者通过合并、资产购买、收购股份、合同约定等方式取得对其他经营者的控制权或者能够对其他经营者施加决定性的影响。

1. 经营者集中的类型

(1) 经营者合并;

(2) 经营者通过取得股权或者资产的方式取得对其他经营者的控制权;

(3) 经营者通过合同等方式取得对其他经营者的控制权或者能够对其他经营者施加决定性影响。

2. 经营者集中的申报

经营者集中达到国务院规定的申报标准的,经营者应当事先向国务院反垄断执法机构申报,未申报的不得实施集中。但经营者集中有下列情形之一的,可以不向国务院反垄断执法机构申报:

(1) 参与集中的一个经营者拥有其他每个经营者50%以上有表决权的股份或者资产的;

(2) 参与集中的每个经营者50%以上有表决权的股份或者资产被同一个未参与集中的经营者拥有的。

3. 经营者集中的审查

国务院反垄断执法机构应当自收到经营者提交的符合《反垄断法》规定的文件、资料之日起30日内,对申报的经营者集中进行初步审查,作出是否实施进一步审查的决定,并书面通知经营者。在国务院反垄断执法机构作出决定前,经营者不得实施集中。国务院

反垄断执法机构作出不实施进一步审查的决定或者逾期未作出决定的,经营者可以实施集中。国务院反垄断执法机构决定实施进一步审查的,应当自决定之日起 90 日内审查完毕,作出是否禁止经营者集中的决定,并书面通知经营者。如果作出禁止经营者集中的决定,应当说明理由。在审查期间,经营者不得实施集中。

有下列情形之一的,国务院反垄断执法机构经书面通知经营者,可以延长前款规定的审查期限,但最长不得超过 60 日：①经营者同意延长审查期限的;②经营者提交的文件、资料不准确,需要进一步核实的;③经营者申报后有关情况发生重大变化的。国务院反垄断执法机构逾期未作出决定的,经营者可以实施集中。

审查经营者集中,应当考虑下列因素：

(1) 参与集中的经营者在相关市场的市场份额及其对市场的控制力;

(2) 相关市场的市场集中度;

(3) 经营者集中对市场进入、技术进步的影响;

(4) 经营者集中对消费者和其他有关经营者的影响;

(5) 经营者集中对国民经济发展的影响;

(6) 国务院反垄断执法机构认为应当考虑的影响市场竞争的其他因素。

经营者集中具有或者可能具有排除、限制竞争效果的,国务院反垄断执法机构应当作出禁止经营者集中的决定。但是,经营者能够证明该集中对竞争产生的有利影响明显大于不利影响,或者符合社会公共利益的,国务院反垄断执法机构可以作出对经营者集中不予禁止的决定。

对不予禁止的经营者集中,国务院反垄断执法机构还可以决定附加减少集中对竞争产生不利影响的限制性条件。

(四) 行政垄断

行政垄断是指行政机关和法律、法规授权的具有管理公共事务职能的组织滥用行政权力排除、限制竞争的行为。《反垄断法》一共列举了六类禁止的行政垄断行为。

(1) 强制交易行为。行政机关和法律、法规授权的具有管理公共事务职能的组织不得滥用行政权力,限定或者变相限定单位或者个人经营、购买、使用其指定的经营者提供的商品。

(2) 妨碍商品自由流通的行为。行政机关和法律、法规授权的具有管理公共事务职能的组织不得滥用行政权力,实施下列行为,妨碍商品在地区之间的自由流通：①对外地商品设定歧视性收费项目、实行歧视性收费标准,或者规定歧视性价格;②对外地商品规定与本地同类商品不同的技术要求、检验标准,或者对外地商品采取重复检验、重复认证等歧视性技术措施,限制外地商品进入本地市场;③采取专门针对外地商品的行政许可,限制外地商品进入本地市场;④设置关卡或者采取其他手段,阻碍外地商品进入或者本地商品运出;⑤妨碍商品在地区之间自由流通的其他行为。

(3) 妨碍外地企业参与招投标的行为。行政机关和法律、法规授权的具有管理公共事务职能的组织不得滥用行政权力,以设定歧视性资质要求、评审标准或者不依法发布信息等方式,排斥或者限制外地经营者参加本地的招标投标活动。

(4) 妨碍外地企业进入本地市场。行政机关和法律、法规授权的具有管理公共事务职能的组织不得滥用行政权力,采取与本地经营者不平等待遇等方式,排斥或者限制外地经营者在本地投资或者设立分支机构。

(5)强制经营者从事垄断行为。行政机关和法律、法规授权的具有管理公共事务职能的组织不得滥用行政权力,强制经营者从事《反垄断法》规定的垄断行为。

(6)制定含有排除、限制竞争内容的行政规定的行为。行政机关不得滥用行政权力,制定含有排除、限制竞争内容的规定。

【案例讨论】

2000年4月,某区人民政府某街道办事处召集A集团的一名厂家代表和B啤酒有限责任公司的3名经销商,对铁路局夜市的啤酒销售权进行招标,最后A集团以4万元竞价成交。5月,该办事处与A集团签订了《××啤酒经销合同》,双方约定A集团为该街道办事处管辖的铁路局夜市瓶装及生啤的唯一经销商,该街道办事处全权负责及保护A集团产品的展示及A集团生啤桶,确保A集团以外的任何啤酒产品不得进入夜市。其他啤酒厂家不在夜市做促销活动以及其他厂家的经销商不得进入夜市进行促销活动。合同签订后,办事处即通知夜市内的所有经营户,只能经销A集团的啤酒,不得销售其他品牌的啤酒,否则将采取相应措施。

问题:如何定性上述街道办事处的行为?

三、反垄断法的执行

(一)反垄断执法机关

2018年3月,根据第十三届全国人民代表大会第一次会议批准的国务院机构改革方案,国家工商行政管理总局的职责、国家发展和改革委员会的价格监督检查与反垄断执法职责、商务部的经营者集中反垄断执法以及国务院反垄断委员会办公室的职责整合,组建国家市场监督管理总局,作为国务院直属机构。据此,国家市场监督管理总局统一负责和管理反垄断工作。此外,国务院另设立反垄断委员会,但这不是一个行政执法机构,而是一个组织、协调和指导反垄断工作的机构。反垄断委员会负责履行下列职责:

(1)研究拟定有关竞争政策;

(2)组织调查、评估市场总体竞争状况,发布评估报告;

(3)制定、发布反垄断指南;

(4)协调反垄断行政执法工作;

(5)国务院规定的其他职责。

(二)反垄断法的域外执行

为了遏制跨国公司的垄断势力,维护本国市场的有效竞争,国际上各市场经济国家通常不仅将其反垄断法无一例外地适用于在本国市场上活动的外国企业和跨国公司,而且将这个法律适用于在国外产生但对本国市场有不利影响的限制竞争行为。这种管辖权原则被称为效果原则。《反垄断法》也贯彻了这一效果原则。《反垄断法》第2条规定:中华人民共和国境内经济活动中的垄断行为,适用本法;中华人民共和国境外的垄断行为,对境内市场竞争产生排除、限制影响的,适用本法。

(三) 反垄断法的适用除外制度

反垄断法的适用除外制度是指在某些特定行业及领域中,反垄断法不予适用的制度。一般而言,对于那些对市场竞争秩序影响不大,但对维护本国整体经济利益或社会公共利益具有重大意义的行业和领域,经常会适用反垄断法的适用除外制度。《反垄断法》的适用除外制度主要表现在两个方面。一为在典型垄断行为中可以得到豁免的行为,如可以得到豁免的垄断协议,不具有排除、限制竞争效果的经营者集中,等等,前文对此已有过详细介绍。二为《反垄断法》明文规定的不适用该法的领域,这主要包括以下两点:

(1) 知识产权适用除外。《反垄断法》第55条规定:经营者依照有关知识产权的法律、行政法规规定行使知识产权的行为,不适用本法;但是,经营者滥用知识产权,排除、限制竞争的行为,适用本法。

(2) 农业适用除外。《反垄断法》第56条规定:农业生产者及农村经济组织在农产品生产、加工、销售、运输、储存等经营活动中实施的联合或者协同行为,不适用本法。

四、反垄断法律责任

(一) 经济垄断行为的法律责任

经营者违反《反垄断法》的规定,达成并实施垄断协议的,由反垄断执法机构责令停止违法行为,没收违法所得,并处上一年度销售额1%以上10%以下的罚款;尚未实施所达成的垄断协议的,可以处50万元以下的罚款。经营者主动向反垄断执法机构报告达成垄断协议的有关情况并提供重要证据的,反垄断执法机构可以酌情减轻或者免除对该经营者的处罚。行业协会违反《反垄断法》的规定,组织本行业的经营者达成垄断协议的,反垄断执法机构可以处50万元以下的罚款;情节严重的,社会团体登记管理机关可以依法撤销登记。

经营者违反《反垄断法》的规定,滥用市场支配地位的,由反垄断执法机构责令停止违法行为,没收违法所得,并处上一年度销售额1%以上10%以下的罚款。

经营者违反《反垄断法》的规定实施集中的,由国务院反垄断执法机构责令停止实施集中、限期处分股份或者资产、限期转让营业以及采取其他必要措施恢复到集中前的状态,可以处50万元以下的罚款。

经营者实施垄断行为,除了按照前述规定承担行政责任之外,给他人造成损失的,还应依法承担民事责任。

(二) 行政垄断行为的法律责任

行政机关和法律、法规授权的具有管理公共事务职能的组织滥用行政权力,实施排除、限制竞争行为的,由上级机关责令改正;对直接负责的主管人员和其他直接责任人员依法给予处分。反垄断执法机构可以向有关上级机关提出依法处理的建议。法律、行政法规对行政机关和法律、法规授权的具有管理公共事务职能的组织滥用行政权力实施排除、限制竞争行为的处理另有规定的,依照其规定。

本章课后习题

X 塑料厂系 A 市税务局下属企业,该企业由于设备落后、管理混乱,产品质量低劣。邻省 B 市的 H 塑料制品厂产品质量好,价格便宜,并在 A 市专门设立代销处。在此情况下,X 塑料厂更是难以维持。该厂负责人请求税务局加以重视,想出办法使企业得以生存下去。于是,A 市税务局先以"查税"为名在短短 10 天内连续三次对 H 塑料制品厂驻 A 市代销处进行检查,影响了该代销处的正常经营业务和商业信誉。其后,税务局又以加强税收管理为名,以税务局名义下发通知到 H 塑料制品厂驻 A 市代销处,其中规定:"营业额越高,则税率越高;营业额越低,则税率也随之降低。"企图以此使 H 塑料制品厂无利可图,减少 H 塑料制品厂产品在 A 市的销量。

问题:

(1) A 市税务局的行为在《反垄断法》中属于什么垄断行为?

(2) X 塑料厂借助税务局以查税为名损害 H 塑料制品厂商业信誉的行为,属于哪种不正当竞争行为?

即 测 即 练

第十二章 产品质量法律制度

【案例导读】

2017年1月10日,王某从某商场买回一台冰箱,保修期为1年。冰箱一直正常使用。2018年5月6日,冰箱后面突然冒出黑烟,发生了爆炸,将王某及妻子林某炸伤,并将家中的家具炸坏。王某和林某的医药费总计人民币5 000元,家具损失总计人民币3 000元。王某遂找到某商场要求赔偿,某商场认为,冰箱不是自己商场生产,应找生产商承担赔偿责任。赵某又找到冰箱的生产厂家某电器厂,但电器厂认为,该冰箱已经过了保修期,厂家对此后发生的损害不负责任。王某对此多方奔波,又产生误工费共计300元,仍未得到答复。在咨询律师后,王某和李某将某商场告上人民法院。人民法院审理后判决认为,原告方因冰箱存在缺陷发生爆炸而受到损害,被告某商场作为缺陷产品的销售者,对此应当承担民事赔偿责任,赔偿原告方因此而发生的医疗费、误工费和相关财产损失等共计8 300元。此后,某商场又将冰箱的生产者某电器厂告上人民法院,向其追偿其支付给王某和林某的赔偿款。人民法院判决认为,由于冰箱存在缺陷属于生产者某电器厂的责任,销售者某商场在承担责任后有向生产者某电器厂追偿的权利,遂支持了其诉讼请求。

第一节 产品质量法概述

一、产品质量

产品质量涉及产品和质量两方面。

1. 产品

广义上,产品可泛指自然物之外的所有劳动产物。法律上所称产品则又因各国法律制度不同而有差异。关于产品外延的界定有三个相关的国际公约:1973年,在荷兰海牙市签订的《关于产品责任法律适用的公约》赋予产品广泛的含义,指天然产品和工业产品,无论是未加工的还是加工的,也无论是动产还是不动产。1977年,在法国斯特拉斯堡市签订的《关于人身伤亡的产品责任的欧洲公约》缩小产品范围,排除了不动产。1985年《欧洲经济共同体产品责任指令》再次缩小产品范围,产品是指所有的动产,包括构成另一动产或不动产之一部分的物以及电,但不包括原始农业产品和猎物。但是准许各国法律背离该定义。

《产品质量法》规定:"本法所称产品是指经过加工、制作,用于销售的产品。""建设工程不适用本法规定。"这表明《产品质量法》所指产品并不包括初级农产品和建筑产品。但是,建设工程使用的建筑材料、建筑构配件和设备,属于产品。另外,《产品质量法》也不适用军工产品。

2. 质量

根据国际标准化组织颁布的 ISO 8402《质量术语》中所做的界定,质量是指"产品和服务满足规定或潜在需要的特征和特性的总和",具体可包括适用性、性能、安全性、可靠性、维护性、美学性、经济性等产品的内在和外在因素。

【随堂练习】

下列选项中哪些属于《产品质量法》中所指的产品?（　　）
A．房屋　　　　　B．药品　　　　　C．枪支　　　　　D．钢筋
答案：BD

二、产品质量立法

我国1993年制定颁布《产品质量法》（2000年、2009年、2018年进行了三次修正）,除此以外,有关产品质量的法律还包括《标准化法》《计量法》《食品安全法》《中华人民共和国药品管理法》（以下简称《药品管理法》）、《工业产品质量责任条例》《中华人民共和国认证认可条例》（以下简称《认证认可条例》）、《中华人民共和国工业产品生产许可证管理条例》等。为了加强有关规定的实施,国家产品质量监督管理部门还制定了一些具体的管理办法,如《产品质量监督抽查管理暂行办法》《食品标识管理规定》《强制性产品认证管理规定》《药品生产质量管理规范》等。

第二节　产品质量监督管理制度

产品质量监督管理是指国家产品质量管理机关依法对产品质量进行的监督、检查、管理活动,社会各界对产品质量的监督活动,以及产品生产者、销售者按照《产品质量法》要求进行产品的生产和经营活动的总和。

一、产品质量监督管理主体

（一）国家产品质量监督管理机关

产品质量监督管理体制是各级人民政府质量监督管理部门在对产品质量进行监督管理时的职责分工。《产品质量法》明确规定：国务院市场监督管理部门主管全国产品质量监督工作；国务院有关部门在各自的职责范围内负责产品质量监督工作；县级以上地方市场监督管理部门主管本行政区域内的产品质量监督工作；县级以上地方人民政府有关部门在各自的职责范围内负责产品质量监督工作。法律对产品质量的监督部门另有规定的,依照有关法律的规定执行。

在2018年国务院机构改革以前,我国的产品质量监督管理体制遵循"统一管理、分工负责"的基本体制,即由国家质量监督检验检疫总局统一负责、全面协调全国产品质量监

督管理工作,国务院其他相关部门,如国家食品药品监督管理总局、国家工商行政管理总局等,各自负责药品或商品流通领域的监督管理工作。而在2018年3月,根据第十三届全国人民代表大会第一次会议批准的国务院机构改革方案,将国家工商行政管理总局的职责、国家质量监督检验检疫总局的职责、国家食品药品监督管理总局的职责、国家发展和改革委员会的价格监督检查与反垄断执法职责、商务部的经营者集中反垄断执法以及国务院反垄断委员会办公室的职责整合,组建国家市场监督管理总局,作为国务院直属机构。组建国家药品监督管理局,由国家市场监督管理总局管理。据此,我国的产品质量监督管理体制由新成立的国家市场监督管理总局统一负责和管理。

(二)社会对产品质量的监督

社会对产品质量的监督管理包括社会团体(如质量协会、企业管理协会、用户委员会等)、消费者(包括消费者协会)、新闻舆论等方面的监督。其中,从事产品质量检验、认证的社会中介机构必须依法设立,不得与行政机关和其他国家机关存在隶属关系或者其他利益关系。产品质量检验机构、认证机构必须依法按照有关标准,客观、公正地出具检验结果或者认证证明。

根据《产品质量法》的规定,消费者有权就产品质量问题,向产品生产者、销售者查询;向产品质量监督管理部门、市场监督管理部门及有关部门申诉,接受申诉的部门应当负责处理;保护消费者权益的社会组织可以就消费者反映的产品质量问题建议有关部门负责处理,支持消费者对产品质量造成的损害向人民法院起诉。

任何单位和个人有权对违反《产品质量法》的行为向市场监督管理部门或者其他有关部门检举。市场监督管理部门和有关部门应当为检举人保密,并按照省级人民政府的规定给予奖励。

(三)生产者、销售者的自律管理

生产者、销售者应当重视企业的产品质量,维护企业商业信誉。生产者、销售者应当建立健全内部产品质量管理制度,严格实施岗位质量规范、质量责任以及相应的考核办法。生产者、销售者可以通过行业协会等自律性行业组织制定行业质量公约,维护行业产品质量声誉,维护行业竞争秩序。

二、产品质量监督管理具体制度

(一)产品质量检验制度

产品质量应当经检验机构检验合格,检验机构必须具备相应的检测条件和能力,并经有关部门考核合格后,方可承担检验工作。未经检验的产品视为不合格产品。

(二)产品质量标准化制度

我国现行的标准形式分为国家标准、行业标准、地方标准和企业标准,其中前二者又分为强制性标准和推荐性标准。凡有关保障人体健康和人身财产安全的标准和法律、法规规定强制执行的标准为强制性标准,其他标准为推荐性标准。强制性标准必须执行,不符合强制性标准的产品,禁止生产、销售和进口;推荐性标准,国家鼓励企业自愿采用。《产品质量法》第13条规定:可能危及人体健康和人身、财产安全的工业产品,必须符合保障人体健康和人身、财产安全的国家标准、行业标准；未制定国家标准、行业标准的，必须符合保障人体健康和人身、财产安全的要求。

（三）产品质量认证认可制度

根据《认证认可条例》规定，国家根据经济和社会发展的需要，推行产品、服务、管理体系认证。为做好认证工作，必须进行认可。认证，是指由认证机构证明产品、服务、管理体系符合相关技术规范、相关技术规范的强制性要求或者标准的合格评定活动。认可，是指由认可机构对认证机构、检查机构、实验室以及从事评审、审核等认证活动人员的能力和执业资格，予以承认的合格评定活动。目前，在认证活动方面，包括多种形式，主要有如下几种。

1. 企业质量体系认证

这是指认证机构根据企业申请，对企业的产品质量保证能力和质量管理水平进行综合性评审，并对合格者颁发认证证书的活动。依规定，我国企业质量体系认证的依据是国际通用的质量管理标准，即国际标准化组织（ISO）推荐各国采用的 ISO 9000 质量管理和质量保证系列标准。企业根据自愿原则向认证机构申请企业质量体系认证。经认证合格的，由认证机构颁发企业质量体系认证证书。经过质量体系认证的企业，在申请生产许可证、产品质量认证及其他质量认证时，可免于质量体系审查。

2. 单一产品质量认证

产品质量认证是指依据产品标准和相应的技术要求，经认证机构确认并通过颁发认证证书和认证标志，来证明某一产品符合相应标准和技术要求的活动。依规定，我国参照国际先进的产品标准和技术要求，推行产品质量认证。企业根据自愿原则向认证机构申请产品质量认证。经认证合格的，由认证机构颁发产品质量认证证书，准许企业在产品或其包装上使用产品质量认证标志。我国目前批准发布的产品质量认证标志主要有方圆标志（分合格认证标志和安全认证标志）、长城标志（为电工产品专用）、PRC 标志（为电子元器件专用）等。

3. 3C 认证

3C 认证/CCC 认证，即"中国强制认证"（全称"中国国家强制性产品认证"），其英文名称为 China Compulsory Certification，缩写为 CCC。3C 认证，是按照世贸有关协议和国际通行规则，国家依法对涉及人类健康安全、动植物生命安全和健康，以及环境保护和公共安全的产品实行统一的强制性产品认证制度。

4. GMP 认证

"GMP"是英文 Good Manufacturing Practice 的缩写，中文的意思是"良好作业规范"，或是"优良制造标准"，是一种特别注重制造过程中产品质量与卫生安全的自主性管理制度。它是一套适用于制药、食品等行业的强制性标准，要求企业从原料、人员、设施设备、生产过程、包装运输、质量控制等方面按国家有关法规达到卫生质量要求，形成一套可操作的作业规范，帮助企业改善企业卫生环境，及时发现生产过程中存在的问题，加以改善。

5. 绿色食品认证

"绿色食品"指遵循可持续发展原则，按照特定生产方式生产，经专门机构认证，通过许可使用绿色食品标志的无污染的、安全的、优质的、营养类食品。绿色食品标志是指"绿色食品"、Green Food、绿色食品标志图形及这三者相互组合等四种形式，注册在以食品为主的共九大类食品上，并扩展到肥料等绿色食品相关类产品上。绿色食品标志图形由三部分构成：上方的太阳、下方的叶片和蓓蕾，象征自然生态；标志图形为正圆形，意为保护、安全；颜色为绿色，象征着生命、农业、环保。绿色食品标志是由绿色食品发展中心在国家市场监督管理部门正式注册的质量证明标志。AA级绿色食品标志与字体为绿色，底色为白色，A级绿色食品标志与字体为白色，底色为绿色。整个图形描绘了一幅明媚阳光照耀下的和谐生机，意味着绿色食品是出自纯净、良好生态环境的安全、无污染食品，能给人们带来蓬勃的生命力。绿色食品的包装，包括包装材料的选择、包装尺寸、包装检验、抽样、标志与标签、贮存与运输等，都必须遵循相关规定。

（四）产品质量监督的抽查制度

国家对产品质量实行以抽查为主要方式的监督检查制度，对可能危及人体健康和人身、财产安全的产品，影响国计民生的重要工业产品以及消费者、有关组织反映有质量问题的产品进行抽查。监督抽查工作由国务院市场监督管理部门规划和组织。县级以上地方市场监督管理部门在本行政区域内也可以组织监督抽查。国家监督抽查的产品，地方不得另行重复抽查；上级监督抽查的产品，下级不得另行重复抽查。对依法进行的产品质量监督检查，生产者、销售者不得拒绝。国务院和省、自治区、直辖市人民政府的市场监督管理部门应当定期发布其监督抽查的产品的质量状况公告。

抽查的样品应当在市场上或者企业成品仓库内的待销产品中随机抽取。根据监督抽查的需要，可以对产品进行检验。检验抽取样品的数量不得超过检验的合理需要，并不得向被检查人收取检验费用。

抽查的产品质量不合格的，由实施监督抽查的市场监督管理部门责令其生产者、销售者限期改正。逾期不改正的，由省级以上人民政府市场监督管理部门予以公告；公告后经复查仍不合格的，责令停业，限期整顿；整顿期满后经复查产品质量仍不合格的，吊销营业执照。

（五）国家优质产品的质量管理

国家设立国家优质产品奖，对达到国际先进水平的优质产品，经过国家质量奖审定委员会认定，颁发国家优质产品奖证书和标有"优"字标志的奖牌。国家优质产品奖证书和奖牌的有效期限为3~5年，具体期限由审定委员会确定，有效期满后，未经复查确认或者重新评选获奖，不得沿用国家优质产品的称号。

第三节 产品质量义务

一、产品质量义务的概念

产品质量义务是指产品生产者、销售者应为一定行为，以保证产品质量。《产品质量法》对生产者、销售者的产品质量义务规定主要有两类，即积极义务和消极义务，或者称作为义务和不作为义务，前者要求作出一定的行为，而后者则禁止特定的行为。由于许多产品质量问题源于产品设计、制造缺陷或者产品质量标识缺陷,因此,《产品质量法》对生产者、销售者的产品质量义务做了具体规定。

二、生产者的产品质量义务

1. 质量保证义务

生产者应当保证所生产产品的内在质量符合法定要求,包括:

(1) 不存在危及人身安全、财产安全的不合理的危险,有保障人体健康以及人身、财产安全的国家标准、行业标准的,应当符合该标准。

(2) 具备产品应当具备的使用性能,但是对产品存在使用性能的瑕疵作出说明的除外。

(3) 符合在产品或者其包装上注明采用的产品标准,符合以产品说明、实物样品等方式表明的质量状况。

2. 标识义务

产品或者其包装上的标识必须真实,并符合要求,包括:

(1) 有产品质量检验合格证明。

(2) 有中文标明的产品名称、生产厂厂名和厂址。

(3) 根据产品的特点和使用要求,需要标明产品规格、等级、所含主要成分的名称和含量的,用中文相应予以标明;需要事先让消费者知晓的,应当在外包装上标明,或者预先向消费者提供有关资料。

(4) 限期使用的产品,应当在显著位置清晰地标明生产日期和安全使用期或者失效日期。

(5) 使用不当,容易造成产品本身损坏或者可能危及人身、财产安全的产品,应当有警示标志或者中文警示说明。

(6) 易碎、易燃、易爆、有毒、有腐蚀性、有放射等危险物品以及储运中不能倒置和其他有特殊要求的产品,其包装质量必须符合相应的要求,依照国家有关规定作出警示标志或者中文警示说明,标明储运注意事项。

3. 不作为义务

生产者不得违反法律规定的禁止性规定,包括:

(1) 不得生产国家明令淘汰的产品。

(2) 不得伪造产地,伪造或者冒用他人的厂名、厂址。

(3) 不得伪造或者冒用认证标志、名优标志等质量标志。

(4) 生产产品,不得掺杂、掺假、以假充真、以次充好、以不合格产品冒充合格产品。

【案例讨论】

A厂发运一批玻璃器皿,以印有"某某牌方便面"的纸箱包装,在运输过程中,由于装卸工未细拿轻放而损坏若干件。A厂找到运输公司要求其承担赔偿责任,运输公司认为A厂未在包装上做出玻璃器皿相应的警示标志,过错在A厂。但A厂认为,虽然己方未在包装上标明运输的是玻璃器皿,但方便面也是易碎物品,应当轻拿轻放,与玻璃器皿的要求是一样的。运输公司的装卸工粗暴装卸的行为才是导致损失的原因。

问题：该损失应由谁来承担？

三、销售者的产品质量义务

（1）进货检查验收义务。销售者在进货的时候，应当对所进货物进行检查验收，验明产品的合格证明和其他标识。销售者应当采取措施，保持销售产品的质量。

（2）质量保证义务。销售者应当采取措施，保持销售产品的质量。

（3）标识义务。销售者销售的产品应当附有标识，并符合法定要求。这与生产者的该项产品质量义务相同。

（4）不作为义务。其包括：

① 不得销售国家明令淘汰并停止销售的产品和失效、变质的产品。

② 不得伪造产品、伪造或者冒用他人的厂名、厂址。

③ 不得伪造或者冒用认证标志、名优标志等质量标志。

④ 销售产品，不能掺杂、掺假，不得以假充真，不得以不合格产品冒充合格产品。

第四节　产品质量民事责任

产品质量民事责任是指产品因质量问题侵权产生的损害赔偿责任。

一、产品侵权的构成要件

《民法典》将产品侵权列入特殊的侵权行为。《产品质量法》对此做了进一步规定。通常认为，产品侵权的损害赔偿需具备以下四个要件。

（一）产品缺陷

根据《产品质量法》的规定，产品缺陷"是指产品存在危及人身、他人财产安全的不合理的危险"。产品缺陷的存在，从其原因上分析，可以分为设计缺陷、制造缺陷和销售缺陷。比如，销售者没有对产品潜在的危险和正确使用方法在产品说明书中加以说明，或者缺少警示标识等。

因产品缺陷造成损害，是发生产品责任的前提和基础。《产品质量法》第26条还规定了产品瑕疵，但未明确其定义。"产品缺陷"与"产品瑕疵"都以产品不符合产品的质量要求为前提，但是两者之间又存在差异。

首先，瑕疵是性状上的缺陷，主要指产品在物质性上存在与约定或法定的质量标准不符的质量问题；而产品缺陷则是在安全性上存在的质量问题。

其次，瑕疵是相对较轻的产品的质量问题，用户或消费者对于已经知道的瑕疵可以自行决定是否接受；而缺陷因为可能对人身财产造成主动侵害，故存在的质量问题较重，消费者不应接受。

最后，对于产品瑕疵，消费者可以直接向销售者索赔，销售者依约定或法律规定承担违约责任；对于缺陷，可以向生产者或销售者索赔，由生产者或销售者承担赔偿责任。

【随堂练习】

在下列产品中,哪些是存在《产品质量法》所称"缺陷"的产品?（　　　）
A. 容易发生爆炸的高压锅　　　　　　B. 图像效果不好的电视机
C. 制冷效果不好的电冰箱　　　　　　D. 噪声过大的空调
答案：A

（二）消费者或者使用者受到损害

这是指由于产品缺陷给消费者、使用者造成人身、财产损害。

（三）产品缺陷与损害事实之间存在因果关系

消费者、使用者受到损害是由于产品缺陷所引起的。后者为原因,前者为结果。

（四）不存在法定免责事由

根据产品质量法规定,生产者能够证明有下列情况之一的,不承担赔偿责任：
（1）未将产品投入流通的；
（2）产品投入流通时,引起损害的缺陷尚不存在的；
（3）将产品投入流通时的科学技术水平尚不能发现缺陷存在的。

【案例讨论】

某厂开发一种新型节能电烤箱,制造出200台存放于仓库内,只等最后的产品试用检测报告出来后就投放市场。此期间有2件丢失。但当产品试用后,某厂发现,该批电烤箱存在漏电问题,遂停止了投放市场计划,继续研究。半年后,某户居民家中发生电线火灾,经查明是使用了某厂丢失的样品所致,而该样品存在重大缺陷。该户居民要求某厂赔偿损失。

问题：某厂是否应承担赔偿责任？

二、损害赔偿责任主体

（一）销售者先行负责制

销售者售出的产品有下列情形之一,应当负责修理、更换、退货；给购买产品的用户、消费者造成损失的,应当赔偿损失：
（1）不具备产品应当具备的使用性能而事先未做说明的；
（2）不符合在产品或者其包装上注明采用的产品标准的；
（3）不符合以产品说明、实物样品等方式表明的质量状况的。

（二）销售者的追偿权

销售者在承担责任后,属于生产者的责任或者属于销售者提供产品的其他销售者（以下简称"供货者"）的责任的,销售者有权向生产者、供货者追偿。但是,如果生产者之间、销售者之间、生产者与销售者之间订立的产品买卖合同、加工合同、承揽合同有不同约定的,合同当事人按照合同约定执行；由于销售者的过错使产品存在缺陷,造成他人人身、财产损害的,销售者应当承担赔偿责任;销售者不能指明缺陷产品生产者并且也不能指明缺陷产品的供货者的,销售者应当承担赔偿责任。

(三) 生产者的损害赔偿责任

因产品存在缺陷造成人身、缺陷产品以外的其他财产损害的,生产者应承担赔偿责任。但是,生产者能够证明存在法定免责事由的,不承担赔偿责任。

(四) 受害人的请求权

因产品存在缺陷造成人身、他人财产损害的,受害人可以向产品的生产者要求赔偿,也可以向产品的销售者要求赔偿。属于产品的生产者的责任,产品的销售者赔偿的,产品的销售者有权向产品生产者追偿。属于产品的销售者的责任,产品的生产者赔偿的,产品的生产者有权向产品的销售者追偿。

【随堂练习】

甲厂开发了一种新型智能高压锅,先后制造出5件样品,后有3件样品被盗。几个月以后,乙煮饭时高压锅发生爆炸,导致乙受伤,后查明原因是乙使用了甲厂被盗的3个高压锅中的一个,而该高压锅存在重大的产品缺陷。乙要求甲厂赔偿损失,甲厂拒绝。甲厂的以下哪个理由能成立?(　　)

A. 乙的高压锅属盗窃所得,由此造成的损失应该由其自己承担

B. 乙应该向卖给其高压锅的人要求赔偿

C. 该高压锅尚未投入使用

D. 乙对高压锅的使用不当,应由其自己承担损失

答案:C

三、损害赔偿的范围

根据《产品质量法》第44条第1款的规定,产品侵权人身损害赔偿的范围如下:因产品存在缺陷造成受害人人身伤害的,侵害人应当赔偿医疗费、治疗期间的护理费、因误工减少的收入等费用;造成残疾的,还应当支付残废者生活自助具费、生活补助费、残疾赔偿金以及由其扶养的人所必需的生活费等费用;造成受害人死亡的,并应当支付丧葬费、死亡赔偿金以及死者生前扶养的人所必需的生活费等费用。

同时,根据《产品质量法》第44条第2款的规定,产品侵权财产损害赔偿的范围如下:因产品缺陷造成受害人财产损失的,侵害人应当恢复原状或者折价赔偿;受害人因此遭受其他重大损失的,侵害人应当赔偿损失。

在司法实践中,产品责任受害人要求高额的损害赔偿或精神损害赔偿的问题已屡见不鲜。但对于因产品责任造成的损害赔偿,司法实践中应依循什么标准确定赔额,目前《产品质量法》对此未做规定,但在《消费者权益保护法》第55条做了明确规定,对经营者的欺诈行为规定了惩罚性赔偿原则,且规定:"增加赔偿的金额为消费者购买商品的价款或者接受服务的费用的3倍;增加赔偿的金额不足500元的,为500元。"

四、损害赔偿纠纷的处理

因产品质量发生民事纠纷时,当事人可以通过协商或者调解解决。当事人不愿通过协商、调解解决或者协商、调解不成的,可以根据当事人各方的协议向仲裁机构申请仲裁;当事人各方没有达成仲裁协议或者仲裁协议无效的,可以直接向人民法院起诉。

五、产品质量责任诉讼

《产品质量法》对产品质量责任的诉讼时效做了具体的规定。

(1) 普通时效为2年。因产品存在缺陷造成损害要求赔偿的诉讼时效期间为2年,自当事人知道或者应当知道其权益受到损害时起计算。

(2) 因产品存在缺陷造成损害要求赔偿的请求权,在造成损害的缺陷产品交付最初用户、消费者满10年丧失;但是尚未超过明示的安全使用期的除外。

原告向人民法院提起诉讼,要求赔偿,有义务对自己请求赔偿的主张提供下列证据:

(1) 产品存在的缺陷在消费者购买之前已经存在;
(2) 消费者正确使用了该产品;
(3) 消费者因使用该产品而受到损害。

第五节 产品质量的行政责任和刑事责任

损害赔偿责任是由于产品存在缺陷,给用户或者消费者造成损害时在经济上的补偿。而行政责任和刑事责任是对生产者、销售者违反《产品质量法》有关规定的违法行为的法律制裁,与是否造成损害没有必然联系。

一、产品质量行政责任

根据《产品质量法》第五章"罚则"的有关规定,对生产者或销售者的违法行为给予行政处罚的具体情形有六种。

(1) 生产、销售不符合保障人体健康和人身、财产安全的国家标准、行业标准的产品,责令停止生产、销售,没收违法生产、销售的产品,并处违法生产、销售产品(包括已售出和未售出的产品,下同)货值金额等值以上3倍以下的罚款;有违法所得的,并处没收违法所得;情节严重的,吊销营业执照。

(2) 在产品中掺杂、掺假,以假充真,以次充好,或者以不合格产品冒充合格产品的,责令停止生产、销售,没收违法生产、销售的产品,并处违法生产、销售产品货值金额50%以上3倍以下的罚款;有违法所得的,并处没收违法所得;情节严重的,吊销营业执照。

(3) 生产国家明令淘汰的产品的,销售国家明令淘汰并停止销售的产品的,责令停止生产、销售,没收违法生产、销售的产品,并处违法生产、销售产品货值金额等值以下的罚款;有违法所得的,并处没收违法所得;情节严重的,吊销营业执照。

(4) 销售失效、变质的产品的,责令停止销售,没收违法销售的产品,并处违法销售产品货值金额2倍以下的罚款;有违法所得的,并处没收违法所得;情节严重的,吊销营业执照。

（5）伪造产品产地的，伪造或者冒用他人厂名、厂址的，伪造或者冒用认证标志等质量标志的，责令改正，没收违法生产、销售的产品，并处以违法生产、销售产品货值金额等值以下的罚款；有违法所得的，并处没收违法所得；情节严重的，吊销营业执照。

（6）产品标识不符合《产品质量法》第27条规定的，责令改正；有包装的产品标识不符合《产品质量法》规定，情节严重的，责令停止生产、销售，并处以违法生产、销售产品货值金额30%以下的罚款；有违法所得的，并处没收违法所得。

根据《产品质量法》第70条的规定，吊销营业执照的行政处罚由市场监督管理部门决定，其他行政处罚由市场监督管理部门按照国务院规定的职权范围决定。法律和行政法规（如《药品管理法》《食品安全法》等）对行使行政处罚权的机关另有规定的，依照有关法律、行政法规的规定执行。

二、产品质量刑事责任

《刑法》分则第三章第一节专门规定了"生产、销售伪劣商品罪"，加大了对生产、销售假冒伪劣商品违法行为的处罚力度。根据该节规定，生产者、销售者承担产品质量刑事责任的情形有以下九种。

（1）生产者、销售者在产品中掺杂、掺假，以假充真，以次充好或者以不合格产品冒充合格产品，销售金额5万元以上不满20万元的，处2年以下有期徒刑或者拘役，并处或者单处销售金额50%以上2倍以下罚金；销售金额20万元以上不满50万元的，处2年以上7年以下有期徒刑，并处销售金额50%以上2倍以下罚金；销售金额50万元以上不满200万元的，处7年以上有期徒刑，并处销售金额50%以上2倍以下罚金；销售金额200万元以上的，处15年有期徒刑或者无期徒刑，并处销售金额50%以上2倍以下罚金或者没收财产。

（2）生产、销售假药的，处3年以下有期徒刑或者拘役，并处罚金；对人体健康造成严重危害或者有其他严重情节的，处3年以上10年以下有期徒刑，并处罚金；致人死亡或者有其他特别严重情节的，处10年以上有期徒刑、无期徒刑或者死刑，并处罚金或者没收财产。

（3）生产、销售劣药，对人体健康造成严重危害的，处3年以上10年以下有期徒刑，并处罚金；后果特别严重的，处10年以上有期徒刑或者无期徒刑，并处罚金或者没收财产。

（4）生产、销售不符合食品安全标准的食品，足以造成严重食物中毒事故或者其他严重食源性疾病的，处3年以下有期徒刑或者拘役，并处罚金；对人体健康造成严重危害或者有其他严重情节的，处3年以上7年以下有期徒刑，并处罚金；后果特别严重的，处7年以上有期徒刑或者无期徒刑，并处罚金或者没收财产。

（5）在生产、销售的食品中掺入有毒、有害的非食品原料的，或者销售明知掺有有毒、有害的非食品原料的食品的，处5年以下有期徒刑，并处罚金；对人体健康造成严重危害或者有其他严重情节的，处5年以上10年以下有期徒刑，并处罚金；致人死亡或者有其他特别严重情节的，依照《刑法》第141条的规定处罚。

（6）生产不符合保障人体健康的国家标准、行业标准的医疗器械、医用卫生材料，或者销售明知是不符合保障人体健康的国家标准、行业标准的医疗器械、医用卫生材料,足以严重危害人体健康的,处3年以下有期徒刑或者拘役,并处销售金额50%以上2倍以下罚金;对人体健康造成严重危害的,处3年以上10年以下有期徒刑,并处销售金额50%以上2倍以下罚金;后果特别严重的,处10年以上有期徒刑或者无期徒刑,并处销售金额50%以上2倍以下罚金或者没收财产。

(7) 生产不符合保障人身、财产安全的国家标准、行业标准的电器、压力容器、易燃易爆产品或者其他不符合保障人身、财产安全的国家标准、行业标准的产品,或者销售明知是以上不符合保障人身、财产安全的国家标准、行业标准的产品,造成严重后果的,处5年以下有期徒刑,并处销售金额50%以上2倍以下罚金;后果特别严重的,处5年以上有期徒刑,并处销售金额50%以上2倍以下罚金。

(8) 生产假农药、假兽药、假化肥,销售明知是假的或者失去使用效能的农药、兽药、化肥、种子,或者生产者、销售者以不合格的农药、兽药、化肥、种子冒充合格的农药、兽药、化肥、种子,使生产遭受较大损失的,处3年以下有期徒刑或者拘役,并处或者单处销售金额50%以上2倍以下罚金;使生产遭受重大损失的,处3年以上7年以下有期徒刑,并处销售金额50%以上2倍以下罚金;使生产遭受特别重大损失的,处7年以上有期徒刑或者无期徒刑,并处销售金额50%以上2倍以下罚金或者没收财产。

(9) 生产不符合卫生标准的化妆品,或者销售明知是不符合卫生标准的化妆品,造成严重后果的,处3年以下有期徒刑或者拘役,并处或者单处销售金额50%以上2倍以下罚金。

本章课后习题

村民甲从农机商店购得一台脱粒机。甲在使用该脱粒机进行秋收时,该机器的大齿轮突然飞出,打伤正好路过的村民乙,导致乙重伤。于是,乙向农机商店提出赔偿请求,要求其承担损害赔偿责任。可是,农机商店对乙的主张不肯赔偿,理由为:首先,乙不是脱粒机的购买者,与自己不存在合同关系,故自己不需对乙的人身伤害进行赔偿;其次,自己对脱粒机的缺陷没有过错,即使赔偿也应该是生产厂家赔偿,所以,乙应向生产厂家提出赔偿请求。无奈,乙向人民法院提起了诉讼。

问题:

村民乙有权请求农机商店予以赔偿吗?为什么?

即 测 即 练

第十三章 消费者权益保护法律制度

【案例导读】

2016年,王某在某汽车销售公司订购了"大众速腾"1.5TSI手动挡轿车一辆,约定了价款并支付了订金。但在提车时,王某发现所购车辆已被加装导航仪及进口脚垫,且要求其必须支付相应对价,否则不能提车。王某再三交涉未果,为了能够提车,无奈支付了导航仪和进口脚垫的对价。此后,王某向当地消费者协会和新闻媒体反映了该公司强迫交易的行为,并诉至人民法院要求退还加装导航仪及进口脚垫的对价并将车辆恢复原状。人民法院审理后认为,汽车销售公司以增加汽车配件为由要求消费者加价提车,属于强迫消费行为。根据《消费者权益保护法》的规定,消费者有权自主选择商品品种或者服务方式,自主决定购买或者不购买任何一种商品、接受或者不接受任何一项服务,有权拒绝经营者的强迫交易行为。作为经营者,在市场交易中,应当遵循自愿、平等、公平、诚实信用的原则,在销售商品时,不得违背购买者的意愿搭售商品或者附加不合理的条件。因此,判决该汽车销售公司退还加装导航仪及进口脚垫的费用并将车辆恢复原状。

第一节 消费者权益保护法概述

一、消费者的概念及特征

《消费者权益保护法》第2条规定:"消费者为生活消费需要购买、使用商品或者接受服务,其权益受本法保护;本法未作规定的,受其他有关法律、法规保护。"第62条规定:"农民购买、使用直接用于农业生产的生产资料,参照本法执行。"

根据上述规定,消费者具有以下三点特征。

(1) 消费者的消费性质属于生活消费。消费包括生产消费和生活消费。《消费者权益保护法》规定的消费者的消费特指生活消费,而不包括生产消费。因生产消费已纳入其他法律进行调整,《消费者权益保护法》将消费者限定为生活消费者。

(2) 生活消费的客体可以是商品也可以是服务,它们的共同特点是可以满足人们物质文化生活的需要。

(3) 消费者进行消费的方式是多元的,包括购买、使用商品和接受服务等。

需要注意的是,虽然《消费者权益保护法》并没有把进行生活消费的单位排除在消费者的范围之外,但把消费者限于个别社会成员,却是国际上通行的做法。国际标准化组织消费者政策委员会在1978年首届年会上就将消费者界定为"以个人消费为目的而购买和使用商品和服务的个体社会成员"。我国国家标准局于1985年制定的《消费品使用说明总则》中也明确规定:"消费者是指为了满足个人和家庭的需要而购买、使用商品或服务的个体社会成员。"考虑到生活消费的本来含义,消费者权益保护立法的主要目的在于保护作为弱者的个人,将消费者界定为个体社会成员即自然人比较妥当,单位在某些情况下购买生活消费品所应享有的权利可以通过《民法典》等其他法律、法规加以保护。

【随堂练习】

张某从楼下的小超市购买了一箱啤酒,用来中午招待朋友。午餐时,啤酒突然发生爆炸,炸伤了张某及张某的朋友孙某。经查,爆炸的啤酒系本市某啤酒厂生产的不合格产品。下列说法正确的有(　　)。

A. 张某是啤酒的消费者
B. 孙某不是啤酒的消费者
C. 小超市是啤酒的消费者
D. 张某可以要求小超市和某啤酒厂承担人身损害赔偿责任

答案:AD

二、消费者权益保护法

消费者权益保护法是指国家为了调整在保护消费者权益过程中发生的社会关系,维护全体公民消费权益而制定的法律规范的总称,是我国市场经济法律体系的重要组成部分。《消费者权益保护法》自1993年10月31日第八届全国人民代表大会常务委员会第四次会议通过实施以来,共经历了两次修正。2009年8月27日,第十一届全国人民代表大会常务委员会第十次会议对其进行了第一次修正,各章及条款内容未变,主要在第一章至第五章的各条款前做了提示。2013年10月25日,第十二届全国人民代表大会常务委员会第五次会议通过了《关于修改〈中华人民共和国消费者权益保护法〉的决定》,对《消费者权益保护法》进行了第二次修正。此次修正的主要创新之处包括:规范了网络购物等新领域新问题;完善"三包""召回"等规定,强化了经营者的义务;建立消费公益诉讼制度,减轻消费者举证负担,解决消费者维权难问题;加重违法经营的法律责任,提高惩罚性赔偿数额等。

第二节　消费者的权利

消费者的权利是消费者利益在法律上的体现,也是国家保护消费者利益的核心所在。《消费者权益保护法》专门规定了消费者的九项权利。

一、安全保障权

安全保障权是消费者最基本的权利,它是指消费者在购买、使用商品和接受服务时所享有的保障其人身、财产安全不受损害的权利。消费者的安全保障权包括两个方面:第一,人身安全权,是指消费者的生命、健康不受威胁、不受侵害的权利;第二,财产安全权,指消费者的财产不受侵害的权利。

二、知悉真情权

知悉真情权,或称获取信息权、知情权、了解权,是消费者享有知悉其购买、使用的商品或接受的服务的真实情况的权利。消费者的知悉真情权具有以下两个方面的基本内涵:第一,消费者有了解商品或服务真实情况的权利,即经营者向消费者提供的各种情况应是客观的而不是虚假的;第二,消费者有充分了解其他与消费行为有关的情况的权利。除此之外,在2013年修正的《消费者权益保护法》中对网络购物的知悉真情权进行了特别规定:采用网络、电视、电话、邮购等方式提供商品或者服务的经营者,以及提供证券、保险、银行等金融服务的经营者,应当向消费者提供经营地址、联系方式、商品或者服务的数量和质量、价款或者费用、履行期限和方式、安全注意事项和风险警示、售后服务、民事责任等信息。

三、自主选择权

自主选择权,是指消费者享有的自主选择商品或者服务的权利。该权利包括以下几个内容:第一,消费者有权自主选择提供商品或服务的经营者;第二,消费者有权自主选择商品品种或服务方式;第三,消费者有权自主决定购买或不购买任何一种商品,接受或不接受任何一种服务;第四,消费者在自主选择商品或服务时,有权进行比较、鉴别和挑选,消费者自主选择权是消费者获得称心如意的商品和服务的基本保证,也是民法中平等自愿原则在消费交易中的具体表现;第五,新修正的《消费者权益保护法》还赋予消费者在适当期间单方解除合同的权利,但此权利仅限于经营者采用网络、电视、电话、邮购等方式销售商品。

四、公平交易权

公平交易权是指消费者在购买商品或接受服务时,有权获得质量保障、价格合理、计量准确等公平交易条件以及有权拒绝经营者的强制交易行为。公平交易权表现在三个方面:第一,商品具有适销性,即商品应当具备公众普遍认为其应当具备的功能;第二,商品或服务的定价合理,即商品的价格应当与质量保持一致;第三,禁止强制交易,即交易行为必须在消费者自愿的基础上发生,消费者有权拒绝经营者的强制交易行为。

五、依法求偿权

依法求偿权是指消费者购买、使用商品或接受服务受到人身、财产损害时,享有依法获得赔偿的权利。消费者依法求偿权包括:人身损害赔偿请求权和财产损害赔偿请求权。依法求偿权是弥补消费者所受损害的必不可少的救济性权利。如果说赋予消费者其他权利的目的在于事前的防范与控制,那么依法求偿权的目的则在于对消费者已经遭受的损害的事后补救。除此之外,2013年修正的《消费者权益保护法》扩大了消费者依法求偿权的适用范围,规定当网络交易平台上的销售者、服务者不再利用该平台时,消费者可以向网络交易平台提供者要求赔偿。

六、依法结社权

依法结社权是指消费者享有依法成立维护自身合法权益的社会团体的权利。依法结社权包含三个方面：第一，消费者可以组织社会团体；第二，消费者行使结社权是为了维护自己的利益；第三，消费者结社权应依法行使。这项权利有利于促使消费者从分散、弱小状态走向集中和强大，并通过集体的力量来改变自己的弱者地位，以便能与实力强大的经营者相抗衡，切实维护自身的合法权益。

七、接受教育权

接受教育权，也称获取知识权，它是指消费者享有获得有关消费和消费者权益保护方面的知识的权利。随着科学技术的进步及生产力的飞速发展，商品和服务所蕴含的技术信息越来越多，质量越来越复杂和精密，因此，赋予消费者此项权利能促进消费者更好地掌握所需商品或者服务的知识和使用技能，以使其正确使用商品，提高自我保护意识。

八、维护尊严权

维护尊严权是指消费者在购买、使用商品和接受服务时，享有人格尊严、民族风俗习惯得到尊重的权利，享有姓名权、肖像权、隐私权等个人信息得到保护的权利。维护尊严权包括以下几个方面：第一，消费者的人格权不受侵犯，即不得侵害消费者的生命权、健康权、名誉权等权利。第二，消费者的民族风俗习惯应受到尊重。维护尊严权是法律赋予消费者的一项法定权利，经营者不得以任何方式予以剥夺。第三，消费者的姓名权、肖像权、个人信息也应得到保护。2013年修正的《消费者权益保护法》细化了消费者领域的人格权，明确提出了对消费者姓名权、肖像权的保护，同时增加了保护消费者个人信息的规定，针对经营者非法收集、使用、擅自泄露消费者的个人信息提出了明确的限制性规定。

【案例讨论】

张某在某摄影社拍摄一套个人写真。拍摄当天，另一顾客杨某也同时在摄影棚中拍摄。拍摄结束时，杨某发现自己的新款手机不见了，怀疑是张某偷偷拿走了，遂找摄影社的工作人员要求对张某进行搜身。张某起初不同意，但摄影社的工作人员表示，不接受搜身便不能离开。张某无奈之下接受了搜身，自证清白后离开，但心中十分不快，找到"消协"投诉了整个事情经过。

问题：摄影社的行为是否妥当？

九、监督批评权

监督批评权是指消费者享有对商品和服务以及保护消费者权益工作进行监督的权利。监督批评权包括：第一，对商品和服务进行监督，在消费过程中，发现经营者的侵权行为，有权检举或控告；第二，对消费者权益保护工作的监督，主要是指对国家机关及其工作人员在消费者权益保护工作中的违法失职行为进行监督；第三，对消费者权益保护工作的批评、建议。此项权利意味着消费者不仅要善于保护自己的合法权益，而且要对整个社会消费者权益保护问题予以关注,进行社会监督。

【随堂练习】

女青年张某与刘某至百货商场化妆品自选柜台选购化妆品。两人挑选、试用化妆品约20分钟后,终因未选中合适的化妆品而离开商场。两人走到店门口时,化妆品自选柜台的营业员和一名保安人员追了上来,指控两人偷化妆品,要求对两人进行搜身检查。营业员和保安人员侵犯了张、刘两人的(　　　　)。

A. 公平交易权　　　B. 安全保障权　　　C. 维护尊严权　　　D. 自主选择权

答案:C

第三节　经营者的义务

一、经营者的概念

经营者是指向消费者提供其生产、销售的商品或者服务的公民、法人和其他经济组织。它是以盈利为目的从事生产经营并与消费者相对应的另一方当事人。《消费者权益保护法》中的经营者,是一个广泛的概念,包括各种所有制性质的生产者、销售者和服务的提供者;经营者是与消费者相对应的一方当事人,包括合法和非法的。合法的经营者应当接受《消费者权益保护法》对其的规范和调整,非法的经营者也要根据《消费者权益保护法》承担其对消费者的侵权责任。

二、经营者义务的内容

《消费者权益保护法》以消费者的权利为主线,以其他法律、法规为基础,规定了经营者的十项义务。

(一) 向消费者履行法定和约定义务

《消费者权益保护法》第16条规定:"经营者向消费者提供商品或者服务,应当依照本法和其他有关法律、法规的规定履行义务。经营者和消费者有约定的,应当按照约定履行义务,但双方的约定不得违背法律、法规的规定。经营者向消费者提供商品或者服务,应当恪守社会公德,诚信经营,保障消费者的合法权益;不得设定不公平、不合理的交易条件,不得强制交易。"

(二) 接受消费者监督的义务

经营者应当听取消费者对其提供的商品或服务的意见,接受消费者的监督。这是与消费者的监督权相对应的经营者的义务,对此加以法律规定,有利于改善消费者的地位。

(三) 保证商品和服务安全的义务

经营者应当保证其提供的商品或者服务符合保障人身、财产安全的要求。对可能危及人身、财产安全的商品和服务,应当向消费者作出真实的说明和明确的警示,并说明和标明正确使用商品或者接受服务的方法以及防止危害发生的方法。

宾馆、商场、餐馆、银行、机场、车站、港口、影剧院等经营场所的经营者,应当对消费者尽到安全保障义务。

经营者发现其提供的商品或者服务存在缺陷,有危及人身、财产安全危险的,应当立即向有关行政部门报告和告知消费者,并采取停止销售、警示、召回、无害化处理、销毁、停止生产或者服务等措施。采取召回措施的,经营者应当承担消费者因商品被召回而支出的必要费用。

(四)提供商品和服务的真实信息的义务

经营者向消费者提供有关商品或者服务的质量、性能、用途、有效期限等信息,应当真实、全面,不得做虚假或者引人误解的宣传。经营者对消费者就其提供的商品或者服务的质量和使用方法等问题提出的询问,应当作出真实、明确的答复。

经营者提供商品或者服务应当明码标价。经营者应当标明其真实名称和标记。租赁他人柜台或者场地的经营者,应当标明其真实名称和标记。

采用网络、电视、电话、邮购等方式提供商品或者服务的经营者,以及提供证券、保险、银行等金融服务的经营者,应当向消费者提供经营地址、联系方式、商品或者服务的数量和质量、价款或者费用、履行期限和方式、安全注意事项和风险警示、售后服务、民事责任等信息。

(五)出具购货凭证和服务单据的义务

经营者提供商品或者服务,应当按照国家有关规定或者商业惯例向消费者出具购货凭证或者服务单据;消费者索要发票等购货凭证或者服务单据的,经营者必须出具。

(六)保证商品或服务质量的义务

经营者应当保证在正常使用商品或者接受服务的情况下其提供的商品或者服务应当具有的质量、性能、用途和有效期限,但消费者在购买该商品或者接受该服务前已经知道其存在瑕疵,且存在该瑕疵不违反法律强制性规定的除外。经营者以广告、产品说明、实物样品或者其他方式表明商品或者服务的质量状况的,应当保证其提供的商品或者服务的实际质量与表明的质量状况相符。经营者提供的机动车、计算机、电视机、电冰箱、空调、洗衣机等耐用商品或者装饰装修等服务,消费者自接受商品或者服务之日起6个月内发现瑕疵,发生争议的,由经营者承担有关瑕疵的举证责任。

【案例讨论】

董先生在某商场购买了一台知名品牌电视,使用半个月后发现花屏。董先生电话联系商场,商场回复联系电视厂家。可电视厂家售后上门,判定为人为撞击造成,不同意免费修理。董先生认为系产品自身问题,但苦于拿不出证据证明。

问题:董先生可以通过提出何种法律主张来解决问题?

(七)履行"三包"的义务

"三包"是指经营者提供商品或者服务,按照国家规定或与消费者的约定,承担包修、包换、包退等责任,是经营者对商品或服务承担质量保证的一种方式。

《消费者权益保护法》规定,经营者提供的商品或者服务不符合质量要求的,消费者可以依照国家规定、当事人约定退货,或者要求经营者履行更换、修理等义务。没有国家规定和当事人约定的,消费者可以自收到商品之日起7日内退货;7日后符合法定解除合同条件的,消费者可以及时退货,不符合法定解除合同条件的,可以要求经营者履行更换、修理等义务;依照上述规定进行退货、更换、修理的,经营者应当承担运输等必要费用。

经营者采用网络、电视、电话、邮购等方式销售商品,消费者有权自收到商品之日起7日内退货,且无须说明理由,但下列商品除外:消费者定做的;鲜活易腐的;在线下载或者消费者拆封的音像制品、计算机软件等数字化商品;交付的报纸、期刊;其他根据商品性质并经消费者在购买时确认不宜退货的。

(八)不得以格式合同等方式排除或限制消费者权益的义务

经营者在经营活动中使用格式条款的,应当以显著方式提请消费者注意商品或者服务的数量和质量、价款或者费用、履行期限和方式、安全注意事项和风险警示、售后服务、民事责任等与消费者有重大利害关系的内容,并按照消费者的要求予以说明。经营者不得以格式条款、通知、声明、店堂告示等方式,作出排除或者限制消费者权利、减轻或者免除经营者责任、加重消费者责任等对消费者不公平、不合理的规定,不得利用格式条款并借助技术手段强制交易。格式条款、通知、声明、店堂告示等含有以上所列内容的,其内容无效。

【案例讨论】

崔先生在某大型网站促销时购买了一件衣服,后发现衣服与图片相比有一定色差,遂要求退货。商家和网站客服均回复,色差不属于质量问题,而且当天购买的商品不支持7天无理由退货。尽管商家出示了网站截图的相关明文规定,并告知消费者一旦购买就是认可了这个条件,崔先生还是不能认可。

问题:崔先生是否可以7天无理由退货?

(九)不得侵犯消费者人格权的义务

经营者不得对消费者进行侮辱、诽谤,不得搜查消费者的身体及其携带的物品,不得侵犯消费者的人身自由。

(十)不得违法或违约收集、使用信息的义务

经营者收集、使用消费者个人信息,应当遵循合法、正当、必要的原则,明示收集、使用信息的目的、方式和范围,并经消费者同意。经营者收集、使用消费者个人信息,应当公开其收集、使用规则,不得违反法律、法规的规定和双方的约定。

经营者及其工作人员对收集的消费者个人信息必须严格保密,不得泄露、出售或者非法向他人提供。经营者应当采取技术措施和其他必要的措施,确保信息安全,防止消费者个人信息泄露、丢失。在发生或者可能发生信息泄露、丢失的情况下,应当立即采取补救措施。经营者未经消费者同意或者请求,或者消费者明确表示拒绝的,不得向其发送商业性信息。

【随堂练习】

甲经贸公司租赁乙大型商场柜台代销丙厂名牌床罩。为提高销售额,甲公司采取了多种促销措施。下列哪一项措施违反了《消费者权益保护法》的规定?(   )

A. 在摊位广告牌上标明厂家直销
B. 在商场显著位置摆放该产品所获的各种奖牌
C. 开展微利销售,实行买一送一或者买100元返券50元活动
D. 对顾客一周之内来退货"不问理由一概退换"
答案：A

第四节　消费者组织

一、消费者组织的概念

消费者组织是指依法成立的对商品和服务进行社会监督的保护消费者合法权益的社会团体,包括消费者协会和其他消费者组织。其设立的宗旨是对商品和服务进行社会监督,保护消费者合法权益。因此,它不得从事商品经营和营利性服务,不得以牟利为目的向社会推荐商品和服务。

二、消费者协会

消费者协会是我国最普遍、最重要的消费者组织。《消费者权益保护法》赋予消费者协会以下八项职能:

(1) 向消费者提供消费信息和咨询服务;
(2) 参与制定有关消费者权益的法律、法规、规章和强制性标准;
(3) 参与有关行政部门对商品和服务的监督、检查;
(4) 就有关消费者合法权益的问题,向有关行政部门反映、查询,提出建议;
(5) 受理消费者的投诉,并对投诉事项进行调查、调解;
(6) 投诉事项涉及商品和服务质量问题的,可以委托具备资格的鉴定人鉴定,鉴定人应当告知鉴定意见;
(7) 就损害消费者合法权益的行为,支持受损害的消费者提起诉讼或者依照《消费者权益保护法》提起诉讼;
(8) 对损害消费者合法权益的行为,通过大众传播媒介予以揭露、批评。

同时,根据《消费者权益保护法》的规定,消费者协会应当受到以下限制。

(1) 消费者组织不得从事商品经营和营利性服务。其具体包括两方面含义:一方面,消费者协会不得以营利为目的,从事商品生产、流通的活动,如投资开办企业、设置商店或以消费者协会名义从事商事代理活动等;另一方面,消费者协会在日常工作中为消费者提供消费信息、咨询服务以及进行其职责范围内的其他事务,不得以营利为目的,收取服务费、咨询费等费用。

(2) 不得以收取费用或者其他牟取利益的方式向消费者推荐商品和服务。对此,需要注意两个问题:一是消费者协会可以进行产品和服务的推荐工作,推荐产品和服务是消费者协会指导消费者消费的重要方式之一,其可以通过报刊、网络、电视等传播媒介或通过专题讲座、举办展览、散发宣传资料等方式进行优质产品和服务的正常推荐工作;二

是消费者协会向社会推荐产品和服务，不得以牟利为目的。凡是以收取费用或牟利为目的而进行的产品和服务的推荐行为，不论其推荐是否真实、是否对消费者造成实质损害，均属违法。

【随堂练习】

消费者协会的下列哪一行为违反消费者权益保护法的规定？（　　）

A．某市"消协"设立一家商店，专营"消费者信得过商品"

B．在报纸上对某公司侵害消费者权益的行为进行揭露

C．与技术监督部门一起进行面粉质量的检查

D．向消费者提供信得过的奶粉品牌名单

答案：A

三、国际消费者保护组织

由于经济全球化，国际贸易发展迅猛，消费者保护问题呈现出国际化的趋势，外国商品和服务损害本国消费者利益以及本国商品和服务损害外国消费者利益的案件越来越多。在此背景下，自20世纪60年代起，国际消费者保护组织陆续成立。主要有1960年设立的国际消费者联盟组织、1962年设立的欧洲消费者同盟机构、1973年设立的欧洲共同体消费者顾问委员会等。其中，国际消费者联盟组织规模最大，在全球影响范围最广。

国际消费者联盟组织现有250多个成员，中国消费者协会于1987年9月被接纳为该组织的正式成员。国际消费者联盟组织的宗旨是：在全球范围内协助各国消费者组织及政府做好保护消费者利益的工作；促进国家间产品和服务进行比较和检验的国际合作；收集、整理、交换各国有关消费者保护的法律法规及判例，组织各国对有关保护消费者问题的研讨；在国际机构中为消费者代言；协助发展中国家和不发达地区开展消费者教育工作。为了加强各国和地区间消费者组织的合作及交流，1983年，国际消费者联盟组织确定每年的3月15日为"国际消费者权益日"。

第五节　消费者权益争议的解决

消费者权益争议是指在消费者领域中发生的，消费者在购买、使用商品或者接受服务的过程中，因经营者不履行或不适当履行义务致使消费者权益受损，而引起的矛盾纠纷。

一、消费争议的解决途径

消费者和经营者发生消费者权益争议的，可以通过下列途径解决：

(1) 与经营者协商和解；

(2) 请求消费者协会或者依法成立的其他调解组织调解；

(3) 向市场监督、技术监督、卫生等有关行政部门投诉；

(4) 根据与经营者达成的仲裁协议提请仲裁机构仲裁；

(5) 向人民法院起诉。

二、损害消费者权益的赔偿主体

由于商品从生产到消费需经过若干中间环节,即商品需通过生产者、销售者,最后才能到达消费领域。为了避免生产者和销售者之间相互推诿,保证消费者合法权益得到保护,《消费者权益保护法》对损害赔偿责任主体确定作出了较为详细的规定。

(1)消费者在购买、使用商品时,其合法权益受损的,可以向销售者要求赔偿,而不管这种损害是由生产者和销售者中哪一方造成的。当然,如确属于生产者的责任,销售者在先行赔偿后依法有权向生产者追偿。

(2)消费者或其他受害者因商品缺陷造成人身、财产损害的,可以向销售者要求赔偿,也可以向生产者要求赔偿;生产者和销售者在先行赔偿后,有权向责任者追偿。

(3)消费者在接受服务时,其合法权益受损的,应直接向服务者要求赔偿。

(4)消费者在购买、使用商品或者接受服务时,其合法权益受损害,因原企业分立、合并的,可向变更后的企业要求赔偿,并且在企业分立的情况下,分立后的企业应当承担连带责任。

(5)在展销会、租赁柜台购买商品或者接受服务,其合法权益受损的,可以向销售者或服务者索赔;在展销会结束或柜台租赁期满后,也可以向展销会举办者、柜台出租者索赔。

(6)消费者通过网络交易平台购买商品或者接受服务,其合法权益受损的,可以向销售者或者服务者要求赔偿。网络交易平台提供者不能提供销售者或者服务者的真实名称、地址和有效联系方式的,消费者也可以向网络交易平台提供者要求赔偿;网络交易平台提供者作出更有利于消费者的承诺的,应当履行承诺。网络交易平台提供者赔偿后,有权向销售者或者服务者追偿。

网络交易平台提供者明知或者应知销售者或者服务者利用其平台侵害消费者合法权益,未采取必要措施的,依法与该销售者或者服务者承担连带责任。

(7)消费者因经营者利用虚假广告或者其他虚假宣传方式提供商品或者服务,其合法权益受损的,可以向经营者要求赔偿。广告经营者、发布者发布虚假广告的,消费者可以请求行政主管部门予以惩处。广告经营者、发布者不能提供经营者的真实名称、地址和有效联系方式的,应当承担赔偿责任。

广告经营者、发布者设计、制作、发布关乎消费者生命健康的商品或者服务的虚假广告,造成消费者损害的,应当与提供该商品或者服务的经营者承担连带责任。

社会团体或者其他组织、个人在关乎消费者生命健康的商品或者服务的虚假广告或者其他虚假宣传中向消费者推荐商品或者服务,造成消费者损害的,应当与提供该商品或者服务的经营者承担连带责任。

第六节 侵犯消费者权益的法律责任

《消费者权益保护法》对各种侵害消费者合法权益的行为所应承担的法律责任作出了明确的规定,其形式有民事责任、行政责任和刑事责任。

一、民事责任

(1) 根据《消费者权益保护法》第 48 条的规定,经营者提供商品或者服务有下列情形之一的,除《消费者权益保护法》另有规定外,应当依照其他有关法律、法规的规定,承担民事责任:商品或者服务存在缺陷的;不具备商品应当具备的使用性能而出售时未做说明的;不符合在商品或者其包装上注明采用的商品标准的;不符合商品说明、实物样品等方式表明的质量状况的;生产国家明令淘汰的商品或者销售失效、变质的商品的;销售的商品数量不足的;服务的内容和费用违反规定的;对消费者提出的修理、重作、更换、退换、补足商品数量、退还货款和服务费用或者赔偿损失的要求,故意拖延或者无理拒绝的;法律、法规规定的其他损害消费者权益的情形。经营者对消费者未尽到安全保障义务,造成消费者损害的,应当承担侵权责任。

(2) 根据《消费者权益保护法》第 49 条的规定,经营者提供商品或者服务,造成消费者或者其他受害人人身伤害的,应当赔偿医疗费、护理费、交通费等为治疗和康复支出的合理费用,以及因误工减少的收入。造成残疾的,还应当赔偿残疾生活辅助具费和残疾赔偿金。造成死亡的,还应当赔偿丧葬费和死亡赔偿金。

(3) 根据《消费者权益保护法》第 50 条的规定,经营者侵害消费者的人格尊严、侵犯消费者人身自由或者侵害消费者个人信息依法得到保护的权利的,应当停止侵害、恢复名誉、消除影响、赔礼道歉,并赔偿损失。

(4) 根据《消费者权益保护法》第 51 条的规定,经营者有侮辱诽谤、搜查身体、侵犯人身自由等侵害消费者或者其他受害人人身权益的行为,造成严重精神损害的,受害人可以要求精神损害赔偿。

(5) 根据《消费者权益保护法》第 52 条的规定,经营者提供商品或者服务,造成消费者财产损害的,应当依照法律规定或者当事人约定承担修理、重作、更换、退货、补足商品数量、退还货款和服务费用或者赔偿损失等民事责任。

(6) 经营者以预收款方式提供商品或者服务的,应当按照约定提供。未按照约定提供的,应当按照消费者的要求履行约定或者退回预付款,并应当承担预付款的利息、消费者必须支付的合理费用。

(7) 依法经有关行政部门认定为不合格的商品,消费者要求退货的,经营者应当负责退货。

(8) 经营者欺诈行为的民事责任。《消费者权益保护法》第 55 条规定,经营者提供商品或者服务有欺诈行为的,应当按照消费者的要求增加赔偿其受到的损失,增加赔偿的金额为消费者购买商品的价款或者接受服务的费用的 3 倍;增加赔偿的金额不足 500 元的,为 500 元。法律另有规定的,依照其规定。

经营者明知商品或者服务存在缺陷,仍然向消费者提供,造成消费者或其他受害人死亡或者健康严重损害的,受害人有权要求经营者依照《消费者权益保护法》的相关法律规定承担侵权损害赔偿责任,并有权要求所受损失 2 倍以下的惩罚性赔偿。

二、行政责任

经营者违反《消费者权益保护法》的规定应当承担行政责任的,其承担的方式有责令改正、没收违法所得、罚款、责令停业整顿、吊销营业执照等。

根据《消费者权益保护法》第56条的规定,经营者有下列情形之一,除承担相应的民事责任外,其他有关法律、法规对处罚机关和处罚方式有规定的,依照法律、法规的规定执行;法律、法规未做规定的,由工商行政管理部门或者其他有关行政部门责令改正,可以根据情节单处或者并处警告、没收违法所得,处以违法所得1倍以上10倍以下的罚款,没有违法所得的,处以50万元以下的罚款;情节严重的,责令停业整顿、吊销营业执照:

(1) 提供的商品或者服务不符合保障人身、财产安全要求的;

(2) 在商品中掺杂、掺假,以假充真,以次充好,或者以不合格商品冒充合格商品的;

(3) 生产国家明令淘汰的商品或者销售失效、变质的商品的;

(4) 伪造商品的产地,伪造或者冒用他人的厂名、厂址,篡改生产日期,伪造或者冒用认证标志等质量标志的;

(5) 销售的商品应当检验、检疫而未检验、检疫,或者伪造检验、检疫结果的;

(6) 对商品或者服务做虚假或者引人误解的宣传的;

(7) 拒绝或者拖延有关行政部门责令对缺陷商品或者服务采取停止销售、警示、召回、无害化处理、销毁、停止生产或者服务等措施的;

(8) 对消费者提出的修理、重作、更换、退货、补足商品数量、退还货款和服务费用或者赔偿损失的要求,故意拖延或者无理拒绝的;

(9) 侵害消费者人格尊严、侵犯消费者人身自由或者侵害消费者个人信息依法得到保护的权利的;

(10) 法律、法规规定的对损害消费者权益应当予以处罚的其他情形。

三、刑事责任

经营者违反《消费者权益保护法》的规定提供商品或者服务,侵害消费者合法权益,构成犯罪的,依法承担刑事责任。

本章课后习题

甲到超市购买了一台多功能保健器械,回家后才发现只有一种功能。甲向超市提出疑问,超市回答说:"产品是工厂起的名,说明书不明确是工厂的事,没有质量问题,本店概不负责。"隔了几日,甲的妻子乙到超市购物,出来时,保安怀疑她手中的小包,要求打开检查,被乙拒绝,双方发生争执,保安一时火起,打了乙一拳,致使乙轻微脑震荡,住院一星期,花去医药费2 000元。事后,超市以门口已贴有"概不许带包入内,违者应接受检查"的告示为理由,拒绝承担责任。

问题：

(1) 甲对购买的器械可以如何处理？

(2) 超市门口张贴的告示法律效力如何？

(3) 甲、乙可以采取哪些方式来维护自身的合法权益？

即 测 即 练

第十四章 劳动合同与社会保险法律制度

【案例导读】

2013年6月,甲应聘A公司业务员岗位,双方签订《劳务协议》,期限1年,其中试用期1个月,A公司每月5日支付甲上月劳务报酬4 000元。2013年10月,由于甲没有完成当月销售业绩,A公司拒绝向甲支付当月劳务报酬,并以效益不好为由将甲辞退,未支付任何补偿。甲遂提起仲裁,认为双方应为劳动关系,要求A公司支付当月工资及违法解除劳动关系的赔偿金。仲裁对其申请不予受理。甲诉至人民法院,A公司主张双方为劳务关系,并辩称依据双方签订的《劳务协议》中的约定,A公司依据甲完成业绩的情况有权调整劳务报酬等事项,甲应当服从公司的安排,且双方有权随时解除《劳务协议》,互不承担违约责任。因甲当月未完成业绩,A公司有权不支付甲劳务报酬,要求A公司支付解除劳动关系的赔偿金于法无据。人民法院审理后认为,本案中,甲与A公司虽然签订的是《劳务协议》,但协议中约定了甲的工作时间、工作内容,并且甲入职后受A公司员工守则的约束,A公司按月定期支付工资,双方存在管理与被管理的情形,这些都符合劳动关系的特点,具备关于劳动关系成立的条件,因此双方实为劳动关系。据此,人民法院判决A公司拒绝向甲支付工资及解除劳动关系的行为违反劳动法的规定,要求A公司向甲支付当月工资及违法解除劳动关系的赔偿金。

第一节 劳动合同法律制度

一、劳动合同与劳动合同法

(一)劳动合同的概念及特征

劳动合同是劳动者与用人单位之间依法确立劳动关系,明确双方权利义务关系的书面协议。

劳动关系是指劳动者与用人单位依法签订劳动合同而在劳动者与用人单位之间产生的法律关系。具体来说,劳动关系是指机关、企事业单位、社会团体或个体经济组织,即用人单位与劳动者个人之间,依法签订劳动合同,劳动者接受用人单位的管理,从事用人单位安排的工作,成为用人单位的成员,从用人单位领取报酬和受劳动法保护所产生的法律关系。

劳动合同具有如下特征:

(1)劳动合同具有主体特定性。劳动合同的主体一方是劳动者,另一方是用人单位。

(2) 劳动合同的内容具有较强的法定性。当事人双方签订劳动合同不得违反法律强制性规定,否则无效。

(3) 劳动者在签订和履行劳动合同过程中的地位在发生变化。签订劳动合同过程中,双方的法律地位是平等的。但在履行劳动合同的过程中,双方具有支配与被支配、管理与服从的从属关系。

(二) 劳动合同法

《劳动合同法》由中华人民共和国第十届全国人民代表大会常务委员会第二十八次会议于2007年6月29日通过,自2008年1月1日起施行。为了贯彻实施《劳动合同法》,《劳动合同法实施条例》于同年9月18日起施行。2012年12月28日,第十一届全国人民代表大会常务委员会第三十次会议通过《关于修改〈中华人民共和国劳动合同法〉的决定》,修改后的《劳动合同法》自2013年7月1日起施行。根据规定,《劳动合同法》的适用范围如下。

(1) 中华人民共和国境内的企业、个体经济组织、民办非企业单位等组织(以下简称"用人单位")与劳动者建立劳动关系,订立、履行、变更、解除或者终止劳动合同,适用《劳动合同法》。

(2) 国家机关、事业单位、社会团体和与其建立劳动关系的劳动者,订立、履行、变更、解除或者终止劳动合同,依照《劳动合同法》执行。

(3) 事业单位与实行聘用制的工作人员订立、履行、变更、解除或者终止劳动合同,法律、行政法规或者国务院另有规定的,依照其规定;未做规定的,依照《劳动合同法》的有关规定执行。

二、劳动合同的订立

劳动合同的订立是劳动者和用人单位经过相互选择和平等协商,就劳动合同的各项条款协商一致,并以书面形式明确规定双方权利、义务及责任,从而确立劳动关系的法律行为。

劳动合同的订立应遵循合法、公平、平等自愿、协商一致以及诚实信用的原则。

(一) 劳动合同的主体

1. 劳动合同订立主体的资格要求

(1) 劳动者需年满16周岁(只有文艺、体育、特种工艺单位录用人员可以例外),有劳动权利能力和行为能力。

(2) 用人单位有用人权利能力和行为能力,即属于《劳动合同法》规定的用人单位。

2. 劳动合同订立主体的义务

(1) 用人单位招用劳动者时,应当如实告知劳动者工作内容、工作条件、工作地点、职业危害、安全生产状况、劳动报酬,以及劳动者要求了解的其他情况。

(2) 用人单位招用劳动者,不得扣押劳动者的居民身份证和其他证件,不得要求劳动者提供担保或者以其他名义向劳动者收取财物。

(3) 用人单位有权了解劳动者与劳动合同直接相关的基本情况,劳动者对此应当如实说明。

(二)劳动合同的形式

用人单位自用工之日起即与劳动者建立了劳动关系。用人单位与劳动者在用工前订立劳动合同的,劳动关系自用工之日起建立。建立劳动关系,应当订立书面劳动合同。对于已建立劳动关系,未同时订立书面劳动合同的,应当自用工之日起1个月内订立书面劳动合同。非全日制用工双方当事人可以订立口头协议。能够证明"用工之日"的一般证据材料包括招用通知书、考勤卡、入职申请表、职工名册等。

对于已建立劳动关系,未同时订立书面劳动合同的,应当自用工之日起1个月内订立书面劳动合同。用人单位与劳动者在用工前订立劳动合同的,劳动关系自用工之日起建立。

(三)劳动合同的类型

1. 固定期限劳动合同

固定期限劳动合同是指用人单位与劳动者约定合同终止时间的劳动合同。

2. 无固定期限劳动合同

无固定期限劳动合同是指用人单位与劳动者约定无确定终止时间的劳动合同。《劳动合同法》第14条规定,用人单位与劳动者协商一致,可以订立无固定期限劳动合同。有下列情形之一,劳动者提出或者同意续订、订立劳动合同的,除劳动者提出订立固定期限劳动合同外,应当订立无固定期限劳动合同:

(1)劳动者在该用人单位连续工作满10年的;

(2)用人单位初次实行劳动合同制度或者国有企业改制重新订立劳动合同时,劳动者在该用人单位连续工作满10年且距法定退休年龄不足10年的;

(3)连续订立二次固定期限劳动合同,且劳动者没有《劳动合同法》第39条和第40条第一项、第二项规定的情形,续订劳动合同的。

用人单位自用工之日起满一年不与劳动者订立书面劳动合同的,视为用人单位与劳动者已订立无固定期限劳动合同。

3. 以完成一定工作任务为期限的劳动合同

以完成一定工作任务为期限的劳动合同是指用人单位与劳动者约定以某项工作的完成为合同期限的劳动合同。一般来说,有下列情形之一的,用人单位与劳动者可以签订以完成一定工作任务为期限的劳动合同:

(1)以完成单项工作任务为期限的劳动合同;

(2)以项目承包方式完成承包任务的劳动合同;

(3)因季节原因临时用工的劳动合同;

(4)其他双方约定的以完成一定工作任务为期限的劳动合同。

(四)劳动合同的效力

1. 劳动合同的生效

劳动合同由用人单位与劳动者协商一致,并经用人单位与劳动者在劳动合同文本上签字或者盖章生效。

劳动合同依法订立即生效，具有法律约束力，除非当事人对劳动合同生效有特殊约定。

2. 无效劳动合同

无效劳动合同是指劳动合同虽然已经成立，但因违反了法律、行政法规的强制性规定而被确认为无效的劳动合同。下列劳动合同无效或者部分无效：①以欺诈、胁迫的手段或者乘人之危，使对方在违背真实意思的情况下订立或者变更劳动合同的；②用人单位免除自己的法定责任、排除劳动者权利的；③违反法律、行政法规强制性规定的。

3. 无效劳动合同的法律后果

无效劳动合同，从订立时起就没有法律约束力。劳动合同部分无效，不影响其他部分效力的，其他部分仍然有效。劳动合同被确认无效，给对方造成损害的，有过错的一方应当承担赔偿责任。

【随堂练习】

在下列情形中，劳动者提出或者同意续订、订立劳动合同的，除劳动者提出订立固定期限劳动合同外，应当订立无固定期限劳动合同的是（　　）。

A. 用人单位与劳动者协商一致的

B. 用人单位初次实行劳动合同制度的

C. 距法定退休年龄不足10年的

D. 连续订立两次固定期限劳动合同，且没有规定情形的

答案：D

三、劳动合同的内容

（一）劳动合同的必备条款

根据《劳动合同法》第17条的规定，劳动合同应当具备以下条款：用人单位的名称、住所和法定代表人或者主要负责人；劳动者的姓名、住址和居民身份证或者其他有效身份证件号码；劳动合同期限；工作内容和工作地点；工作时间和休息休假；劳动报酬；社会保险；劳动保护、劳动条件和职业危害防护；法律、法规规定应当纳入劳动合同的其他事项。

1. 工时制度

工时制度即工作时间制度，包括工作时间和休息休假制度。目前我国实行的工时制度主要有标准工时制、不定时工作制和综合计算工时制三种类型。

(1) 工作时间。

① 正常工作时间。劳动者每日工作8小时、每周工作40小时的标准工时制度。

② 延长工作时间（加班）。一般每日不得超过1小时；因特殊原因需要延长工作时间的，每日不得超过3小时，每月不得超过36小时。

(2) 休息休假。

① 休息。休息即工作日内的间歇时间、工作日之间的休息时间（8小时以外）、周末

② 休假。休假即无须履行劳动义务且一般有工资保障的法定休息时间，包括法定假

日、年休假。法定假日是元旦、春节、清明节、劳动节、端午节、中秋节、国庆节;年休假根据工作年限有三档,即5天、10天、15天。

2. 劳动报酬

劳动报酬是指用人单位根据劳动者劳动的数量和质量,以货币形式支付给劳动者的工资。工资总额由六部分构成:计时工资、计件工资、奖金、津贴和补贴、加班加点工资以及特殊情况下支付的工资。工资应当以法定货币支付,不得以实物及有价证券替代货币支付。国家实行最低工资保障制度。

加班加点工资是指劳动者超过标准工作时间之外应该给予高于正常工作时间工资的工资形态。用人单位应当按照下列标准支付高于劳动者正常工作时间工资的工资报酬:①安排劳动者延长工作时间的,支付不低于工资的150%的工资报酬;②休息日安排劳动者工作又不能安排补休的,支付不低于工资的200%的工资报酬;③法定休假日安排劳动者工作的,支付不低于工资的300%的工资报酬。

劳动者在法定工作时间或依法签订的劳动合同约定的工作时间内提供了正常劳动的前提下,用人单位依法应支付最低劳动报酬。最低工资标准一般采取月最低工资标准和小时最低工资标准两种形式。月最低工资标准适用于全日制就业劳动者,小时最低工资标准适用于非全日制就业劳动者。确定和调整最低工资标准应当综合参考下列因素:①劳动者本人及平均赡养人口的最低生活费用;②社会平均工资水平;③劳动生产率;④就业状况;⑤地区之间经济发展水平的差异。

3. 社会保险

社会保险包括基本养老保险、基本医疗保险、失业保险、工伤保险、生育保险五项,劳动者参加社会保险具有强制性。

(二)劳动合同的约定条款

根据《劳动合同法》第17条第2款的规定,劳动合同除前款规定的必备条款外,用人单位与劳动者可以约定试用期、培训、保守秘密、补充保险和福利待遇等其他事项。

1. 试用期

同一用人单位与同一劳动者只能约定一次试用期。以完成一定工作任务为期限的劳动合同或者劳动合同期限不满3个月的,不得约定试用期。试用期包含在劳动合同期限内。劳动合同仅约定试用期的,试用期不成立,该期限为劳动合同期限。试用期的期限具体如下:劳动合同期限3个月以上不满1年的,试用期不得超过1个月;劳动合同期限1年以上不满3年的,试用期不得超过2个月;3年以上固定期限和无固定期限的劳动合同,试用期不得超过6个月。

2. 服务期

用人单位为劳动者提供专项培训费用,对其进行专业技术培训的,可以与该劳动者订立协议,约定服务期。劳动者违反服务期约定的,应当按照约定向用人单位支付违约金。违约金的数额不得超过用人单位提供的培训费用。用人单位要求劳动者支付的违约金不得超过服务期尚未履行部分所应分摊的培训费用。培训费用包括用人单位为了对劳动者进行专业技术培训而支付的有凭证的培训费用、培训期间的差旅费用以及因培训产生的用于该劳动者的其他直接费用。

3. 保守商业秘密和竞业限制

商业秘密,按照《反不正当竞争法》的规定,是指不为公众所知悉、具有商业价值并经权利人采取保密措施的技术信息、经营信息等商业信息。因此,商业秘密包括两部分:技术信息和经营信息。如生产配方、工艺流程、技术诀窍、设计图纸等技术信息,管理方法、产销策略、客户名单、资源情报等经营信息。

劳动法意义上的竞业限制是指用人单位在劳动合同中约定,在劳动者在职期间或离职后一定期间内,不得到与本单位生产或者经营同类产品、从事同类业务的有竞争关系的其他用人单位任职,或者自己开业生产或者经营同类产品。

根据《劳动合同法》的规定,对负有保密义务的劳动者,用人单位可以在劳动合同或者保密协议中与劳动者约定竞业限制条款,在解除或者终止劳动合同后,在竞业限制期限内按月给予劳动者经济补偿。劳动者违反竞业限制约定的,应当按照约定向用人单位支付违约金。劳动者违反劳动合同中约定的保密义务或者竞业限制,给用人单位造成损失的,应当承担赔偿责任。

竞业限制的人员限于用人单位的高级管理人员、高级技术人员和其他负有保密义务的人员。竞业限制的范围、地域、期限由用人单位与劳动者约定,竞业限制的约定不得违反法律、法规的规定。在解除或者终止劳动合同后,上述规定的人员到与本单位生产或者经营同类产品、从事同类业务的有竞争关系的其他用人单位,或者自己开业生产或者经营同类产品、从事同类业务的竞业限制期限,不得超过2年。

4. 医疗期

医疗期是指企业职工因患病或非因工负伤停止工作,治病休息,用人单位不得解除劳动合同的期限。

企业职工因患病或非因工负伤,需要停止工作,进行医疗时,根据本人实际参加工作年限和在本单位工作的年限,给予3个月到24个月的医疗期。

医疗期内用人单位与职工不得解除劳动合同。若医疗期内合同终止,则合同必须延续至医疗期满,职工仍然享受医疗期内待遇。

【随堂练习】

根据《劳动合同法》的规定,以下属于劳动合同必备条款的是(　　)。

A. 劳动报酬　　　B. 试用期　　　C. 保守商业秘密　　　D. 福利待遇

答案:A

【案例讨论】

李某,15周岁,与某化肥厂签订为期5年的劳动合同。合同约定李某试用期为1年,从事农药包装工作,每日工作8小时,每月延长工作时间不得超过40小时,必须遵守厂规厂纪,若李某擅自解除劳动合同,应负违约赔偿责任,李某可以自愿参加失业保险和养老保险。

问题:这份劳动合同有哪些内容是违法的?

四、劳动合同的履行

劳动合同的履行是指用人单位与劳动者应当按照劳动合同的约定,全面履行各自的义务。

(1) 用人单位与劳动者应当按照劳动合同的约定,全面履行各自的义务。

① 用人单位应当按照劳动合同约定和国家规定,向劳动者及时足额支付劳动报酬。

② 用人单位应当严格执行劳动定额标准,不得强迫或者变相强迫劳动者加班。用人单位安排加班的,应当按照国家有关规定向劳动者支付加班费。

③ 劳动者拒绝用人单位管理人员违章指挥、强令冒险作业的,不视为违反劳动合同。劳动者对危害生命安全和身体健康的劳动条件,有权对用人单位提出批评、检举和控告。

④ 用人单位变更名称、法定代表人、主要负责人或者投资人等事项,不影响劳动合同的履行。

⑤ 用人单位发生合并或者分立等情况,原劳动合同继续有效,劳动合同由承继其权利和义务的用人单位继续履行。

(2) 用人单位应当依法建立和完善劳动规章制度,保障劳动者享有劳动权利、履行劳动义务。用人单位的劳动规章制度也称为内部劳动规则,是用人单位制定的组织劳动过程和进行劳动管理的规则和制度的总和,是企业内部的"法律"。劳动规章制度在设定上应该包含劳动报酬、工作时间、休息休假、劳动安全卫生、保险福利、职工培训、劳动纪律以及劳动管理等内容。

用人单位制定劳动规章制度,要严格执行国家法律、法规的规定,保障劳动者的劳动权利,督促劳动者履行劳动义务。制定劳动规章制度应当体现权利与义务一致、奖励与惩罚结合的原则,不得违反国家法律、法规的规定,否则,就会受到法律的制裁。

五、劳动合同的解除和终止

(一) 劳动合同解除

劳动合同解除是指在劳动合同订立后,劳动合同期限届满之前,因出现法定的情形,一方单方通知终止劳动关系或用人单位与劳动者双方协商提前终止劳动关系的法律行为。

劳动合同解除分为协商解除(合意解除)和法定解除(单方解除)。

1. 协商解除

用人单位和劳动者协商一致,可以解除劳动合同。由用人单位提出解除劳动合同而与劳动者协商一致的,必须依法向劳动者支付经济补偿。由劳动者主动辞职而与用人单位协商一致解除劳动合同的,用人单位无须向劳动者支付经济补偿。

2. 法定解除

(1) 劳动者可单方面解除劳动合同的情形。

一是预告解除,即劳动者在试用期内提前3日通知用人单位,非试用期提前30日以书面形式通知用人单位,可以解除劳动合同。

二是即时解除,有以下两种情形:

① 随时通知解除,包括用人单位未履行劳动合同义务、制定的规章损害劳动者权益,或者因其过错而导致合同无效等损害劳动者权益的情形;

② 不需事先告知即可解除,包括用人单位以暴力、威胁或者非法限制人身自由的手段强迫劳动者劳动的,或者用人单位违章指挥、强令冒险作业危及劳动者人身安全的情形。

(2) 用人单位可单方面解除劳动合同的情形。

一是过错性解除,有以下几种情形:

① 劳动者在试用期间被证明不符合录用条件的;

② 劳动者严重违反用人单位的规章制度的;

③ 劳动者严重失职,营私舞弊,给用人单位造成重大损害的;

④ 劳动者同时与其他用人单位建立劳动关系,对完成本单位的工作任务造成严重影响,或者经用人单位提出,拒不改正的;

⑤ 劳动者以欺诈、胁迫的手段或者乘人之危,使用人单位在违背真实意思的情况下订立或者变更劳动合同的;

⑥ 劳动者被依法追究刑事责任的。

二是非过错性解除,即有下列情形之一的,用人单位提前30日以书面形式通知劳动者本人或者额外支付劳动者一个月工资后,可以解除劳动合同:

① 劳动者患病或者非因工负伤,在规定的医疗期满后不能从事原工作,也不能从事由用人单位另行安排的工作的;

② 劳动者不能胜任工作,经过培训或者调整工作岗位,仍不能胜任工作的;

③ 劳动合同订立时所依据的客观情况发生重大变化,致使劳动合同无法履行,经用人单位与劳动者协商,未能就变更劳动合同内容达成协议的。

三是裁员,即有下列情形之一,需要裁减人员20人以上或者裁减不足20人但占企业职工总数10%以上的,用人单位提前30日向工会或者全体职工说明情况,听取工会或者职工的意见后,向劳动行政部门报告裁减人员方案,可以裁减人员:

① 依照企业破产法规定进行重整的;

② 生产经营发生严重困难的;

③ 企业转产、重大技术革新或者经营方式调整,经变更劳动合同后,仍需裁减人员的;

④ 其他因劳动合同订立时所依据的客观经济情况发生重大变化,致使劳动合同无法履行的。

3. 用人单位不得解除劳动合同的情形

根据《劳动合同法》第42条的规定,劳动者有下列情形之一的,用人单位不得依照该法第40条、第41条的规定解除劳动合同:

(1) 从事接触职业病危害作业的劳动者未进行离岗前职业健康检查,或者疑似职业病病人在诊断或者医学观察期间的;

(2) 在本单位患职业病或者因工负伤并被确认丧失或者部分丧失劳动能力的;

(3) 患病或者非因工负伤,在规定的医疗期内的;

(4) 女职工在孕期、产期、哺乳期的;
(5) 在本单位连续工作满 15 年,且距法定退休年龄不足 5 年的;
(6) 法律、行政法规规定的其他情形。

(二) 劳动合同终止

劳动合同终止是指劳动合同订立后,因出现某种法定的事实,导致用人单位与劳动者之间形成的劳动关系自动归于消灭,或导致双方劳动关系的继续履行成为不可能而不得不消灭的情形。

劳动合同终止的情形包括:
(1) 劳动合同期满的;
(2) 劳动者开始依法享受基本养老保险待遇的;
(3) 劳动者死亡,或者被人民法院宣告死亡或者宣告失踪的;
(4) 用人单位被依法宣告破产的;
(5) 用人单位被吊销营业执照、责令关闭、撤销或者用人单位决定提前解散的;
(6) 法律、行政法规规定的其他情形。

(三) 劳动合同解除和终止的经济补偿

经济补偿是指按照《劳动合同法》的规定,在劳动者无过错的情况下,用人单位与劳动者解除或者终止劳动合同而依法应给予劳动者的经济上的补助,也称经济补偿金。

1. 用人单位应当向劳动者支付经济补偿的情形
(1) 由用人单位提出解除劳动合同并与劳动者协商一致而解除劳动合同的;
(2) 劳动者符合随时通知解除和不需事先通知即可解除劳动合同规定情形而解除劳动合同的;
(3) 用人单位符合提前 30 日以书面形式通知劳动者本人或者额外支付劳动者 1 个月工资后,符合解除劳动合同规定情形而解除劳动合同的;
(4) 用人单位符合可裁减人员规定而解除劳动合同的;
(5) 除用人单位维持或者提高劳动合同约定条件续订劳动合同,劳动者不同意续订的情形外,劳动合同期满终止固定期限劳动合同的;
(6) 以完成一定工作任务为期限的劳动合同因任务完成而终止的;
(7) 用人单位被依法宣告破产终止劳动合同的;
(8) 用人单位被吊销营业执照、责令关闭、撤销或者用人单位决定提前解散而终止劳动合同的;
(9) 法律、行政法规规定的其他情形。

2. 经济补偿的支付标准
(1) 经济补偿金的计算公式。
一般劳动者经济补偿金的计算公式为
$$经济补偿金 = 工作年限 \times 月工资$$
高收入劳动者经济补偿金的计算公式为
$$经济补偿金 = 工作年限(\leqslant 12) \times 当地上年度职工月平均工资的 3 倍$$

(2) 补偿年限的计算标准。经济补偿按劳动者在本单位工作的年限,每满1年支付1个月工资的标准向劳动者支付。6个月以上不满1年的,按1年计算;不满6个月的,向劳动者支付半个月工资标准的经济补偿。

(3) 关于补偿基数的计算标准。

① 月工资是指劳动者在劳动合同解除或者终止前12个月的平均工资。

② 劳动者在劳动合同解除或者终止前12个月的平均工资低于当地最低工资标准的,按照当地最低工资标准计算。

③ 劳动者月工资高于用人单位所在直辖市、设区的市级人民政府公布的本地区上年度职工月平均工资3倍的,向其支付经济补偿的标准按职工月平均工资3倍的数额支付,向其支付经济补偿的年限最高不超过12年。

【案例讨论】

冯某于2006年11月3日与某公司签订了为期10年的劳动合同,任销售部经理。2010年8月,该公司与冯某协商解除劳动合同,冯某同意。在该公司向冯某支付经济补偿2万元后,双方解除了劳动合同。冯某解除劳动合同前12个月的平均工资为1万元。2010年10月,冯某以该公司拖欠经济补偿为由,向当地劳动争议仲裁委员会提出仲裁,要求该公司补发经济补偿2万元。

问题:冯某的请求是否具有正当性?

(四) 劳动合同解除和终止的法律后果

(1) 劳动合同解除和终止后,用人单位和劳动者双方不再履行劳动合同,劳动关系消灭。

(2) 劳动合同解除或终止的,用人单位应当在解除或者终止劳动合同时出具解除或者终止劳动合同的证明,并在15日内为劳动者办理档案和社会保险关系转移手续。

(3) 用人单位应当在解除或者终止劳动合同时向劳动者支付经济补偿的,在办结工作交接时支付。

(4) 用人单位违反规定解除或者终止劳动合同,劳动者要求继续履行劳动合同的,用人单位应当继续履行;劳动者不要求继续履行劳动合同或者劳动合同已经不能继续履行的,用人单位应当依照《劳动合同法》规定的经济补偿标准的2倍向劳动者支付赔偿金。用人单位支付了赔偿金的,不再支付经济补偿。

(5) 劳动者违反《劳动合同法》的规定解除劳动合同,给用人单位造成损失的,应当承担赔偿责任。

【随堂练习】

在下列情形中,用人单位不得解除劳动合同的有(　　)。

A. 在本单位患职业病的

B. 患病或者非因工负伤,在规定的医疗期内的

C. 女职工哺乳期的

D. 在本单位连续工作满10年的

答案:ABC

六、劳动争议的解决

（一）劳动争议的解决方法

根据《劳动争议调解仲裁法》的规定，发生劳动争议，劳动者可以与用人单位协商，也可以请工会或者第三方共同与用人单位协商，达成和解协议。当事人不愿协商、协商不成或者达成和解协议后不履行的，可以向调解组织申请调解；不愿调解、调解不成或者达成调解协议后不履行的，可以向劳动争议仲裁委员会申请仲裁；对仲裁裁决不服的，除法律另有规定的外，可以向人民法院提起诉讼。

（二）劳动调解

发生劳动争议，当事人可以到下列调解组织申请调解：企业劳动争议调解委员会，依法设立的基层人民调解组织，在乡镇、街道设立的具有劳动争议调解职能的组织。

当事人申请劳动争议调解可以书面申请，也可以口头申请。

经调解达成协议后，调解协议书对双方当事人具有约束力，当事人应当履行。一方当事人在协议约定期限内不履行调解协议的，另一方当事人可以依法申请仲裁。因支付拖欠劳动报酬、工伤医疗费、经济补偿或者赔偿金事项达成调解协议，用人单位在协议约定期限内不履行的，劳动者可以持调解协议书依法向人民法院申请支付令。

自劳动争议调解组织收到调解申请之日起15日内未达成调解协议的，当事人可以依法申请仲裁。

（三）劳动仲裁

1. 劳动仲裁机构

劳动仲裁机构是劳动争议仲裁委员会，由劳动行政部门代表、工会代表和企业方面代表组成。劳动争议仲裁委员会组成人员应当是单数。劳动争议仲裁委员会负责管辖本区域内发生的劳动争议。劳动争议由劳动合同履行地或者用人单位所在地的劳动争议仲裁委员会管辖。双方当事人分别向劳动合同履行地和用人单位所在地的劳动争议仲裁委员会申请仲裁的，由劳动合同履行地的劳动争议仲裁委员会管辖。

2. 劳动仲裁的申请和受理

申请人申请仲裁应当提交书面仲裁申请，并按照被申请人人数提交副本。劳动争议仲裁委员会自收到仲裁申请之日起5日内，认为符合受理条件的，应当受理，并通知申请人；认为不符合受理条件的，应当书面通知申请人不予受理，并说明理由。对劳动争议仲裁委员会不予受理或者逾期未作出决定的，申请人可以就该劳动争议事项向人民法院提起诉讼。

3. 劳动仲裁的开庭和裁决

劳动争议仲裁委员会裁决劳动争议案件实行仲裁庭制。仲裁庭由3名仲裁员组成，设首席仲裁员。简单劳动争议案件可以由1名仲裁员独任仲裁。仲裁庭在作出裁决前，应当先行调解。调解达成协议的，仲裁庭应当制作调解书。调解书应当写明仲裁请求和当事人。调解书由仲裁员签名，加盖劳动争议仲裁委员会印章，送达双方当事人。调解书经双方当事人签收后，发生法律效力。调解不成或者调解书送达前，一方当事人反悔的，仲裁庭应当及时作出裁决。

仲裁庭裁决劳动争议案件,应当自劳动争议仲裁委员会受理仲裁申请之日起 45 日内结束。案情复杂需要延期的,经劳动争议仲裁委员会主任批准,可以延期并书面通知当事人,但是延长期限不得超过 15 日。逾期未作出仲裁裁决的,当事人可以就该劳动争议事项向人民法院提起诉讼。

当事人对仲裁裁决不服的,可以自收到仲裁裁决书之日起 15 日内向人民法院提起诉讼;期满不起诉的,裁决书发生法律效力。

4. 仲裁裁决的效力

1) 终局裁决

根据《劳动争议调解仲裁法》第 47 条的规定,下列劳动争议,除该法另有规定的外,仲裁裁决为终局裁决,裁决书自作出之日起发生法律效力:追索劳动报酬、工伤医疗费、经济补偿或者赔偿金,不超过当地月最低工资标准 12 个月金额的争议;因执行国家的劳动标准在工作时间、休息休假、社会保险等方面发生的争议。

劳动者对上述第 47 条规定的仲裁裁决不服的,可以自收到仲裁裁决书之日起 15 日内向人民法院提起诉讼。

用人单位有证据证明上述第 47 条规定的仲裁裁决有下列情形之一,可以自收到仲裁裁决书之日起 30 日内向劳动争议仲裁委员会所在地的中级人民法院申请撤销裁决:适用法律、法规确有错误的;劳动争议仲裁委员会无管辖权的;违反法定程序的;裁决所根据的证据是伪造的;对方当事人隐瞒了足以影响公正裁决的证据的;仲裁员在仲裁该案时有索贿受贿、徇私舞弊、枉法裁决行为的。

人民法院经组成合议庭审查核实裁决有前款规定情形之一的,应当裁定撤销。仲裁裁决被人民法院裁定撤销的,当事人可以自收到裁定书之日起 15 日内就该劳动争议事项向人民法院提起诉讼。

2) 非终局裁决

当事人对《劳动争议调解仲裁法》第 47 条规定以外的其他劳动争议案件的仲裁裁决不服的,可以自收到仲裁裁决书之日起 15 日内向人民法院提起诉讼,人民法院受理案件后,将按有关民事诉讼的程序进行审理;期满不起诉的,裁决书发生法律效力。

5. 仲裁时效

劳动争议申请仲裁的时效期间为 1 年。自当事人知道或者应当知道其权利被侵害之日起计算。劳动关系存续期间因拖欠劳动报酬发生争议的,劳动者申请仲裁不受 1 年仲裁时效的限制。但是,劳动关系终止的,应当自劳动关系终止之日起 1 年内提出。

(四) 劳动诉讼

劳动诉讼依照《民事诉讼法》的规定执行。

【随堂练习】

下列属于法律规定的劳动争议解决方法的有( )。
A. 申请调解　　　B. 申请仲裁　　　C. 提起诉讼　　　D. 协商解决
答案:ABCD

第二节 社会保险法律制度

一、社会保险与社会保险法

(一)社会保险的概念及特征

社会保险是指国家通过立法建立的,以劳动者为保障对象,以劳动者的年老、疾病、工伤、失业、死亡等特殊事件为保障内容,通过税收或缴费建立社会保险基金,从而帮助劳动者规避上述社会风险的一种正式的国家生活保障制度。社会保险是一种为丧失劳动能力、暂时失去劳动岗位或因健康原因造成损失的人口提供收入或补偿的一种社会和经济制度。我国的社会保险项目主要有基本养老保险、基本医疗保险、工伤保险、失业保险、生育保险五项,统称为"五险"。

社会保险具有如下特征。

1. 强制性

国家通过立法,强制符合条例的用人单位和劳动者参加社会保险,履行法律所规定的缴费等义务。劳动者在满足一定资格条件后可依法享受社会保险待遇。任何法律规定范围内的用人单位和劳动者都必须参加社会保险。

2. 共济性

社会保险实行互助共济,按照大数法则,在整个社会的范围内统一筹集和调剂使用资金,依靠全社会的力量均衡负担和分散风险。社会保险的覆盖范围越大,抵御风险的能力也越强。一般而言,社会保险费用应由国家、用人单位、个人三方共同负担,并在较高的层次上和较大的范围内实现社会统筹与互济。

3. 普遍性

社会保险的覆盖范围各个国家有所不同。一般来说,国家建立社会保险的目的,是保障所有国民或劳动者在遇到年老、失业、疾病、工伤、生育等各种风险时,都能够从国家或社会获得一定的物质帮助和服务,以维持基本生活,从而促使整个社会协调、稳定地发展。

4. 保障性

社会保险保障人们的基本生活,以从根本上安定社会秩序。社会保险的作用,就是对劳动者收入起到保障作用,使其失去劳动收入后,仍能生活。其保障性体现在两个方面:一是保障基本生活,保障水平与国民经济发展相适应,有一定的限量,只解决基本生活所需;二是资金来源有保证,最后政府要兜底。

(二)社会保险法

社会保险在我国过去又称为劳动保险。1951年由政务院颁布实施《中华人民共和国劳动保险条例》,开始正式成立新中国的社会保险制度。1953年对该条例做了修正,修正后的条例的颁布,标志着新中国社会保险制度的诞生。但是保险制度刚刚建立,当时尚在试行阶段,还有待于取得经验后逐步完善,因而把社会保险称作劳动保险。这个叫法一直维持到20世纪80年代,从20世纪90年代开始,改称社会保险,以适应国际惯例和改革开放的需要。现行《社会保险法》于2010年10月28日第十一届全国人民代表大会常务委员会第十七次会议通过,并经 2018 年 12 月 29 日第十三届全国人民代表大会常务委员会第七次会议《关于修改〈中华人民共和国社会保险法〉的决定》修正。

二、基本养老保险

(一) 参加基本养老保险的主体和缴费主体

根据《社会保险法》的规定,参加基本养老保险的主体及缴费主体是:

(1) 具有劳动关系的职工,缴费主体是用人单位和职工。

(2) 无雇工的个体工商户、未在用人单位参加基本养老保险的非全日制从业人员以及其他灵活就业人员,缴费主体是个人。

(3) 公务员和参照公务员法管理的工作人员养老保险的办法由国务院规定。

(二) 基本养老保险基金和账户

基本养老保险实行社会统筹与个人账户相结合。

1. 基本养老保险基金的组成

基本养老保险基金由用人单位和个人缴费以及政府补贴等组成。

(1) 用人单位应当按照国家规定的本单位职工工资总额的比例缴纳基本养老保险费,记入基本养老保险统筹基金。

(2) 职工应当按照国家规定的本人工资的比例缴纳基本养老保险费,记入个人账户。

(3) 国有企业、事业单位职工参加基本养老保险前,视同缴费年限期间应当缴纳的基本养老保险费由政府承担。基本养老保险基金出现支付不足时,政府给予补贴。

(4) 无雇工的个体工商户、未在用人单位参加基本养老保险的非全日制从业人员以及其他灵活就业人员参加基本养老保险的,应当按照国家规定缴纳基本养老保险费,分别记入基本养老保险统筹基金和个人账户。

2. 个人账户管理

个人账户不得提前支取,记账利率不得低于银行定期存款利率,免征利息税。个人死亡的,个人账户余额可以继承。

(三) 基本养老金

1. 基本养老金的概念

基本养老金也称退休金、退休费,是一种最主要的养老保险待遇。

国家有关文件规定,在劳动者年老或丧失劳动能力后,根据他们对社会所做的贡献和所具备的享受养老保险资格或退休条件,按月或一次性以货币形式支付的保险待遇,主要用于保障职工退休后的基本生活需要。

2. 基本养老金的构成

根据《社会保险法》第 15 条的规定,基本养老金由统筹养老金和个人账户养老金组成。基本养老金根据个人累计缴费年限、缴费工资、当地职工平均工资、个人账户金额、城镇人口平均预期寿命等因素确定。

统筹养老金,原先称为基础养老金,是指从用人单位缴费组成的统筹基金中向退休者支付的那部分养老金;而个人账户养老金,就是指从职工个人账户积累中向退休者支付的那部分养老金。

国家建立基本养老金正常调整机制,根据职工平均工资增长、物价上涨情况,适时提高基本养老保险待遇水平。

(四)养老保险的给付条件

1. 养老保险正常给付条件

参加基本养老保险的个人,达到法定退休年龄时累计缴费满15年的,按月领取基本养老金。参加基本养老保险的个人,达到法定退休年龄时累计缴费不足15年的,可以缴费至满15年,按月领取基本养老金;也可以转入新型农村社会养老保险或者城镇居民社会养老保险,按照国务院规定享受相应的养老保险待遇。

2. 养老保险缴费年限不足的处理

参加基本养老保险的个人,因病或者非因工死亡的,其遗属可以领取丧葬补助金和抚恤金;在未达到法定退休年龄时因病或者非因工致残而完全丧失劳动能力的,可以领取病残津贴。所需资金从基本养老保险基金中支付。

(五)养老保险缴费年限不足的处理

对于达到法定退休年龄但缴费年限不够15年的参保人员,根据《社会保险法》第16条第2款的规定,参保人可以缴费至满15年,按月领取基本养老金;也可以转入新型农村社会养老保险或者城镇居民社会养老保险,按国务院规定享受相应的养老保险待遇。

(六)养老保险关系转移

根据《社会保险法》第19条的规定,个人跨统筹地区就业的,其基本养老保险关系随本人转移,缴费年限累计计算。个人达到法定退休年龄时,基本养老金分段计算、统一支付。具体办法由国务院规定。

三、基本医疗保险

(一)基本医疗保险的种类

1. 职工基本医疗保险

职工应当参加职工基本医疗保险,由用人单位和职工按照国家规定共同缴纳基本医疗保险费。无雇工的个体工商户、未在用人单位参加职工基本医疗保险的非全日制从业人员以及其他灵活就业人员可以参加职工基本医疗保险,由个人按照国家规定缴纳基本医疗保险费。

2. 新型农村合作医疗

新型农村合作医疗是指由政府组织、引导、支持,农民自愿参加,个人、集体和政府多方筹资,以大病统筹为主的农民医疗互助共济制度;采取个人缴费、集体扶持和政府资助的方式筹集资金。

3. 城镇居民基本医疗保险

城镇居民基本医疗保险是社会医疗保险的组成部分,具有强制性,采取以政府为主导、以居民个人(家庭)缴费为主、政府适度补助为辅的筹资方式,按照缴费标准和待遇水平相一致的原则,为城镇居民提供医疗需求的医疗保险制度。享受最低生活保障的人、丧失劳动能力的残疾人、低收入家庭60周岁以上的老年人和未成年人等所需个人缴费部分,由政府给予补贴。

(二) 基本医疗保险医疗费用的结算

参保人员在协议医疗机构发生的医疗费用,符合基本医疗保险药品目录、诊疗项目、医疗服务设施标准以及急诊、抢救的医疗费用的,按照国家规定从基本医疗保险基金中支付。参保人员医疗费用中应当由基本医疗保险基金支付的部分,由社会保险经办机构与医疗机构、药品经营单位直接结算。企业职工在医疗期内,其病假工资、疾病救济费和医疗待遇按照有关规定执行。

社会保险行政部门和卫生行政部门应当建立异地就医医疗费用结算制度,方便参保人员享受基本医疗保险待遇。

(三) 不列入医疗费用结算的情形

根据《社会保险法》的规定,下列医疗费用不纳入基本医疗保险基金的支付范围:
(1) 应当从工伤保险基金中支付的;
(2) 应当由第三人负担的;
(3) 应当由公共卫生负担的;
(4) 在境外就医的。

医疗费用依法应当由第三人负担,第三人不支付或者无法确定第三人的,由基本医疗保险基金先行支付。基本医疗保险基金先行支付后,有权向第三人追偿。

【案例讨论】

情形一:基本医疗保险的参保者小刘因被抢劫者伤害住院,而抢劫者逃逸,公安机关尚在立案侦查。

情形二:基本医疗保险的参保者小王生病住院,除了需要医保承担的费用之外,单位也应该报销一部分医药费,可单位却以各种理由不愿意报销这笔费用。

问题:上述两种情形,小刘和小王有权向基本医疗保险基金提出何种请求?

(四) 医疗保险的续缴及转移

参加职工基本医疗保险的个人,达到法定退休年龄时累计缴费达到国家规定年限的,退休后不再缴纳基本医疗保险费,按照国家规定享受基本医疗保险待遇;未达到国家规定年限的,可以缴费至国家规定年限。

个人跨统筹地区就业的,其基本医疗保险关系随本人转移,缴费年限累计计算。

【随堂练习】

按照《社会保险法》的规定,以下哪些医疗费用不纳入基本医疗保险基金支付范围?( )

A. 意外伤害造成的　　　　　　B. 应当从工伤保险基金中支付的
C. 应当由第三人负担的　　　　D. 应当由公共卫生负担的

答案:BCD

四、工伤保险

(一) 工伤的认定

1. 工伤

职工有下列情形之一的,应当认定为工伤:

(1) 在工作时间和工作场所内,因工作原因受到事故伤害的;

(2) 工作时间前后在工作场所内,从事与工作有关的预备性或者收尾性工作受到事故伤害的。

(3) 在工作时间和工作场所内,因履行工作职责受到暴力等意外伤害的;

(4) 患职业病的;

(5) 因工外出期间,由于工作原因受到伤害或者发生事故下落不明的;

(6) 在上下班途中,受到非本人主要责任的交通事故或者城市轨道交通、客运轮渡、火车事故伤害的;

(7) 法律、行政法规规定应当认定为工伤的其他情形。

2. 视同工伤

职工有下列情形之一的,视同工伤:

(1) 在工作时间和工作岗位,突发疾病死亡或者在48小时之内经抢救无效死亡的;

(2) 在抢险救灾等维护国家利益、公共利益活动中受到伤害的;

(3) 职工原在军队服役,因战、因公负伤致残,已取得革命伤残军人证,到用人单位后旧伤复发的。

3. 非为工伤

职工因下列情形之一导致本人在工作中伤亡的,不认定为工伤:

(1) 故意犯罪;

(2) 醉酒或者吸毒;

(3) 自残或者自杀;

(4) 法律、行政法规规定的其他情形。

(二) 参加工伤保险的主体及缴费主体

职工应当参加工伤保险,由用人单位缴纳工伤保险费,职工不缴纳工伤保险费。根据《社会保险法》的规定,工伤保险的费率确定从总体到具体分为三个环节:一是工伤保险实行行业差别费率,即根据不同行业的工伤风险概率的高低,分别确定不同的行业基准费率。二是同一行业内的费率档次,即根据使用工伤保险基金、工伤发生率等情况,在各行业基准费率基础上确定多个费率档次。以上两个环节,法律规定由国务院社会保险行政部门制定并报国务院批准。三是每个用人单位的具体适用费率档次,即由统筹地区社会保险经办机构依据其使用工伤保险基金、工伤发生率等情况,对用人单位工伤保险费率在其所属行业的费率档次内实行上下浮动,称为"浮动费率"机制。

职工因工作原因受到事故伤害或者患职业病,且经工伤认定的,享受工伤保险待遇;其中,经劳动能力鉴定丧失劳动能力的,享受伤残待遇。职工因工死亡,或者伤残职工在停工留薪期内因工伤导致死亡的,其近亲属享受从工伤保险基金领取丧葬补助金、供养亲属抚恤金和一次性因工死亡补助金的待遇。

(三) 由工伤保险基金支付的工伤待遇

因工伤发生的下列费用,按照国家规定从工伤保险基金中支付:

(1) 治疗工伤的医疗费用和康复费用;

(2) 住院伙食补助费;

(3) 到统筹地区以外就医的交通食宿费;

(4) 安装配置伤残辅助器具所需费用;

(5) 生活不能自理的,经劳动能力鉴定委员会确认的生活护理费;

(6) 一次性伤残补助金和一至四级伤残职工按月领取的伤残津贴;

(7) 终止或者解除劳动合同时,应当享受的一次性医疗补助金;

(8) 因工死亡的,其遗属领取的丧葬补助金、供养亲属抚恤金和一次性因工死亡补助金;

(9) 劳动能力鉴定费。

(四) 由用人单位支付的工伤待遇

因工伤发生的下列费用,按照国家规定由用人单位支付:

(1) 治疗工伤期间的工资福利;

(2) 五级、六级伤残职工按月领取的伤残津贴;

(3) 终止或者解除劳动合同时,应当享受的一次性伤残就业补助金。

(五) 工伤保险缴费不足额的处理

职工所在用人单位未依法缴纳工伤保险费,发生工伤事故的,由用人单位支付工伤保险待遇。用人单位不支付的,从工伤保险基金中先行支付。从工伤保险基金中先行支付的工伤保险待遇应当由用人单位偿还。用人单位不偿还的,社会保险经办机构可以依照《社会保险法》的规定追偿。

【随堂练习】

职工有下列哪些情形之一的,应当认定为工伤?(　　)

A. 在工作时间和工作场所内,因工作原因受到事故伤害的

B. 在工作时间和工作场所内,因履行工作职责受到暴力等意外伤害的

C. 自杀或自残的

D. 因工外出期间,由于工作原因受到伤害或者发生事故下落不明的

答案:ABD

五、失业保险

(一) 失业保险的主体及缴费主体

职工应当参加失业保险,由用人单位和职工按照国家规定共同缴纳失业保险费。

（二）领取失业保险金的条件

根据《社会保险法》的规定，具备下列条件的失业人员可以领取失业保险金：

(1) 失业前用人单位和本人已经缴纳失业保险费满1年的；

(2) 非因本人意愿中断就业的；

(3) 已经进行失业登记，并有求职要求的。

（三）失业保险待遇

1. 失业保险金的领取期限

(1) 失业人员失业前用人单位和本人累计缴费满1年不足5年的，领取失业保险金的期限最长为12个月；

(2) 累计缴费满5年不足10年的，领取失业保险金的期限最长为18个月；

(3) 累计缴费10年以上的，领取失业保险金的期限最长为24个月。

2. 重新就业后失业保险金期限的计算

重新就业后，再次失业的，缴费时间重新计算，领取失业保险金的期限与前次失业应当领取而尚未领取的失业保险金的期限合并计算，最长不超过24个月。

3. 失业人员的基本医疗保险待遇

失业人员在领取失业保险金期间，参加职工基本医疗保险的，享受基本医疗保险待遇。失业人员应当缴纳的基本医疗保险费从失业保险基金中支付，个人不缴纳基本医疗保险费。

（四）失业人员死亡的处理

失业人员在领取失业保险金期间死亡的，参照当地对在职职工死亡的规定，向其遗属发给一次性丧葬补助金和抚恤金。所需资金从失业保险基金中支付。个人死亡同时符合领取基本养老保险丧葬补助金、工伤保险丧葬补助金和失业保险丧葬补助金条件的，其遗属只能选择领取其中的一项。

（五）领取失业保险金的程序

根据《社会保险法》的规定，失业人员领取失业保险金的程序如下：

(1) 用人单位出具终止或者解除劳动关系的证明；

(2) 用人单位通知社会保险经办机构；

(3) 失业人员到指定的公共就业服务机构办理失业登记；

(4) 失业人员凭失业登记证明和个人身份证明，到社会保险经办机构办理领取失业保险金的手续。

失业保险金领取期限自办理失业登记之日起计算。

失业人员在领取失业保险金期间有下列情形之一的，停止领取失业保险金，并同时停止享受其他失业保险待遇：

(1) 重新就业的；

(2) 应征服兵役的；

(3) 移居境外的；

(4) 享受基本养老保险待遇的；

(5) 无正当理由,拒不接受当地人民政府指定部门或者机构介绍的适当工作或者提供的培训的。

职工跨统筹地区就业的,其失业保险关系随本人转移,缴费年限累计计算。

【随堂练习】

失业人员失业前用人单位和本人累计缴费满1年不足5年的,领取失业保险金的期限最长为( )。

A. 6个月　　　　　B. 12个月　　　　　C. 14个月　　　　　D. 16个月

答案：B

六、生育保险

(一) 生育保险的缴纳

职工应当参加生育保险,由用人单位按照国家规定缴纳生育保险费,职工不缴纳生育保险费。

(二) 生育保险待遇

用人单位已经缴纳生育保险费的,其职工享受生育保险待遇;职工未就业配偶按照国家规定享受生育医疗费用待遇。所需资金从生育保险基金中支付。

生育保险待遇包括生育医疗费用和生育津贴。生育医疗费用包括下列各项：

(1) 生育的医疗费用；

(2) 计划生育的医疗费用；

(3) 法律、法规规定的其他项目费用。

职工有下列情形之一的,可以按照国家规定享受生育津贴：

(1) 女职工生育享受产假；

(2) 享受计划生育手术休假；

(3) 法律、法规规定的其他情形。

生育津贴按照职工所在用人单位上年度职工月平均工资计发。

【案例讨论】

马先生的妻子小妮怀孕了,可小妮一直没有工作,也没有参加居民医疗保险和新农保,而马先生所在工作单位给员工缴纳了生育保险。

问题：马先生可以报销妻子生孩子的费用吗?

七、社会保险费征缴

(一) 社会保险登记

用人单位应当自成立之日起30日内凭营业执照、登记证书或者单位印章,向当地社会保险经办机构申请办理社会保险登记。社会保险经办机构应当自收到申请之日起15日内予以审核,发给社会保险登记证件。

用人单位应当自用工之日起30日内为其职工向社会保险经办机构申请办理社会保险登记。未办理社会保险登记的,由社会保险经办机构核定其应当缴纳的社会保险费。

自愿参加社会保险的无雇工的个体工商户、未在用人单位参加社会保险的非全日制从业人员以及其他灵活就业人员,应当向社会保险经办机构申请办理社会保险登记。

(二)社会保险费缴纳

1. 社会保险费的缴纳方式

用人单位应当自行申报、按时足额缴纳社会保险费,非因不可抗力等法定事由不得缓缴、减免。职工应当缴纳的社会保险费由用人单位代扣代缴,用人单位应当按月将缴纳社会保险费的明细情况告知本人。无雇工的个体工商户、未在用人单位参加社会保险的非全日制从业人员以及其他灵活就业人员,可以直接向社会保险费征收机构缴纳社会保险费。

2. 未申报、逾期缴纳社会保险费的后果

社会保险费征收机构应当依法按时足额征收社会保险费,并将缴费情况定期告知用人单位和个人。用人单位未按规定申报应当缴纳的社会保险费数额的,按照该单位上月缴费额的110%确定应当缴纳数额;缴费单位补办申报手续后,由社会保险费征收机构按照规定结算。用人单位未按时足额缴纳社会保险费的,由社会保险费征收机构责令其限期缴纳或者补足。用人单位逾期仍未缴纳或者补足社会保险费的,社会保险费征收机构可以向银行和其他金融机构查询其存款账户,并可以申请县级以上有关行政部门作出划拨社会保险费的决定,书面通知其开户银行或者其他金融机构划拨社会保险费。用人单位账户余额少于应当缴纳的社会保险费的,社会保险费征收机构可以要求该用人单位提供担保,签订延期缴费协议。用人单位未足额缴纳社会保险费且未提供担保的,社会保险费征收机构可以申请人民法院扣押、查封、拍卖其价值相当于应当缴纳的社会保险费的财产,以拍卖所得抵缴社会保险费。

【随堂练习】

按照《社会保险法》的规定,生育保险待遇包括生育医疗费用和生育津贴。下列不属于生育医疗费用的有(   )。

A. 生育的医疗费用 B. 计划生育的医疗费用
C. 妇科检查费   D. 一次性营养费

答案:CD

本章课后习题

李某应聘到A公司工作。A公司在待遇方面提出:如果李某坚持要求办理社会保险的话,李某的工资将会减少300元。李某觉得还是工资多拿一些更好,遂决定不缴纳社会保险。李某和A公司签订了2年的劳动合同,在合同中约定了月工资为1800元,劳动者主动放弃让用人单位缴纳社会保险的权利。1年后,李某因为和A公司在工资支付上发生争议,以用人单位不为其缴纳社会保险为由,要求用人单位解除劳动合同,同时要求支付经济补偿。公司以双方有明确约定为由,同意双方终止劳动关系,但是不同意支付经济补偿。于是,李某提起劳动争议仲裁。

问题:
(1) A公司是否可以不为李某办理社会保险?
(2) A公司是否应当向李某支付经济补偿金?

即 测 即 练

第十五章 仲裁与民事诉讼法律制度

【案例导读】

2020年7月,A健身房与B健身器械公司签订了一份买卖合同。合同中的仲裁条款规定:"因履行合同发生的争议,由双方协商解决;无法协商解决的,由仲裁机构仲裁。" 2020年9月,双方发生争议,A健身房向其所在地的仲裁委员会递交了仲裁申请书,但B健身器械公司拒绝答辩。同年11月,双方经过协商,重新签订了一份仲裁协议,并商定将此合同争议提交B健身器械公司所在地的仲裁委员会仲裁,事后A健身房担心仲裁委员会实行地方保护主义,偏袒B健身器械公司,故未申请仲裁,遂向合同履行地人民法院提起诉讼。人民法院认为,根据《仲裁法》的规定,当事人达成仲裁协议,一方向人民法院起诉的,人民法院不予受理,但仲裁协议无效的除外。而本案中并不存在仲裁协议无效的情形,遂驳回了A健身房的起诉。

第一节 仲 裁 法

一、仲裁概述

(一)仲裁与仲裁法

仲裁,是指双方当事人将其争议交付第三者居中评判是非并作出裁决,该裁决对双方当事人均具有拘束力的一种解决纠纷的方式。仲裁是一种重要的非司法诉讼解决争议的方式,作为一种解决财产权益纠纷的民间性裁判制度,仲裁既不同于解决同类争议的司法、行政途径,也不同于当事人的自行和解,具有自愿性、专业性、灵活性、保密性、快捷性的特征。

仲裁制度是国际上通行的解决纠纷的重要法律制度。在我国,仲裁制度逐步发挥着越来越重要的作用。1994年8月31日,第八届全国人民代表大会常务委员会通过了《仲裁法》,于1995年9月1日起施行。该法的制定和实施,对于规范仲裁机构和仲裁程序,完善仲裁制度,保证公正及时地仲裁民事经济纠纷,保护当事人的合法权益,促进社会主义市场经济的健康发展,有着十分重要的意义。2017年9月1日,第十二届全国人民代表大会常务委员会第二十九次会议决定对《仲裁法》中有关仲裁员资格条件的部分条文进行修改。

(二)仲裁的适用范围

根据《仲裁法》第2条和第3条的规定,平等主体的公民、法人和其他组织之间发生的合同纠纷和其他财产权益纠纷,可以仲裁。下列纠纷不能仲裁:一是婚姻、收养、监护、扶养、继承纠纷;二是依法应当由行政机关处理的行政争议。同时,根据《仲裁法》的规定,有关劳动争议、农业集体经济组织内部的农业承包合同纠纷的仲裁不适用《仲裁法》。

【案例讨论】

某房屋所有人王甲与前妻生有一女王乙。前妻去世后,王甲又与张丙结婚,生有王丁、王戊两个子女。后来王甲购买了他现居住的位于某市某路250号的房屋,并进行翻建。王乙婚后与丈夫自购房另住。王甲去世后,张丙、王丁、王戊仍住在原房,后因王戊拟将该处房屋中的一间作为婚房,受到王丁的阻挠,双方发生争执,王戊向某市仲裁委员会申请仲裁。

问题:仲裁委员会能否受理该案件?

(三) 仲裁的基本原则

根据《仲裁法》的规定,仲裁应当坚持以下基本原则。

1. 自愿原则

仲裁是当事人自愿将其争议提交给中立的第三者裁判的争议解决方式,因此自愿原则是仲裁制度中的基本原则,也是仲裁制度赖以存在和发展的基石。

《仲裁法》在当事人自愿仲裁这一原则问题上,做了详细的规定:第一,当事人采用仲裁方式解决纠纷,应当双方自愿,达成仲裁协议,没有仲裁协议,一方当事人申请仲裁的,仲裁机构不予受理;第二,向哪个仲裁机构申请仲裁,应当由当事人协议选定,任何仲裁机构不能强迫当事人违反其意志在本仲裁机构仲裁;第三,组成仲裁庭的仲裁员由当事人在仲裁员名册中自主选定,也可以委托仲裁机构主任代为指定,仲裁庭的人数和组成形式也可以由当事人约定;第四,当事人可以约定仲裁解决的争议范围;第五,在仲裁审理过程中,当事人可以约定审理方式、开庭形式等重要事项;第六,当事人可以约定由仲裁员充任调解员调解案件,如果当事人经过仲裁员的调解能够达成和解协议,则仲裁员可以制作调解书结案,也可以按照和解协议的内容制作裁决书结案。

2. 独立仲裁原则

独立仲裁原则是指仲裁机构的设置、仲裁机构的相互关系以及仲裁审理纠纷的过程都具有法定的独立性,其他任何机关、社会团体和个人不能干预。

3. 公平合理原则

《仲裁法》第7条规定,仲裁应当依据事实,符合法律规定,公平合理地解决纠纷。这一规定既符合我国长期坚持的以事实为根据、以法律为准绳的法律原则,又对这一法律原则做了新的发展。也就是说,在法律没有规定或法律规定不完备的情况下,仲裁庭可以按照公平合理的一般原则来解决经济纠纷。仲裁庭适用公平合理的原则,实际上是对法律适用原则的一个重要补充,其目的在于填补法律缺漏,同时为仲裁员行使法律规定的自由裁量权指引了恰当的范围。

(四) 仲裁的基本制度

1. 协议仲裁制度

当事人申请仲裁和仲裁机构受理仲裁案件都必须依据当事人之间订立的有效的仲裁

协议。仲裁协议是仲裁机构受理案件的前提条件,如果当事人之间没有仲裁协议或者仲裁协议无效,仲裁机构就不能受理该案件。

2. 或裁或审制度

《仲裁法》规定,当事人选择仲裁或选择诉讼是相互排斥的,有效的仲裁协议排除人民法院的管辖权。没有仲裁协议或者仲裁协议无效的,人民法院可以行使管辖权。或裁或审制度还意味着人民法院和仲裁机构之间不能就同一事项重复处理,也就是通常所说的"一事不再理"原则。如果当事人之间存在仲裁协议,但双方当事人放弃仲裁协议而同意进行诉讼的,人民法院可以受理,这是当事人对仲裁协议的变更,而不是对协议仲裁制度的违反。

3. 一裁终局制度

仲裁的一个重要优势就是程序简便、结果确定,能够减少当事人的讼累,为当事人创造有效率的商业竞争条件。为此,《仲裁法》第9条规定:"仲裁实行一裁终局的制度。裁决作出后,当事人就同一纠纷再申请仲裁或者向人民法院起诉的,仲裁委员会或者人民法院不予受理。"这就是通常所说的"一裁终局"制度。一裁终局意味着裁决书一经作出,即为终局,除非由于法定事由裁决书被撤销,裁决书在实体问题上的决定对当事人产生既判力和约束力,人民法院可以根据当事人的申请,强制执行裁决裁定的实体内容。

4. 回避制度

根据《仲裁法》的规定,当事人有下列情形之一的,必须回避。当事人也有权提出回避申请:

(1) 是本案当事人或者当事人、代理人的近亲属;

(2) 与本案有利害关系;

(3) 与本案当事人、代理人有其他关系,可能影响公正仲裁的;

(4) 私自会见当事人、代理人,或者接受当事人、代理人的请客送礼的。

【随堂练习】

根据《仲裁法》的规定,下列属于可以仲裁的纠纷的是( )。

A. 合同纠纷　　　B. 扶养纠纷　　　C. 婚姻纠纷　　　D. 劳动争议

答案:A

二、仲裁机构

仲裁机构是仲裁委员会。仲裁委员会可以在直辖市和省、自治区人民政府所在地的市设立,也可以根据需要在其他设区的市设立,不按行政区划层层设立。仲裁委员会由前述市的人民政府组织有关部门和商会统一组建。设立仲裁委员会,应当在省、自治区、直辖市的司法行政部门登记。

仲裁委员会应当具备以下条件:

(1) 有自己的名称、住所和章程;

(2) 有必要的财产;

(3) 有该委员会的组成人员;

(4) 有聘任的仲裁员。

仲裁委员会由主任 1 人,副主任 2～4 人和委员 7～11 人组成,其组成人员必须是法律、经济贸易专家和有实际工作经验的人员。

仲裁员是仲裁委员会聘任的从事仲裁工作的人员。仲裁委员会应当从公道正派的人员中聘任仲裁员,并符合以下条件之一:

(1) 通过国家统一法律职业资格考试取得法律职业资格,从事仲裁工作满 8 年的;

(2) 从事律师工作满 8 年的;

(3) 曾任法官满 8 年的;

(4) 从事法律研究、教学工作并具有高级职称的;

(5) 具有法律知识,从事经济贸易等专业工作并具有高级职称或者具有同等专业水平的。

在仲裁活动中,代表仲裁委员会行使仲裁权,对案件进行审理和裁决的组织形式是仲裁庭。

三、仲裁协议

(一) 仲裁协议的概念及类型

仲裁协议是指双方当事人自愿把他们之间已经发生或者将来可能发生的合同纠纷及其他财产性权益争议提交仲裁解决的书面约定。仲裁协议是仲裁制度的基石,它既是争议当事人将其争议提交仲裁的依据,也是仲裁机构对某一特定案件取得管辖权的前提。

仲裁协议须以书面形式作出;仲裁协议只能由有利害关系的双方当事人订立;仲裁协议须是双方当事人共同的意思表示;仲裁协议具有独立性,即合同的变更、解除、终止或者无效,不影响仲裁协议的效力。

从法律的规定和司法实践来看,仲裁协议的类型主要有仲裁条款、仲裁协议书、其他文件中包含的仲裁协议三种。

(二) 仲裁协议的内容

仲裁协议的基本内容是仲裁协议的核心。仲裁协议的内容主要有三项。

(1) 请求仲裁的意思表示。

(2) 仲裁事项,即当事人约定的将何种争议提交仲裁的范围。

(3) 选定的仲裁委员会。由于仲裁实行协议管辖原则,所以当事人必须选定具体的仲裁委员会。

仲裁协议对仲裁事项或者仲裁委员会没有约定或者约定不明确的,当事人可以补充协议;达不成补充协议的,仲裁协议无效。此外,在仲裁案件中,仲裁协议具有独立性。主合同无效或者变更、解除、终止,不影响仲裁协议的效力。

(三) 仲裁协议的效力

仲裁协议的效力是指一项有效的仲裁协议对有关当事人和机构的作用或约束力。仲裁协议是一种特殊的合同,其效力不仅及于双方当事人,对双方当事人产生约束力,而且延伸至仲裁机构、仲裁员和相关的人民法院。仲裁协议产生效力的前提是该仲裁协议本身必须合法有效。

1. 对当事人的效力——排斥起诉权

仲裁协议一经合法成立,首先对双方当事人直接产生法律效力,当事人因此丧失了就特定争议向人民法院起诉的权利,而相应地承担着将争议提交仲裁并服从仲裁裁决的义务,除非双方当事人又另外达成协议而变更原仲裁协议。

2. 对仲裁机构的效力——取得管辖权

有效的仲裁协议是仲裁员或仲裁机构受理争议案件的依据,也就是说,仲裁机构的仲裁权来自当事人的授权,来自当事人签订的有效的仲裁协议。

3. 对人民法院的效力——排斥司法管辖

仲裁协议对人民法院的效力,是其法律效力的重要体现。一份有效的仲裁协议,对人民法院的效力首先表现为排斥了法院对该案件的管辖权,也就是说任何一方当事人不得随意撤销已成立的仲裁协议,不得就有关仲裁协议中约定事项的争议向人民法院起诉,人民法院也不得受理有仲裁协议的争议案件。

(四)无效的仲裁协议

仲裁协议如有下列情形之一的,该仲裁协议无效:

(1) 约定的仲裁事项超出法律规定的仲裁受理范围;

(2) 订立仲裁协议的人是无民事行为能力人或者限制民事行为能力人;

(3) 一方采取欺诈、胁迫等手段,违背当事人真实意志订立的仲裁协议的。

在仲裁实践中,对仲裁协议效力的确认是一个十分复杂的问题。如果当事人对仲裁协议的效力有异议,应当在仲裁庭首次开庭前提出,请求仲裁委员会作出决定,或者请求人民法院作出裁定。一方请求仲裁委员会作出决定,另一方请求人民法院作出裁定的,由人民法院裁定。

【随堂练习】

下列有关仲裁事项的表述中,不符合仲裁法律制度规定的是(　　)。

A. 申请仲裁的当事人必须有仲裁协议　　B. 仲裁庭由1名或3名仲裁员组成

C. 仲裁庭可以自行收集证据　　　　　　D. 仲裁均公开进行

答案:D

四、仲裁程序

仲裁程序包括仲裁申请和仲裁受理、仲裁庭的组成、开庭和裁决等。

(一)仲裁申请和仲裁受理

1. 仲裁申请

当事人向仲裁机关申请仲裁,应符合以下条件:有仲裁协议;有具体的仲裁请求和事实、理由;属于仲裁委员会的受理范围。

申请仲裁,应当向仲裁委员会递交仲裁协议、仲裁申请书及副本。仲裁申请书应写明下列事项:当事人的姓名、性别、年龄、职业、工作单位和住所,法人或者其他组织的名称、住所和法定代表人或者主要负责人的姓名、职务；仲裁请求和所根据的事实、理由；证据和证据来源、证人姓名和住所。

2. 仲裁受理

根据《仲裁法》第24条的规定，仲裁委员会收到仲裁申请书之日起5日内，认为符合受理条件的，应当受理，并通知当事人；认为不符合受理条件的，应当书面通知当事人不予受理，并说明理由。

仲裁委员会受理仲裁申请后，应当在仲裁规则规定的期限内将仲裁规则和仲裁员名册送达申请人，并将仲裁申请书副本和仲裁规则、仲裁员名单送达被申请人。

被申请人应当在仲裁规则规定的期限内提交答辩书。仲裁委员会收到答辩书后，应当在仲裁规则规定的期限内将答辩书副本送达申请人。被申请人未提交答辩书的，不影响仲裁程序的进行。

（二）仲裁庭的组成

根据《仲裁法》第30条的规定，仲裁庭可以由3名仲裁员或者1名仲裁员组成。由3名仲裁员组成的仲裁庭，称为合议仲裁庭，简称合议庭，合议仲裁庭设有首席仲裁员。合议仲裁庭的组成方法可以由当事人予以约定。在当事人未约定的情况下，通常由申请人和被申请人各自在仲裁程序开始后规定的期限内指定1名仲裁员，也可以由当事人委托仲裁委员会主任代其指定1名仲裁员。当事人未能在规定的期限内指定或委托指定仲裁员的，仲裁委员会主任可以直接代当事人指定1名仲裁员。第3名仲裁员担任首席仲裁员，由双方当事人在仲裁程序开始后规定的期限内共同选定或共同委托仲裁委员会主任指定，双方逾期未达成协议或不作为的，仲裁委员会主任直接指定第3名仲裁员。3名仲裁员全部产生后，仲裁委员会向双方当事人发出书面通知，组成仲裁庭审理案件。1人组成的仲裁庭称为独任仲裁庭，适用于如下两种情况：双方当事人约定仲裁庭的组成人员应当为1人；根据案件的性质或当事人的约定，案件适用简易仲裁程序。在简易仲裁程序中，仲裁庭的组成人员人数当然为1人。

【随堂练习】

矿业公司根据合同中的仲裁条款，向仲裁委员会申请仲裁解决因机械公司提供不合格机械给自己造成的损失赔偿问题，仲裁委员会受理案件，向申请人矿业公司送达了仲裁规则与仲裁员名册，并向被申请人机械公司送达了申请书副本、仲裁规则与仲裁员名册。在仲裁规则规定的答辩期内，机械公司未提交答辩书，此时仲裁委员会应当如何处理？（　　）

A. 通知申请人撤回仲裁申请
B. 继续进行仲裁程序
C. 告知申请人向有关人民法院起诉
D. 劝说被申请人提交答辩书后继续进行仲裁程序

答案：B

（三）开庭和裁决

1. 开庭

仲裁应当开庭进行，当事人协议不开庭的，仲裁庭可以根据仲裁申请书、答辩书以及其他材料作出裁决。

仲裁不公开进行,当事人协议公开的,可以公开,但涉及国家秘密的除外。

仲裁委员会应当在仲裁规则规定的期限内将开庭日期通知双方当事人。当事人有正当理由的,可以在仲裁规则规定期限内请求延期开庭。是否延期,由仲裁庭决定。

申请人经书面通知,无正当理由不到庭或者未经许可中途退庭的,可以视为撤回仲裁申请;被申请人经书面通知,无正当理由不到庭或者未经仲裁庭许可中途退庭的,可以缺席裁决。

仲裁庭开庭本着简单、灵活、便利当事人的原则进行,一般程序如下。

(1) 庭审前准备。由书记员宣布庭审规则,查明当事人和仲裁参与人是否到庭,向首席仲裁员报告仲裁庭开庭准备是否就绪。

(2) 开庭审理。由首席仲裁员宣布案由和开庭;核对当事人身份和代理权限;宣布仲裁庭组成人员;告知双方当事人权利义务。

(3) 庭审调查。这是仲裁庭审理案件的重要环节。其顺序是:申请人陈述仲裁请求、事实及理由;被申请人进行答辩或提出反请求;双方代理人阐述代理意见;询问证人、出示证据、当事人相互质证。

(4) 庭审辩论。争议的双方当事人根据仲裁庭调查的事实和证据,就如何认定案件事实、证据、责任和适用法律等问题阐明自己的意见。

辩论终结时,仲裁庭应当征询当事人的最后意见。

2. 和解

当事人可以在申请仲裁后自行和解,达成和解协议的,可以请求仲裁庭根据和解协议作出裁决书,也可以撤回仲裁申请。当事人达成和解协议,撤回仲裁申请后反悔的,可以根据仲裁协议申请仲裁。和解裁决是一种重要的纠纷解决方式和当事人权利义务确认方式,在仲裁结案形式中占有较大比重。

3. 调解

仲裁在作出裁决前,可以先行调解。当事人自愿调解的,仲裁庭应当调解。调解不成的,应当及时作出裁决。调解达成协议的,仲裁庭应当制作调解书或者根据协议的结果制作裁决书。调解书与裁决书具有同等法律效力。调解书应当写明仲裁请求和当事人协议的结果。调解书由仲裁员签名,加盖仲裁委员会的印章,经双方当事人签收后,即发生法律效力。

4. 裁决

对调解不成或在调解书签收前双方当事人反悔的,仲裁庭应及时作出裁决。裁决应当按照多数仲裁员的意见作出,少数仲裁员的不同意见可以记入笔录。仲裁庭不能形成多数意见时,裁决应当按照首席仲裁员的意见作出。

裁决书应当写明仲裁请求、争议事实、裁决理由、裁决结果、仲裁费用的负担和裁决日期。当事人协议不愿写明争议事实和理由的则可以不写。

裁决书由仲裁员签名,加盖仲裁委员会印章。仲裁庭仲裁纠纷时,其中一部分事实已经清楚的,可以就该部分先行裁决。

裁决书自作出之日起发生法律效力。

【案例讨论】

甲公司与乙公司签订了一份买卖节能灯的合同。双方在合同中约定：如果发生纠纷，应提交仲裁委员会仲裁。后来，乙公司作为买方提货时发现甲公司提供的货有严重的质量问题，于是向甲公司提出赔偿损失的要求，甲公司不允，双方协商未果。乙公司遂向仲裁委员会申请仲裁，提出申请的时间为8月18日，仲裁委员会于8月28日受理此案，并决定由3名仲裁员组成仲裁庭。甲、乙公司分别选定了一名仲裁员。乙公司作为申请方又委托仲裁委员会主任指定了首席仲裁员。乙公司所选的仲裁员恰好是乙公司上级单位的常年法律顾问。此3名仲裁员公开对此案进行了审理。当事人当庭达成了和解协议，仲裁庭依和解协议制作了仲裁调解书，此案圆满结束。

问题：上述案件的仲裁程序有何不当之处？

五、仲裁裁决的撤销

根据《仲裁法》的规定，仲裁实行一裁终局的制度，仲裁裁决一经作出，即发生法律效力，当事人不能就同一纠纷再向仲裁委员会申请仲裁，也不能就同一纠纷向人民法院起诉或上诉。然而，由于受到各种因素的影响，有些仲裁裁决可能出现不同程度的偏差或错误。《仲裁法》中设置了申请撤销仲裁裁决程序这样一种监督机制，对确保仲裁裁决的合法性和正确性具有非常重要的意义。

撤销仲裁裁决是指对符合法定应予撤销情形的仲裁裁决，经由当事人提出申请，人民法院组成合议庭审查核实，裁定撤销仲裁裁决的行为。需要注意的是，第一，撤销仲裁裁决是人民法院的职权，只能由人民法院为之。第二，从程序上讲，人民法院不能主动撤销仲裁裁决，必须由当事人提出撤销仲裁裁决的申请。第三，从撤销原因上讲，仲裁裁决有法律规定的应予撤销的情形。第四，人民法院必须对当事人提出的申请进行审查核实，才能作出撤销仲裁裁决的行为。

申请撤销仲裁裁决由仲裁案件的当事人自收到裁决书之日起6个月内向仲裁委员会所在地中级人民法院提出，申请人须提供证据证明裁决有法定的应予撤销的情形。当事人申请撤销仲裁裁决，需具有法定的理由。根据《仲裁法》第58条的规定，当事人提出证据证明裁决有下列情形之一的，可以申请撤销裁决：

（1）没有仲裁协议的；
（2）裁决的事项不属于仲裁协议的范围或者仲裁委员会无权仲裁的；
（3）仲裁庭的组成或者仲裁的程序违反法定程序的；
（4）裁决所依据的证据是伪造的；
（5）对方当事人隐瞒了足以影响公正裁决的证据的；
（6）仲裁员在仲裁该案时有索贿受贿、徇私舞弊、枉法裁决行为的。

此外，根据《仲裁法》的规定，如果仲裁裁决违背社会公共利益，人民法院应裁定撤销该裁决。

【随堂练习】

存在下列哪些情形时,当事人可以向仲裁委员会所在地的中级人民法院申请撤销仲裁?（　　）

A. 裁决的事项不符合仲裁协议的范围或者仲裁委员会无权仲裁的
B. 仲裁的组成或者仲裁程序违反法定程序的
C. 仲裁所依据的证据是伪造的
D. 对方当事人隐瞒了足以影响公正裁决的证据的

答案：ABCD

六、仲裁裁决的执行

仲裁裁决作出后,当事人应当履行裁决。一方当事人不履行的,另一方当事人可以依照《民事诉讼法》的有关规定向人民法院申请执行。

根据规定,仲裁裁决的强制执行应当向有管辖权的人民法院提出申请。国内仲裁由被执行人住所地或者被执行人财产所在地的人民法院执行。仲裁执行中的级别管辖参照人民法院受理诉讼案件的级别管辖的规定执行。一方当事人申请执行,另一方当事人申请撤销裁决的,人民法院应当裁定中止执行；人民法院裁定撤销裁决的,应当裁定终结执行；撤销裁决的申请被裁定驳回的,人民法院应当裁定恢复执行。

第二节　民事诉讼法

一、民事诉讼概述

（一）民事诉讼与民事诉讼法

民事诉讼是人民法院在当事人和其他诉讼参与人的参加下,审理和解决民事案件的活动以及在这种活动中产生的各种法律关系的总和。民事诉讼活动表现为人民法院、当事人及诉讼参与人的各种诉讼行为；诉讼法律关系表现为人民法院与各诉讼参与人之间在民事诉讼过程中形成的各种权利义务关系。

民事诉讼程序方面适用的法律,主要是指《民事诉讼法》,该法于1991年4月第七届全国人民代表大会第四次会议通过,分别于2007年、2012年、2017年和2021年进行了四次修正。《民事诉讼法》第3条规定："人民法院受理公民之间、法人之间、其他组织之间以及他们相互之间因财产关系和人身关系提起的民事诉讼,适用本法的规定。"根据这一规定和审判实践的具体情况,我国人民法院主管的民事案件主要有以下几类。

第一,由民法调整的平等主体之间的财产关系和人身关系产生的案件。如合同案件、知识产权案件、离婚案件、票据案件等。

第二,由劳动法调整的劳动合同关系和劳资关系产生的案件。

第三,由其他法律调整的社会关系产生的特殊类型案件。如选民资格案件、宣告公民失踪案件等。

（二）民事诉讼的基本原则

1. 当事人诉讼权利平等原则

当事人诉讼权利平等原则包含以下几方面的内容：双方当事人的诉讼地位平等，也就是诉讼权利和义务平等；双方当事人有平等地行使诉讼权利的手段，同时，人民法院平等地保障双方当事人的诉讼权利；双方当事人在适用法律上一律平等。

2. 同等原则和对等原则

同等原则是指《民事诉讼法》赋予在人民法院起诉、应诉的外国人、无国籍人、外国企业和组织，与中华人民共和国公民、法人和其他组织同样的待遇。

《民事诉讼法》第 5 条第 2 款规定："外国法院对中华人民共和国公民、法人和其他组织的民事诉讼权利加以限制的，中华人民共和国人民法院对该国公民、企业和组织的民事诉讼权利，实行对等原则。"实行对等原则是维护国家主权的需要，也是保护我国公民、法人和其他组织合法权益的需要。

3. 人民法院调解自愿和合法原则

《民事诉讼法》第 9 条规定："人民法院审理民事案件，应当根据自愿和合法的原则进行调解；调解不成的，应当及时判决。"这一原则包含以下两层意思：人民法院受理民事案件后，应当重视调解解决；人民法院的调解要在自愿和合法的基础上进行。

4. 辩论原则

辩论原则是指在人民法院的主持下，当事人有权就案件事实和争议问题，各自陈述自己的主张和根据，互相进行反驳和答辩，以维护自己的合法权益。

5. 处分原则

《民事诉讼法》第 13 条第 2 款规定的处分原则，是指民事诉讼当事人有权在法律规定的范围内，处分自己的民事权利和诉讼权利。

民事权利即民事实体权利。当事人对民事实体权利的处分表现在：起诉时可以自由地确定请求司法保护的范围和方法；诉讼开始后，可以变更诉讼请求；在诉讼中，可以放弃或承认诉讼请求，可以要求或拒绝调解，可以自行和解等。

当事人对诉讼权利的处分主要表现在：纠纷发生后，可以自愿决定是否起诉；起诉后，原告也可以撤回起诉；一审判决后，对未生效的判决自愿决定是否上诉，对已生效的判决也可决定是否申诉等。

6. 支持起诉原则

根据《民事诉讼法》第 15 条的规定，机关、社会团体、企业事业单位对损害国家、集体或者个人民事权益的行为，可以支持受损害的单位或者个人向人民法院起诉。支持起诉必须具备三个要件：支持起诉的主体是机关、社会团体、企业事业单位；支持起诉的前提是法人或者自然人有损害国家、集体或者个人民事权益的违法行为；支持起诉的时机必须是单位或个人受到了损害，而又不能、不敢或者不便诉诸人民法院。

（三）民事诉讼法的基本制度

1. 合议制度

合议制度是指由若干名审判人员组成合议庭对民事案件进行审理的制度。按合议制度组成的审判组织,称为合议庭。根据《民事诉讼法》的规定,在不同的审判程序中,合议庭的组成人员有所不同。总的来说,合议庭由3个以上的单数的审判人员组成。

2. 回避制度

回避制度是指为了保证案件的公正审判,而要求与案件有一定的利害关系的审判人员或其他有关人员,不得参与本案的审理活动或诉讼活动的审判制度。该项制度的基本内容如下。

(1)回避适用的对象。根据《民事诉讼法》的规定,适用回避的人员包括审判人员(包括审判员和人民陪审员)、书记员、翻译人员、鉴定人、勘验人员等。

(2)适用回避的情形。根据《最高人民法院关于适用〈中华人民共和国民事诉讼法〉的解释》(以下简称《民事诉讼法司法解释》)的规定,审判人员有下列情形之一的,应当自行回避,当事人有权申请其回避:①是本案当事人或者当事人近亲属的;②本人或者其近亲属与本案有利害关系的;③担任过本案的证人、鉴定人、辩护人、诉讼代理人、翻译人员的;④是本案诉讼代理人近亲属的;⑤本人或者其近亲属持有本案非上市公司当事人的股份或者股权的;⑥与本案当事人或者诉讼代理人有其他利害关系,可能影响公正审理的。

同时,审判人员有下列情形之一的,当事人有权申请其回避:①接受本案当事人及其受托人宴请,或者参加由其支付费用的活动的;②索取、接受本案当事人及其受托人财物或者其他利益的;③违反规定会见本案当事人、诉讼代理人的;④为本案当事人推荐、介绍诉讼代理人,或者为律师、其他人员介绍代理本案的;⑤向本案当事人及其受托人借用款物的;⑥有其他不正当行为,可能影响公正审理的。

(3)回避的程序。回避申请既可以是当事人提出,也可以是审判人员或其他人员主动提出。回避应当在案件开始审理时提出,回避事由在案件开始审理后知道的,可以在法庭辩论终结前提出。提出回避申请应当说明理由。回避申请提出后,是否准许申请,由人民法院决定。

3. 公开审判制度

公开审判制度是指人民法院审理民事案件,除法律规定的情况外,审判过程及结果应当向群众、社会公开。

根据法律规定,公开审判也有例外。下列案件不公开审判:涉及国家秘密的案件,涉及个人隐私的案件。另外,离婚案件、涉及商业秘密的案件,当事人申请不公开审判的,可以不公开。无论是公开审理的案件,还是不公开审理的案件,宣判时一律公开。

4. 两审终审制度

两审终审制度是指一个民事案件经过两级人民法院审判后即告终结的制度。依两审终审制度,一般的民事诉讼案件,当事人不服第一审人民法院的判决、裁定,可上诉至第二审人民法院,第二审人民法院对案件所做的判决、裁定为生效判决、裁定,当事人不得再上诉。但是,最高人民法院所做的一审判决、裁定,即为终审判决、裁定,当事人不得上诉。根据《民事诉讼法》的规定,适用特别程序、督促程序、公示催告程序和企业法人破产还债程序审理的案件,实行一审终审。

【随堂练习】

外国法院对中国当事人的诉讼权利加以限制的,我国人民法院对该国当事人的民事诉讼权利进行(　　)。

A. 同等原则　　　　B. 平等原则　　　　C. 对等原则　　　　D. 相对原则

答案：C

二、民事诉讼管辖

民事诉讼中的管辖是指各级人民法院之间和同级人民法院之间受理第二审民事案件的分工和权限,它是在人民法院内部具体落实民事审判权的一项制度。根据《民事诉讼法》的规定,管辖分为级别管辖、地域管辖、移送管辖、指定管辖四大类。其中最主要的是级别管辖和地域管辖。

(一) 级别管辖

1. 级别管辖的概念

级别管辖是指按照一定的标准,划分上下级人民法院之间受理第一审民事案件的分工和权限。我国的人民法院有四级,并且每一级都受理一审民事案件,因此需要运用级别管辖对四级人民法院受理一审民事案件的权限进行分工。《民事诉讼法》是根据以下三个方面的标准来确定案件的级别管辖的：一是案件的性质,二是案件的繁简程度,三是案件的影响范围。

2. 各级人民法院管辖的第一审民事案件

(1) 基层人民法院管辖的第一审民事案件。《民事诉讼法》第18条规定："基层人民法院管辖第一审民事案件,但本法另有规定的除外。"由于《民事诉讼法》规定由其他各级人民法院管辖的案件为数较少,因此这一规定实际上把大多数民事案件都划归基层人民法院管辖。基层人民法院是我国人民法院系统中最低一级人民法院,它们数量多、分布广,遍布各个基层行政区域,当事人的住所地、争议财产所在地、纠纷发生地,一般都处在特定的基层人民法院的辖区之内。由基层人民法院管辖一审民事案件,既便于当事人参与诉讼,又便于人民法院审理案件。

(2) 中级人民法院管辖的第一审民事案件。根据《民事诉讼法》第19条的规定,中级人民法院管辖的一审民事案件有三类：一是重大的涉外案件,即争议标的额大,或者案情复杂,或者居住在国外的当事人人数众多的涉外案件；二是在本辖区有重大影响的案件；三是最高人民法院确定由中级人民法院管辖的案件,目前主要有海事海商案件、专利纠纷案件、重大的涉港澳台民事案件以及诉讼标的额大或者诉讼单位属省、自治区、直辖市以上级别地区的经济纠纷。

(3) 高级人民法院管辖的第一审民事案件。高级人民法院管辖一审案件的数量是相当少的,根据《民事诉讼法》第20条的规定,高级人民法院管辖在本辖区有重大影响的第一审民事案件。从当前的情况看,各地一般都是把诉讼标的额大的民事案件作为在本辖区内有重大影响的案件,具体数额则是由各高级人民法院根据本地的情况作出规定后报最高人民法院批准。

（4）最高人民法院管辖的第一审民事案件。最高人民法院管辖的第一审民事案件有两类：一类是在全国有重大影响的案件；另一类是认为应当由本院审理的案件。在四级人民法院中，由最高人民法院管辖的第一审民事案件的数量最少。

（二）地域管辖

1. 地域管辖的概念

地域管辖是指按照各人民法院的辖区和民事案件的隶属关系来划分的诉讼管辖。《民事诉讼法》通过级别管辖将民事案件在四级人民法院中做了分配，划定了各级人民法院受理第一审民事案件的权限，但至此仍然不能划定某些诉讼案件具体由哪个人民法院受理，因为除最高人民法院外，在同一级中仍然有许多个人民法院，所以还需要将已划归同级人民法院管辖的一审案件在各个人民法院之间进行第二次分配。这一任务是由地域管辖完成的。

从《民事诉讼法》的规定来看，确定地域管辖的标准主要有两个：一是诉讼当事人所在地与人民法院之间的联系，二是诉讼标的物或法律事实与人民法院之间的联系。所在地、诉讼标的物等在某一人民法院辖区内时，诉讼就由该地区的人民法院管辖。

2. 一般地域管辖

一般地域管辖是指以当事人所在地与人民法院的隶属关系来确定的诉讼管辖。《民事诉讼法》是以被告所在地管辖为原则，以原告所在地管辖为例外来确定一般地域管辖的。

1）被告所在地人民法院管辖

被告是公民的，由被告住所地人民法院管辖，被告住所地与经常居住地不一致的，由经常居住地人民法院管辖。公民的住所地是指公民的户籍所在地，法人或者其他组织的住所地是指法人或者其他组织的主要办事机构所在地。公民的经常居住地是指公民离开住所地至起诉时已连续居住一年以上的地方，但公民住院就医的地方除外。被告为法人或其他组织，由被告住所地人民法院管辖。法人或者其他组织的住所地是指法人或者其他组织的主要办事机构所在地。法人或者其他组织的主要办事机构所在地不能确定的，法人或者其他组织的注册地或者登记地为住所地。对没有办事机构的个人合伙、合伙型联营体提起的诉讼，由被告注册登记地人民法院管辖。没有注册登记，几个被告又不在同一辖区的，被告住所地的人民法院都有管辖权。

2）原告所在地人民法院管辖

下列情形由原告所在地人民法院管辖：对不在中华人民共和国领域内居住的人提起的有身份关系的诉讼；对下落不明或者被宣告失踪的人提起的有关身份关系的诉讼；对被采取强制措施的人、被监禁的人提起的诉讼；追索赡养费、抚育费、扶养费案件的几个被告住所地不在同一辖区的，可以由原告住所地人民法院管辖。

3. 特殊地域管辖

特殊地域管辖又称特别管辖，是指不仅以被告所在地，而且以引起诉讼的法律事实的所在地、诉讼标的物所在地来确定的诉讼管辖。《民事诉讼法》第24条至第33条规定了十种属于特殊地域管辖的诉讼。

（1）因合同纠纷提起的诉讼，由被告住所地或者合同履行地人民法院管辖。

（2）因保险合同纠纷提起的诉讼，由被告住所地或者保险标的物所在地人民法院管辖。

第十五章　仲裁与民事诉讼法律制度

(3) 因票据纠纷提起的诉讼,由票据支付地或者被告住所地人民法院管辖。

(4) 因公司设立、确认股东资格、分配利润、解散等纠纷提起的诉讼,由公司住所地人民法院管辖。

(5) 因铁路、公路、水上、航空运输和联合运输合同纠纷提起的诉讼,由运输始发地、目的地或者被告住所地人民法院管辖。

(6) 因侵权行为提起的诉讼,由侵权行为地或者被告住所地人民法院管辖。

(7) 因铁路、公路、水上和航空事故请求损害赔偿提起的诉讼,由事故发生地或者车辆、船舶最先到达地、航空器最先降落地或者被告住所地人民法院管辖。

(8) 因船舶碰撞或者其他海事损害事故请求损害赔偿提起的诉讼,由碰撞发生地、碰撞船舶最先到达地、加害船舶被扣留地或者被告住所地人民法院管辖。

(9) 因海难救助费用提起的诉讼,由救助地或者被救助船舶最先到达地人民法院管辖。

(10) 因共同海损提起的诉讼,由船舶最先到达地、共同海损理算地或者航程终止地的人民法院管辖。

4. 专属管辖

专属管辖是指法律规定某些特殊类型的案件专门由特定的人民法院管辖。专属管辖与一般地域管辖和特殊地域管辖的关系是,凡法律规定为专属管辖的诉讼,均适用专属管辖,不得适用一般或特殊地域管辖。根据《民事诉讼法》第 34 条的规定,下列案件属专属管辖:因不动产纠纷提起的诉讼,由不动产所在地人民法院管辖;因港口作业中发生纠纷提起的诉讼,由港口所在地人民法院管辖;因继承遗产纠纷提起的诉讼,由被继承人死亡时住所地或者主要遗产所在地人民法院管辖。

5. 共同管辖与选择管辖

共同管辖与选择管辖实际上是一个问题的两个方面。共同管辖是从人民法院角度说的,指法律规定两个以上人民法院对某类诉讼都有管辖权;选择管辖则是从当事人角度说的,指当两个以上的人民法院对诉讼都有管辖权时,当事人可以选择其中一个提起诉讼。

对共同管辖的诉讼,原告只能做单一的选择。原告在向某一人民法院提起诉讼后,选择权便因行使而消灭,管辖也因其选择而确定。《民事诉讼法》第 36 条规定,原告向两个以上有管辖权的人民法院起诉的,由最先立案的人民法院管辖。《最高人民法院关于适用〈中华人民共和国民事诉讼法〉若干问题的意见》第 33 条规定,两个以上人民法院都有管辖权的诉讼,先立案的人民法院不得将案件移送给另一个有管辖权的人民法院。人民法院在立案前发现其他有管辖权的人民法院已先立案的,不得重复立案;立案后发现其他有管辖权的人民法院已先立案的,裁定将案件移送给先立案的人民法院。

6. 协议管辖

根据《民事诉讼法》第 35 条的规定,合同或者其他财产权益纠纷的当事人可以书面协议选择被告住所地、合同履行地、合同签订地、原告住所地、标的物所在地等与争议有实际联系的地点的人民法院管辖,但不得违反该法对级别管辖和专属管辖的规定。

【随堂练习】

因港口作业中发生纠纷提起的诉讼,由（　　）。
A. 港口所在地人民法院管辖　　　　B. 原告住所地人民法院管辖
C. 被告住所地人民法院管辖　　　　D. 双方当事人协议选择管辖
答案：A

【案例讨论】

甲公司向被告乙公司住所地 A 区人民法院起诉,请求人民法院责令被告继续履行合同。A 区人民法院受理案件后,发现该案件由合同履行地 B 区人民法院受理更为合适。
问题：A 区人民法院能否将案件移送给 B 区人民法院？

三、民事诉讼证据

（一）民事诉讼证据的概念及种类

证据是指能够证明案件真实情况的客观事实。民事诉讼证据是指在民事诉讼过程中用于证明案件事实的根据。根据我国法律的规定,凡是能证明民事纠纷案件真实情况的一切事实都是民事诉讼证据。根据《民事诉讼法》第 66 条的规定,证据包括当事人的陈述、书证、物证、视听资料、电子数据、证人证言、鉴定意见、勘验笔录。

（二）待证事实

待证事实即证明对象,是指需要证明主体运用证据来予以证明的与案件有关的事实。

1. 待证事实的范围

（1）当事人主张的民事实体权益法律事实,即实体法事实。这些事实是引起民事法律关系发生、变更、终止的事实,它们关系到诉讼当事人的实体权利义务,也关系到人民法院对案件的实体处理,因此是民事诉讼中主要的待证事实。

（2）当事人主张的程序意义上的事实,即程序法事实。这些事实是能够引起民事诉讼法律关系发生、变更、终止的事实,虽然这不直接涉及当事人的实体权益,但对民事诉讼程序的开始、进行和终止具有重要意义。

（3）证据事实。证据事实是指那些证明证据本身是否客观、真实、合法的事实。这些事实关系到某一证据是否可以作为认定事实的根据。

2. 不需要证明的事实

根据《民事诉讼法司法解释》第 93 条的规定,下列事实,当事人无须举证证明：

（1）自然规律以及定理、定律；
（2）众所周知的事实；
（3）根据法律规定推定的事实；
（4）根据已知的事实和日常生活经验法则推定出的另一事实；
（5）已为人民法院发生法律效力的裁判所确认的事实；
（6）已为仲裁机构生效裁决所确认的事实；

(7) 已为有效公证文书所证明的事实。

另外,一方当事人在法庭审理中,或者在起诉状、答辩状、代理词等书面材料中,对于己不利的事实明确表示承认的,另一方当事人无须举证证明。此即通常所说的自认事实。

(三) 举证责任

举证责任是指当事人对自己提出的诉讼请求所依据的事实或者反驳对方诉讼请求所依据的事实有责任提供证据加以证明。它的基本含义是:第一,当事人对自己提出的主张,应当提出证据;第二,当事人对自己提供的证据,应当予以证明,以表明自己所提供的证据能够证明其主张;第三,当事人对自己的主张不能提供证据或证据不足以证明自己的主张,将可能导致人民法院对自己不利的裁判。

1. 举证责任的负担

举证责任的主体是民事诉讼当事人,具体某一事实由谁举证,这就是我们所说的举证责任的负担问题。根据《民事诉讼法》的有关规定,举证遵循"谁主张,谁举证"的原则,这意味着,无论是原告、被告、共同诉讼人、诉讼代表人,还是有独立请求权的第三人,都有责任对自己的主张提供证据并加以证明。只有法律规定无须举证证明的事实,当事人方可不负举证责任。

2. 举证责任的倒置

一般正常情况下,举证责任是"谁主张,谁举证",起诉方负举证责任。但对于某些特殊案件,在某些特殊情况下,由于提出主张的一方当事人限于客观原因难以或者无法提供证据证明自己的主张,若仍采取举证责任的一般规定,势必损害原告一方当事人的合法权益,难以维持公正。为此,需要作出特别规定,将引起权利发生的个别法律事实交由对方负举证责任,以证明其不存在,否则即推定该事实存在。也就是说,将某些举证责任反过来,由否定原告主张的另一方当事人负责举证,这是举证责任分配的特殊规则。实行举证责任倒置的目的,是加重行为人的责任,限定过错责任的适用范围,从而使受害人获取更多的补救机会与可能。

【随堂练习】

下列属于不需证明的事实的有(　　)。

A. 有效公证文书证明的事实　　　　　B. 证据事实
C. 根据法律规定推定的事实　　　　　D. 众所周知的事实

答案:ACD

四、保全

(一) 保全的概念及目的

保全是指人民法院在利害关系人起诉前或者当事人起诉后,为保障将来生效判决能够得到执行或者避免财产遭受损失,或者避免对当事人其他权益造成损失,而对当事人的财产或者争议标的物,或者对对方当事人的侵害或有侵害之虞的行为采取的强制性保护措施。

保全的目的是保证判决作出继而依法生效以后能够顺利地得到全部执行,并以此保护人民法院生效判决的权威性和严肃性,切实实现胜诉一方当事人的合法权益。如果没有保全程序的保障作用,人民法院的生效判决便有可能在相当多的情况下成为一纸空文,当事人因胜诉而赢得的利益也就根本无法得到实现。为此,《民事诉讼法》第103条规定,人民法院对于可能因当事人一方的行为或者其他原因,使判决难以执行或者造成当事人其他损害的案件,根据对方当事人的申请,可以裁定对其财产进行保全、责令其作出一定行为或者禁止其作出一定行为;当事人没有提出申请的,人民法院在必要时也可以裁定采取保全措施。

(二) 保全的类型

1. 根据申请保全时间的不同划分

根据申请保全时间的不同,保全可以分为诉前保全和诉中保全。

1) 诉前保全

诉前保全是指在诉讼发生前,人民法院根据利害关系人的申请,对有关的财产采取保护措施的制度。

诉前保全的适用应当符合一定的条件,其实质条件是利害关系人与他人之间存在争议的法律关系所涉及的财产处于情况紧急的状态下,不立即采取财产保全措施将有可能使利害关系人的合法权益遭受到不可弥补的现实危险;其程序条件是必须由利害关系人向被保全财产所在地、被申请人住所地或者对案件有管辖权的人民法院提出申请,并提供担保。

2) 诉中保全

诉中保全是指在诉讼过程中,为了保证人民法院的判决能顺利实施,人民法院根据当事人的申请或在必要时依职权决定对有关财产采取保全措施。

诉中保全的适用应符合一定的条件,其实质条件是,存在因各种主客观原因可能使人民法院将作出的判决难以或不能实现的情况,或者诉讼争议的财产有毁损、灭失等危险,或者有证据表明被申请人可能隐匿、转移、出卖其财产的;其程序条件是在诉讼中由当事人向受诉人民法院提出申请,或由人民法院依职权决定,人民法院可以责令申请人提供担保,申请人不提供担保的,人民法院驳回申请。

2. 根据保全对象的不同划分

根据保全对象的不同,保全可以分为财产保全和行为保全。

1) 财产保全

财产保全是指人民法院在诉讼过程中或者诉讼开始前,根据当事人或利害关系人的申请,或者必要时依职权对当事人争议的财产或者与本案有关的财产采取强制性保护措施,以保证将来生效判决能顺利执行的法律制度。

2) 行为保全

行为保全是指人民法院在民事诉讼中,为避免当事人或者利害关系人的利益受到不应有的损害或进一步的损害,人民法院依据申请,对对方当事人的侵害或有侵害之虞的行为采取的强制措施。

(三) 保全的范围

根据《民事诉讼法》的规定,保全限于请求的范围或者与本案有关的财物。"限于请求的范围"是指所保全的财物,其价值与诉讼请求相当或与利害关系人的请求相当,"与本案有关的财物"是指本案的标的物,可供将来执行人民法院判决的财物或利害关系人请求予以保全的财物。同时,根据相关的司法解释规定,人民法院采取保全措施时,保全的范围应当限于当事人争议的财产,或者被告的财产,对案外人的财产不得采取保全措施。对案外人善意取得的与案件有关的财产,一般也不得采取财产保全措施。

(四)保全的措施

根据《民事诉讼法》的规定,财产保全的措施有查封、扣押、冻结或法律规定的其他方法。法律规定的其他方法,根据最高人民法院的有关司法解释,主要是限制被申请人的到期收益或到期债权的行使,即人民法院对债务人到期应得的收益,可以采取保全措施,限制其支取,有关单位有义务协助人民法院执行;债务人的财产不能满足保全请求,但对第三人有到期债权的,人民法院可以依债权人的申请裁定该第三人不得对本案债务人清偿,该第三人要求偿付的,由人民法院提存财物或价款。

人民法院查封、扣押的被申请人的财产,应当妥善保管,如果是交由当事人或有关单位保管的,当事人、有关单位应妥善保管。

被查封、扣押的财产,原则上任何人都不得使用、处分,但被查封、扣押物是不动产或特定动产(如车辆),若由当事人负责保管的,其仍然可以使用,但不得处分;被查封、扣押物是季节性商品,鲜活、易腐易烂以及其他不易长期保存的物品,人民法院可责令当事人及时处理,由人民法院保存价款,必要时,可以由人民法院予以变卖,保存价款。

财产已被查封、冻结的,其他任何单位不得重复查封、冻结。

(五)保全的程序

1. 保全的申请及担保

诉前保全由利害关系人提出,申请人必须提供担保;诉中保全由当事人提出或人民法院依职权决定,人民法院可以责令申请人提供担保。要求申请人提供担保而申请人拒绝提供的,人民法院依法驳回申请。

2. 保全的裁定及措施的采取

人民法院接受申请后,对诉前保全,须在48小时内作出裁定;对诉中保全,情况紧急的,须在48个小时内作出裁定。人民法院裁定采取保全措施的,应当立即开始执行,有关单位有义务协助人民法院执行。当事人不服人民法院保全裁定的,可以申请复议一次,复议期间不停止裁定的执行。

3. 财产保全措施的解除

人民法院裁定采取保全措施后,除作出保全裁定的人民法院自行解除或者其上级人民法院决定解除外,在保全期限内,任何单位不得解除保全措施。裁定采取保全措施后,有下列情形之一的,人民法院应当作出解除保全裁定:保全错误的;申请人撤回保全申请的;申请人的起诉或者诉讼请求被生效裁判驳回的;人民法院认为应当解除保全的其他情形。解除以登记方式实施的保全措施的,应当向登记机关发出协助执行通知书。

人民法院根据申请而采取保全措施的,如果由于申请人的错误而导致被申请人因财产保全而受损失的,申请人应承担赔偿责任。

五、诉讼程序

(一)第一审程序

我国人民法院审判民事案件实行四级两审终审制,所以民事诉讼中的审判程序便有第一审程序和第二审程序的分别设置。第一审程序包括普通程序和简易程序。第一审程序的启动是当事人的起诉与人民法院的受理,如果当事人不起诉或者起诉不符合条件,那么当事人之间的民事纠纷就不能进入诉讼程序,所以第一审程序是其他程序开启的前提。

1. 普通程序

普通程序是《民事诉讼法》规定的人民法院审理第一审民事案件通常所适用的程序,也是民事案件的当事人进行第一审民事诉讼通常所遵循的基本程序。普通程序的各个阶段如下。

1)起诉与受理

起诉是指公民、法人和其他组织在其民事权益受到侵害或与他人发生争议时,向人民法院提起诉讼,请求人民法院通过审判予以司法保护的行为。起诉是当事人获得司法保护的手段,也是人民法院对民事案件行使审判权的前提条件。当事人的起诉要得到人民法院的受理,必须符合《民事诉讼法》第122条规定的起诉条件:第一,原告是与本案有直接利害关系的公民、法人和其他组织;第二,有明确的被告;第三,有具体的诉讼请求和事实、理由;第四,属于人民法院受理民事诉讼的范围和受诉人民法院管辖。起诉必须同时具备上述四个条件,这是起诉的实质要件。起诉的形式要件是,起诉应当向人民法院递交起诉状,并按照被告人数提交副本。

受理是指人民法院通过对当事人的起诉进行审查,对符合法律规定条件的,决定立案审理的行为。在民事纠纷中,如果当事人起诉,人民法院立案受理,就意味着民事诉讼程序的开始,由此会产生一系列的法律后果。人民法院对案件的审判权和审理职责由此而产生。根据《民事诉讼法》第126条的规定,人民法院收到起诉状或者口头起诉,进行审查,符合起诉条件的,应当在7日内立案,并通知当事人;不符合起诉条件的,应当在7日内作出裁定书,不予受理。

2)审前准备

审前准备是指人民法院接受原告起诉并决定立案受理后,在开庭审理之前,由承办案件的审判员依法所做的各项准备工作。审理前的准备是在普通程序中,为保证开庭审理的顺利进行以及案件及时、正确地审理而设立的必经程序,也是民事诉讼过程中的一个必经阶段。

根据现行《民事诉讼法》和有关司法解释的规定,审理前的准备工作主要有:送达起诉状副本和提出答辩状;告知当事人诉讼权利和义务及合议庭组成人员;审阅诉讼材料,调查收集必要的证据;当事人的追加。

3)开庭审理

开庭审理是指在人民法院审判人员的主持下,在当事人和其他诉讼参与人的参加下,在人民法院固定的法庭上或法律允许设置的法庭上,依照法定的程式和顺序,对案件进行实体审理,从而查明案件事实、分清是非,并在此基础上对案件作出裁判的全部过程。

开庭审理是普通程序中最重要和最中心的环节。开庭审理由几个既相对独立又相互联系的阶段组成:开庭审理前的准备,包括通知、发布公告;开庭审理,包括准备开庭、法庭调查、法庭辩论、评议和宣判。

2. 简易程序

简易程序是基层人民法院审理简单民事案件时适用的一种独立的诉讼程序。简易程序是与普通程序并存的独立第一审程序。简易程序以诉讼成本较低、审理周期较短、诉讼方式简便、适用范围较广等特点在当前的民事审判实践中发挥着重要作用。

根据《民事诉讼法》第160条的规定，基层人民法院和它派出的法庭审理事实清楚、权利义务关系明确、争议不大的简单的民事案件，适用简易程序规定。基层人民法院和它派出的法庭审理第160条规定以外的民事案件，当事人双方也可以约定适用简易程序。但根据《最高人民法院关于适用简易程序审理民事案件的若干规定》的第1条，有下列情形之一的案件除外：起诉时被告下落不明的；发回重审的；共同诉讼中一方或者双方当事人人数众多的；法律规定应当适用特别程序、审判监督程序、督促程序、公示催告程序和企业法人破产还债程序的；人民法院认为不宜适用简易程序进行审理的。同时，规定人民法院在审理过程中，发现案件不宜适用简易程序的，裁定转为普通程序。

（二）第二审程序

第二审程序是指由于民事诉讼的当事人不服地方各级人民法院未生效的第一审裁判而在法定期间内向上一级人民法院提起上诉而引起的诉讼程序，是第二审级的人民法院审理上诉案件所适用的程序。一个案件经过第二审程序审理并作出裁判后，诉讼即告终结，二审作出的判决立即发生法律效力。因此，第二审程序又称为终审程序。

第二审程序并不是民事诉讼的必经程序，也不是人民法院审理案件的必经程序，如果当事人在案件一审过程中达成了调解协议或者在上诉期内未提起上诉，一审法院的裁判就发生法律效力，第二审程序也因无当事人的上诉而无从发生。因此，当事人的上诉是第二审程序的前提，当然当事人的上诉还必须和法院的受理相结合。

1. 上诉

上诉是指当事人对一审法院裁判不服，向该法院的上一级法院依法提起上诉的行为。提起上诉必须具备一定的条件，并遵守一定的程序。

1）上诉的条件

根据《民事诉讼法》的规定，提起上诉应具备以下条件：

第一，提起上诉的主体必须合格。根据《民事诉讼法》的规定及最高人民法院的司法解释，第一审程序原告、被告、共同诉讼人、有独立请求权的第三人，由于对诉讼标的有实体上的权利或义务而享有上诉权，可以作为上诉人。

第二，提出上诉的客体必须是依法允许上诉的裁判，即必须是未生效的一审裁判。

第三，必须在法定的期限内上诉。《民事诉讼法》第171条规定："当事人不服地方人民法院第一审判决的，有权在判决书送达之日起十五日内向上一级人民法院提起上诉。当事人不服地方人民法院第一审裁定的，有权在裁定书送达之日起十日内向上一级人民法院提起上诉。"

第四，必须提交上诉状。上诉不能采用口头方式，必须向人民法院提交上诉状。上诉状是上诉人表示不服第一审人民法院的裁判，要求第二审人民法院撤销或变更第一审裁判的诉讼文书。在一审宣判时，当事人虽口头表示上诉，但在上诉期内未提交上诉状的，视为未提出上诉。

提起上诉时只有同时具备以上四个条件,上诉才能成立,才能引起第二审程序的发生。此外,当事人还应依法交纳上诉案件诉讼费用。

上诉成立后,产生如下效力:阻碍第一审裁判的生效,将案件由第一审人民法院移至第二审人民法院。

2) 上诉的受理

根据《民事诉讼法》第173条和第174条的规定,上诉的受理通常应依以下程序进行:

第一,当事人通过原审人民法院提交上诉状,并按照对方当事人或者代表人的人数提出副本。

第二,原审人民法院在收到上诉状后,应当在5日内将上诉状副本送达对方当事人,对方当事人在收到之日起15日内提出答辩状。

第三,原审人民法院收到上诉状、答辩状后,应当在5日内连同全部案卷和证据,报送第二审人民法院。第二审人民法院开始对上诉案件进行审理。

2. 上诉案件的审理

《民事诉讼法》第181条规定:"第二审人民法院审理上诉案件,除依照本章规定外,适用第一审普通程序。"可见,第二审人民法院审理上诉案件时,第二审程序中有规定的,优先适用该规定;第二审程序中没有规定的,适用第一审普通程序。

1) 上诉案件的审理范围

第二审人民法院对上诉案件的审理范围限于当事人上诉请求的有关事实,以及与当事人上诉请求有关的法律适用情况。对在一审中已经认定的事实与裁判的事项,如果当事人双方未提出异议,没有要求二人民法院审查与处理的,二审人民法院对非上诉部分不再审理,但判决违反法律禁止性规定、侵害社会公共利益或者他人利益的除外。

2) 上诉案件的审理方式

第二审人民法院对上诉案件,应当组成合议庭,开庭审理。经过阅卷、调查和询问当事人,对没有提出新的事实、证据或者理由,合议庭认为不需要开庭审理的,可以不开庭审理。

第二审人民法院审理上诉案件,可以在本院进行,也可以到案件发生地或者原审人民法院所在地进行。

3. 上诉案件的裁判

第二审人民法院对上诉案件经过审理,按照下列情形分别处理:

(1)原判决、裁定认定事实清楚,适用法律正确的,以判决、裁定方式驳回上诉,维持原判决、裁定。

(2)原判决、裁定认定事实错误或者适用法律错误的,以判决、裁定方式依法改判、撤销或者变更。

(3)原判决认定基本事实不清的,裁定撤销原判决,发回原审人民法院重审,或者查清事实后改判。

(4)原判决遗漏当事人或者违法缺席判决等严重违反法定程序的,裁定撤销原判决,发回原审人民法院重审。

原审人民法院对发回重审的案件作出判决后,当事人提起上诉的,第二审人民法院不得再次发回重审。

(三) 再审程序

再审程序即审判监督程序,是指对已经发生法律效力的判决、裁定、调解书,人民法院认为确有错误,当事人基于法定的事实和理由认为有错误,人民检察院发现存在应当再审的法定事实和理由,而由人民法院对案件再行审理的程序。再审程序只是纠正生效裁判错误的法定程序,它不是案件审理的必经程序,也不是案件的必经审级。

1. 再审程序的提起

1) 人民法院

各级人民法院院长对本院已经发生法律效力的判决、裁定、调解书,发现确有错误,认为需要再审的,应当提交审判委员会讨论决定。最高人民法院对地方各级人民法院已经发生法律效力的判决、裁定、调解书,上级人民法院对下级人民法院已经发生法律效力的判决、裁定、调解书,发现确有错误的,有权提审或者指令下级人民法院再审。

2) 当事人

根据《民事诉讼法》的规定,当事人申请再审符合以下条件的,才能引起再审程序的发生。

第一,申请再审的主体必须合法。根据《民事诉讼法》的规定,有权提出申请再审的主体是当事人及其法定代理人与案外人。

第二,申请再审的对象是确有错误的已生效判决、裁定,以及违反自愿原则或者内容违法的调解书。

第三,申请再审必须在法定期限内提出。根据《民事诉讼法》的规定,当事人申请再审,应当在判决、裁定发生法律效力后6个月内提出。

第四,申请再审必须符合法定的事实和理由。根据《民事诉讼法》第207条的规定,当事人的申请符合下列情形之一的,人民法院应当再审:有新的证据,足以推翻原判决、裁定的;原判决、裁定认定的基本事实缺乏证据证明的;原判决、裁定认定事实的主要证据是伪造的;原判决、裁定认定事实的主要证据未经质证的;对审理案件需要的主要证据,当事人因客观原因不能自行收集,书面申请人民法院调查收集,人民法院未调查收集的;原判决、裁定适用法律确有错误的;审判组织的组成不合法或者依法应当回避的审判人员没有回避的;无诉讼行为能力人未经法定代理人代为诉讼或者应当参加诉讼的当事人,因不能归责于本人或者其诉讼代理人的事由,未参加诉讼的;违反法律规定,剥夺当事人辩论权利的;未经传票传唤,缺席判决的;原判决、裁定遗漏或者超出诉讼请求的;据以作出原判决、裁定的法律文书被撤销或者变更的;审判人员审理该案件时有贪污受贿、徇私舞弊、枉法裁判行为的。

3) 人民检察院

根据《民事诉讼法》的规定,最高人民检察院对各级人民法院已经发生法律效力的判决、裁定,上级人民检察院对下级人民法院已经发生法律效力的判决、裁定,发现有《民事诉讼法》第207条规定情形之一的,或者发现调解书损害国家利益、社会公共利益的,应当提出抗诉。地方各级人民检察院对同级人民法院已经发生法律效力的判决、裁定,发现有《民事诉讼法》第207条规定情形之一的,或者发现调解书损害国家利益、社会公共利益的,可以向同级人民法院提出检察建议,并报上级人民检察院备案,也可以提请上级人民检察院向同级人民法院提出抗诉。

2. 再审案件的程序

按照审判监督程序决定再审的案件,应当裁定中止原判决、裁定、调解书的执行,但追索赡养费、扶养费、抚育费、抚恤金、医疗费用、劳动报酬等案件,可以不中止执行。

人民法院按照审判监督程序再审的案件,发生法律效力的判决、裁定是由第一审法院作出的,按照第一审程序审理,所做的判决、裁定,当事人可以上诉;发生法律效力的判决、裁定是由第二审法院作出的,按照第二审程序审理,所做的判决、裁定,是发生法律效力的判决、裁定;上级人民法院按照审判监督程序提审的,按照第二审程序审理,所做的判决、裁定是发生法律效力的判决、裁定。

人民法院审理再审案件,应当另行组成合议庭。

【随堂练习】

当事人不服地方人民法院第一审判决的,有权在判决书送达之日起(　　　)内向上一级人民法院提出上诉。

A. 7日　　　　　B. 15日　　　　　C. 1个月　　　　　D. 3个月

答案:B

六、其他程序

(一)督促程序

督促程序是一种迅速简便地保护债权人合法权益的非讼程序,是指人民法院以债权人单方提出的债权文书为根据,督促债务人限期履行义务的程序。督促程序的设立,使债权人获得了一种实现债权最为迅速、便利的方式,同时节约了诉讼成本。

1. 申请支付令

督促程序是因债权人的申请而开始的。债权人请求债务人给付金钱、有价证券,符合下列条件的,可以向人民法院申请支付令:债权人与债务人没有其他债务纠纷的;支付令能够送达债务人的。

2. 受理

债权人申请支付令,符合下列条件的,基层人民法院应当受理,并在收到支付令申请书5日内通知债权人:请求给付金钱或者汇票、本票、支票、股票、债券、国库券、可转让的存款单等有价证券;请求给付的金钱或者有价证券已到期且数额确定,并写明了请求所根据的事实、证据;债权人没有对待给付义务;债务人在我国境内且未下落不明;支付令能够送达债务人;收到申请书的人民法院有管辖权;债权人未向人民法院申请诉前保全。不符合上述条件的,人民法院应当在收到支付令申请书后5日内通知债权人不予受理。基层人民法院受理申请支付令案件,不受债权金额的限制。

3. 审理

人民法院受理申请后,经审查债权人提供的事实、证据,对债权债务关系明确、合法的,应当在受理之日起15日内向债务人发出支付令。债务人应当自收到支付令之日起

15日内清偿债务,或者向人民法院提出书面异议。债务人在规定的期限内不提出异议又不履行支付令的,债权人可以向人民法院申请执行。人民法院收到债务人提出的书面异议后,应当裁定终结督促程序,支付令自行失效,债权人可以起诉。

(二) 公示催告程序

公示催告程序是一种非讼程序,是指人民法院根据申请人的申请,以公示的方式告知并催促利害关系人在法定期限内申报权利,如逾期无人申报,则根据申请人的请求作出除权判决的程序。

1. 公示催告程序的提起

按照规定可以背书转让的票据持有人,因票据被盗、遗失或者灭失,可以向票据支付地的基层人民法院申请公示催告。申请人应当向人民法院递交申请书,写明金额、发票人、持票人、背书人等票据主要内容和申请的理由、事实。

2. 受理

人民法院收到公示催告的申请后,应当立即审查,并决定是否受理。经审查认为符合受理条件的,通知予以受理,并同时通知支付人停止支付;认为不符合受理条件的,7日内裁定驳回申请。

人民法院在通知支付人停止支付的同时,在3日内发出公告,催促利害关系人申报权利。公示催告的期限,由人民法院根据情况决定,但不得少于60日。支付人收到人民法院停止支付的通知,应当停止支付,至公示催告程序终结。公示催告期间,转让票据权利的行为无效。

3. 申报权利

利害关系人应当在公示催告期间向人民法院申报。人民法院收到利害关系人的申报后,应当裁定终结公示催告程序,并通知申请人和支付人。申请人或申报人可以向人民法院起诉。

4. 除权判决

没有人申报权利的,人民法院应当根据申请人的申请,作出判决,宣告票据无效;判决公告,并通知支付人。自判决公告之日起,申请人有权向支付人请求支付。

七、执行程序

执行是指人民法院的执行组织依照法定的程序,对发生法律效力的法律文书确定的给付内容,以国家的强制力为后盾,依法采取强制措施,迫使义务人履行义务的行为。执行程序是指保证具有执行效力的法律文书得以实施的程序。

(一) 执行管辖

根据《民事诉讼法》及相关司法解释的规定,发生法律效力的民事判决、裁定,以及刑事判决、裁定中的财产部分,由第一审人民法院或者与第一审人民法院同级的被执行的财产所在地人民法院执行。发生法律效力的实现担保物权裁定、确认调解协议裁定、支付令,由作出裁定、支付令的人民法院或者与其同级的被执行财产所在地的人民法院执行。法律规定由人民法院执行的其他法律文书,由被执行人住所地或者被执行的财产所在地人民法院执行。

（二）执行依据

根据《民事诉讼法》及相关司法解释的规定，作为执行依据的主要有以下法律文书：

（1）人民法院民事、行政判决、裁定、调解书，民事制裁决定、支付令，以及刑事附带民事判决、裁定、调解书；

（2）依法应由人民法院执行的行政处罚决定、行政处理决定；

（3）我国仲裁机构作出的仲裁裁决和调解书，人民法院依据《仲裁法》有关规定作出的财产保全和证据保全裁定；

（4）公证机关依法赋予强制执行效力的关于追偿债款、物品的债权文书；

（5）经人民法院裁定承认其效力的外国法院作出的判决、裁定，以及国外仲裁机构作出的仲裁裁决；

（6）法律规定由人民法院执行的其他法律文书。

（三）执行申请

发生法律效力的民事判决、裁定、调解书和其他应当由人民法院执行的法律文书，当事人必须履行。一方拒绝履行的，对方当事人可以向人民法院申请执行。申请执行，应向人民法院提交下列文件和证件：申请执行书；生效法律文书副本；申请执行人的身份证明；继承人或权利承受人申请执行的，应当提交继承或承受权利的证明文件；其他应当提交的文件或证件。

申请执行的期间为两年。申请执行时效的中止、中断，适用法律有关诉讼时效中止、中断的规定。上述规定的期间，从法律文书规定履行期间的最后一日起计算；法律文书规定分期履行的，从规定的每次履行期间的最后一日起计算；法律文书未规定履行期间的，从法律文书生效之日起计算。

（四）执行措施

执行措施即人民法院依照法定程序，强制执行生效法律文书的方法。《民事诉讼法》和《最高人民法院关于人民法院执行工作若干问题的规定（试行）》对强制执行措施作出了明确而详细的规定，主要包括以下内容。

1. 被执行人财产报告制度

根据《民事诉讼法》第248条的规定，被执行人未按执行通知履行法律文书确定的义务，应当报告当前以及收到执行通知之日前一年的财产情况。被执行人拒绝报告或者虚假报告的，人民法院可以根据情节轻重对被执行人或者其法定代理人、有关单位的主要负责人或者直接责任人员予以罚款、拘留。

2. 对金钱债权的执行措施

（1）查封、冻结、划拨被执行人的存款。

（2）扣留、提取被执行人的收入。

（3）查封、扣押、冻结、拍卖、变卖被执行人的财产。

（4）搜查。

3. 对交付财产和完成行为的执行

法律文书指定交付的财物或者票证,由执行员传唤双方当事人当面交付,或者由执行员转交,并由被交付人签收。有关单位持有该项财物或者票证的,应当根据人民法院的协助执行通知书转交,并由被交付人签收。有关公民持有该项财物或者票证的,人民法院通知其交出。拒不交出的,强制执行。

对判决、裁定和其他法律文书指定的行为,被执行人未按执行通知履行的,人民法院可强制执行或者委托有关单位或者其他人完成,费用由被执行人承担。

4. 强制被执行人迁出房屋或者退出土地

强制迁出房屋或者强制退出土地,由人民法院院长签发公告,责令被执行人在指定期间履行。被执行人逾期不履行的,由执行员强制执行。强制迁出房屋被搬出的财物,由人民法院派人运至指定处所,交给被执行人。被执行人是公民的,也可以交给他的成年家属。因拒绝接收而造成的损失,由被执行人承担。

5. 其他执行措施

被执行人不履行法律文书确定的义务的,人民法院除对被执行人予以处罚外,还可以根据情节将其纳入失信被执行人名单,将被执行人不履行或者不完全履行义务的信息向其所在单位、征信机构以及其他相关机构通报。

本章课后习题

A公司与B公司签订了一份购销合同,合同中约定如果双方发生争议,提交北京仲裁委员会进行仲裁。现在因为履行合同过程中对双方是否违约发生争议,A公司准备向人民法院起诉。

问题:

(1) 本案中A公司能否直接向人民法院起诉?为什么?如果A公司直接向人民法院起诉,人民法院会如何处理?

(2) 如果A公司向北京仲裁委员会提起仲裁,A公司和B公司是否可以决定如何组成仲裁庭?

(3) 假设在仲裁之后,仲裁庭裁决B公司应承担违约责任,但B公司不服。如果不存在法律规定的特殊情况,对该裁决B公司能否向人民法院上诉或申请重新处理?为什么?

即 测 即 练

参 考 文 献

[1] 青木昌彦.市场的作用,国家的作用[M].林家杉,译.北京:中国发展出版社,2002.
[2] 黎江虹.经济法通论[M].北京:北京大学出版社,2015.
[3] 施天涛.公司法论[M].北京:法律出版社,2018.
[4] 王欣新.破产法[M].北京:中国人民大学出版社,2019.
[5] 王胜明.中华人民共和国物权法解读[M].北京:中国法制出版社,2007.
[6] 吴汉东.知识产权法[M].北京:法律出版社,2004.
[7] 崔建远.合同法[M].北京:中国政法大学出版社,2000.
[8] 朱锦清.证券法学[M].北京:北京大学出版社,2019.
[9] 江帆.竞争法[M].北京:法律出版社,2019.
[10] 刘隆亨.银行金融法学[M].北京:北京大学出版社,2020.
[11] 贾林青.保险法学[M].北京:中国人民大学出版社,2020.
[12] 张守文.财税法疏议[M].北京:北京大学出版社,2005.
[13] 吴宏伟.消费者权益保护法[M].北京:中国人民大学出版社,2014.
[14] 李俊,徐光红.产品质量法案例评析[M].北京:对外经济贸易大学出版社,2012.
[15] 李浩.民事诉讼法学[M].北京:法律出版社,2016.
[16] 江伟,肖建国.仲裁法[M].北京:中国人民大学出版社,2016.

教师服务

感谢您选用清华大学出版社的教材！为了更好地服务教学，我们为授课教师提供本书的教学辅助资源，以及本学科重点教材信息。请您扫码获取。

▶ 教辅获取

本书教辅资源（课件、大纲、答案、试卷），
授课教师扫码获取

▶ 样书赠送

公共基础课类重点教材，教师扫码获取样书

 清华大学出版社

E-mail: tupfuwu@163.com   网址：http://www.tup.com.cn/
电话: 010-83470332 / 83470142   传真：8610-83470107
地址: 北京市海淀区双清路学研大厦 B 座 509   邮编：100084